2025年度版

# 静岡県・静岡市・浜松市の 論作文・面接

## 過 去 問

協同教育研究会 編

協同出版

# はじめに〜「過去問」シリーズ利用に際して〜

　教育を取り巻く環境は変化しつつあり，日本の公教育そのものも，教員免許更新制の廃止やGIGAスクール構想の実現などの改革が進められています。また，現行の学習指導要領では「主体的・対話的で深い学び」を実現するため，指導方法や指導体制の工夫改善により，「個に応じた指導」の充実を図るとともに，コンピュータや情報通信ネットワーク等の情報手段を活用するために必要な環境を整えることが示されています。

　一方で，いじめや体罰，不登校，暴力行為など，教育現場の問題もあいかわらず取り沙汰されており，教員に求められるスキルは，今後さらに高いものになっていくことが予想されます。

　本書の基本構成としては，論作文・面接試験の概要，過去数年間の論作文の過去問題及びテーマと分析と論点，面接試験の内容を掲載しています。各自治体や教科によって掲載年数をはじめ，論作文の書き方や面接試験対策を掲載するなど，内容が異なります。

　また原則的には一般受験を対象としております。特別選考等については対応していない場合があります。なお，実際に出題された順番や構成を，編集の都合上，変更している場合があります。あらかじめご了承ください。

　みなさまが，この書籍を徹底的に活用し，教員採用試験の合格を勝ち取って，教壇に立っていただければ，それはわたくしたちにとって最上の喜びです。

協同教育研究会

# CONTENTS

# 第1部

# 論作文・面接試験
# の概要

# 論作文試験の概要

## ■ 論作文試験の意義

　近年の論作文では，受験者の知識や技術はもちろんのこと，より人物重視の傾向が強くなってきている。それを見る上で，各教育委員会で論作文と面接型の試験を重視しているのである。論作文では，受験者の教職への熱意や教育問題に対する理解や思考力，そして教育実践力や国語力など，教員として必要な様々な資質を見ることができる。あなたの書いた論作文には，あなたという人物が反映されるのである。その意味で論作文は，記述式の面接試験とは言え，合否を左右する重みを持つことが理解できるだろう。

　論作文には，教職教養や専門教養の試験と違い，完全な正答というものは存在しない。読み手は，表現された内容を通して，受験者の教職の知識・指導力・適性などを判定すると同時に，人間性や人柄を推しはかる。論作文の文章表現から，教師という専門職にふさわしい熱意と資質を有しているかを判断しているのである。

　論作文を書き手，つまり受験者の側から見れば，論作文は自己アピールの場となる。そのように位置付ければ，書くべき方向が見えてくるはずである。自己アピール文に，教育評論や批判，ましてやエッセイを書かないであろう。論作文は，読み手に自分の教育観や教育への熱意を伝え，自分を知ってもらうチャンスに他ならないのである

　以上のように論作文試験は，読み手(採用側)と書き手(受験者)の双方を直接的につなぐ役割を持っているのである。まずはこのことを肝に銘じておこう。

## ■ 論作文試験とは

　文章を書くということが少なくなった現在でも，小中学校では作文，

大学では論文が活用されている。また社会人になっても，企業では企画書が業務の基礎になっている。では，論作文の論作文とは具体的にはどのようなものなのだろうか。簡単に表現してしまえば，作文と論文と企画書の要素を足したものと言える。

　小学校時代から慣れ親しんだ作文は，自分の経験や思い出などを，自由な表現で綴ったものである。例としては，遠足の作文や読書感想文などがあげられる。遠足はクラス全員が同じ行動をするが，作文となると同じではない。異なる視点から題材を構成し，各々が自分らしさを表現したいはずである。作文には，自分が感じたことや体験したことを自由に率直に表現でき，書き手の人柄や個性がにじみ出るという特質がある。

　一方，作文に対して論文は，与えられた条件や現状を把握し，論理的な思考や実証的なデータなどを駆使して結論を導くものである。この際に求められるのは，正確な知識と分析力，そして総合的な判断力と言える。そのため，教育に関する論文を書くには，現在の教育課題や教育動向を注視し，絶えず教育関連の流れを意識しておくことが条件になる。勉強不足の領域での論文は，十分な根拠を示すことができずに，説得力を持たないものになってしまうからである。

　企画書は，現状の分析や把握を踏まえ，実現可能な分野での実務や計画を提案する文書である。新しい物事を提案し認めてもらうには，他人を納得させるだけの裏付けや意義を説明し，企画に対する段取りや影響も予測する必要がある。何事においても，当事者の熱意や積極性が欠けていては，構想すら不可能である。このように企画書からは，書き手の物事への取り組む姿勢や，将来性が見えてくると言える。

　論作文には，作文の経験を加味した独自の部分と，論文の知識と思考による説得力を持つ部分と，企画書の将来性と熱意を表現する部分を加味させる。実際の論作文試験では，自分が過去にどのような経験をしたのか，現在の教育課題をどのように把握しているのか，どんな理念を持ち実践を試みようと思っているのか，などが問われる。このことを念頭に置いた上で，論作文対策に取り組みたい。

# 面接試験の概要

## ■ 面接試験の意義

　論作文における筆記試験では，教員として必要とされる一般教養，教職教養，専門教養などの知識やその理解の程度を評価している。また，論作文では，教師としての資質や表現力，実践力，意欲や教育観などをその内容から判断し評価している。それに対し，面接試験は，教師としての適性や使命感，実践的指導能力や職務遂行能力などを総合し，個人の人格とともに人物評価を行おうとするものである。

　教員という職業は，児童・生徒の前に立ち，模範となったり，指導したりする立場にある。そのため，教師自身の人間性は，児童・生徒の人間形成に大きな影響を与えるものである。そのため，特に教員採用においては，面接における人物評価は重視されるべき内容であり，最近ではより面接が重視されるようになってきている。

## ■ 面接試験とは

　面接試験は，すべての自治体の教員採用選考試験において実施されている。最近では，教育の在り方や教師の役割が厳しく見直され，教員採用の選考においても教育者としての資質や人柄，実践的指導力や社会的能力などを見るため，面接を重視するようになってきている。特に近年では，1次選考で面接試験を実施したり，1次，2次選考の両方で実施するところも多くなっている。

　面接の内容も，個人面接，集団面接，集団討議(グループ・ディスカッション)，模擬授業，場面指導といったように多様な方法で複数の面接試験を行い，受験者の能力，適性，人柄などを多面的に判断するようになってきている。

　最近では，全国的に集団討議(グループ・ディスカッション)や模擬授

業を実施するところが多くなり，人柄や態度だけでなく，教員としての社会的な能力の側面や実践的な指導能力についての評価を選考基準として重視するようになっている。内容も各自治体でそれぞれに工夫されていて，板書をさせたり，号令をかけさせたりと様々である。

このように面接が重視されてきているにもかかわらず，筆記試験への対策には，十分な時間をかけていても，面接試験の準備となると数回の模擬面接を受ける程度の場合がまだ多いようである。

面接で必要とされる知識は，十分な理解とともに，あらゆる現実場面において，その知識を活用できるようになっていることが要求される。知っているだけでなく，その知っていることを学校教育の現実場面において，どのようにして実践していけるのか，また，実際に言葉や行動で表現することができるのか，といったことが問われている。つまり，知識だけではなく，智恵と実践力が求められていると言える。

なぜそのような傾向へと移ってきているのだろうか。それは，いまだ改善されない知識偏重の受験競争をはじめとして，不登校，校内暴力だけでなく，大麻，MDMA，覚醒剤等のドラッグや援助交際などの青少年非行の増加・悪質化に伴って，教育の重要性，教員の指導力・資質の向上が重大な関心となっているからである。

今，教育現場には，頭でっかちのひ弱な教員は必要ない。このような複雑・多様化した困難な教育状況の中でも，情熱と信念を持ち，人間的な触れ合いと実践的な指導力によって，改善へと積極的に努力する教員が特に必要とされているのである。

## ■ 面接試験のねらい

面接試験のねらいは，筆記試験ではわかりにくい人格的な側面を評価することにある。面接試験を実施する上で，特に重視される視点としては次のような項目が挙げられる。

① 人物の総合的評価　面接官が実際に受験者と対面することで，容姿，態度，言葉遣いなどをまとめて観察し，人物を総合的に評価することができる。これは面接官の直感や印象によるところが大きい

が，教師は児童・生徒や保護者と全人的に接することから，相手に好印象を与えることは好ましい人間関係を築くために必要な能力と言える。

② 性格・適性の判断　面接官は，受験者の表情や応答態度などの観察から性格や教師としての適性を判断しようとする。実際には，短時間での面接のため，社会的に，また，人生の上でも豊かな経験を持った学校長や教育委員会の担当者などが面接官となっている。

③ 志望動機・教職への意欲などの確認　志望動機や教職への意欲などについては，論作文でも判断することもできるが，面接では質問による応答経過の観察によって，より明確に動機や熱意を知ろうとしている。

④ コミュニケーション能力の観察　応答の中で，相手の意思の理解と自分の意思の伝達といったコミュニケーション能力の程度を観察する。中でも，質問への理解力，判断力，言語表現能力などは，教師として教育活動に不可欠な特性と言える。

⑤ 協調性・指導性などの社会的能力(ソーシャル・スキル)の観察　ソーシャル・スキルは，教師集団や地域社会との関わりや個別・集団の生徒指導において，教員として必要とされる特性の一つである。これらは，面接試験の中でも特に集団討議(グループ・ディスカッション)などによって観察・評価されている。

⑥ 知識・教養の程度や教職レディネスを知る　筆記試験において基本的な知識・教養については評価されているが，面接試験においては，さらに質問を加えることによって受験者の知識・教養の程度を正確に知ろうとしている。また，具体的な教育課題への対策などから，教職への準備の程度としての教職レディネス(準備性)を知る。

# 第 2 部

# 静岡県・静岡市・浜松市の論作文・面接実施問題

## 2024年度　論作文実施問題

### 静岡県

【小・中学校(教職経験者)・1次試験】　60分・601字以上800字以内

## ●テーマ

「生徒指導提要(文部科学省　令和4年12月)第Ⅰ部 第1章」では，生徒指導の実践上の視点について，次のように示しています。(一部抜粋)

児童生徒の自己指導能力の獲得を支える生徒指導では，多様な教育活動を通して，児童生徒が主体的に課題に挑戦してみることや多様な他者と協働して創意工夫することの重要性等を実感することが大切です。以下に，その際に留意する実践上の視点を示します。

(1)　自己存在感の感受(中略)
(2)　共感的な人間関係の育成(中略)
(3)　自己決定の場の提供(中略)
(4)　安全・安心な風土の醸成(後略)

初めに，児童生徒の自己指導能力の獲得を支える生徒指導を行う際に，あなたが大切にしたいことは何ですか。理由とともに記述しなさい。

次に，児童生徒の自己指導能力の獲得を支える生徒指導の考え方に基づいた学級づくりを進める上で，あなたは学級担任としてどのような取組を行いますか。これまでの教職経験に基づき，具体的に記述しなさい。

# ●方針と分析

（方針）

　まず，児童生徒の自己指導能力の獲得を支える生徒指導を行うとき
に，受験者が大切にしたいこととその理由を説明する。次に，前述の
考え方に基づく学級づくりを進める上で，受験者は学級担任としてど
のような取組を行うか。これまでの教職経験をふまえて，具体的に説
明する。

（分析）

　2010年以来の改定となった「生徒指導提要」(2022年12月)の内容へ
の関心と理解を試す意図があると思われる出題である。同資料の内容
を参照してみると，これからの児童生徒は，少子高齢化社会の出現，
災害や感染症等の不測の社会的危機との遭遇，高度情報化社会での知
識の刷新や ICT 活用能力の習得，外国の人々を含め多様な他者との共
生と協働等，予測困難な変化や急速に進行する多様化に対応していか
なければならない。設問でも示されている留意する実践上の視点を見
ていくと，下記の内容のうち，受験者が特に力を入れた経験のある指
導を一つ選んで，それを書いていくとよい。

(1)　自己存在感の感受

　児童生徒の教育活動の大半は，集団一斉型か小集団型で展開される。
そのため，集団に個が埋没してしまう危険性がある。そうならないよ
うにするため，学校生活のあらゆる場面で「自分も一人の人間として
大切にされている」という自己存在感を，児童生徒が実感することが
大切だ。また，ありのままの自分を肯定的に捉える自己肯定感，他者
のために役立った，認められたという自己有用感を育むことも極めて
重要である。

(2)　共感的な人間関係の育成

　「学級・ホームルーム経営の焦点は，教職員と児童生徒，児童生徒
同士の選択できない出会いから始まる生活集団をどのようにして認め
合い・励まし合い・支え合える学習集団に変えていくのかということ
に置かれる。失敗を恐れない，間違いやできないことを笑わない，む

11

しろなぜそう思ったのか，どうすればできるようになるのかを皆で考える支持的で創造的な学級・ホームルームづくりが生徒指導の土台となる。そのために，自他の個性を尊重し，相手の立場に立って考え，行動できる相互扶助的で共感的な人間関係をいかに早期に創りあげるかが重要となる。

(3)　自己決定の場の提供

　児童生徒が自己指導能力を獲得するには，授業場面で自らの意見を述べる，観察・実験・調べ学習等を通じて自己の仮説を検証してレポートする等，自ら考え選択し，決定する，あるいは発表する，制作する等の体験が何より重要だ。児童生徒の自己決定の場を広げていくため，学習指導要領が示す「主体的・対話的で深い学び」の実現に向けた授業改善を進めていくことが必要である。

(4)　安全・安心な風土の醸成

　児童生徒一人一人が個性的な存在として尊重され，学級・ホームルームで安全かつ安心して教育を受けられるように配慮する必要がある。他者の人格や人権をおとしめる言動，いじめ，暴力行為などは決して許されない。お互いの個性や多様性を認め合い，安心して授業や学校生活が送れるような風土を教職員の支援の下で児童生徒自らがつくり上げるようにすることが大切である。そのために，教職員による児童生徒への配慮に欠けた言動，暴言や体罰等が許されないことは言うまでもない。

## ●作成のポイント

　論文の構成は，一般的な序論・本論・結論の3段構成を意識してよいが，設問条件に注意して書いていくこと。

　序論にあたる第1段落では，受験者が大切にしたい視点一つとその理由を説明する。分析で書いた視点のうち一つを選び，今の児童生徒を取り巻く環境の変化や未来に触れながら書いていくとよい。

　本論にあたる第2〜3段落では，最初の段落で選んだ視点の中にある具体的な内容に触れながら，ホームルームを含めた特別活動や学習指

導の場面における取組を書いていこう。ここでは，自分の指導経験を書いてよいが，その紹介のみに終始しないように気を付けたい。

　結論にあたる最終段落では，静岡県教員として採用されたあと，前段までの取組を確実に実践していく決意を述べて論文をまとめる。

## 【高等学校(教職経験者)・1次試験】　60分・600字以上800字以内

## ●テーマ

> 　生徒が他者との関係を築きながら，学校生活をよりよく送る上で必要な力は何か，これまでの教職経験を踏まえて，理由とともに第1段落で述べなさい。また，その力を育成するために，あなたは学校教育活動の中でどのような取組をしたいか，第2段落以降で具体的に述べなさい。全文を600字以上800字以内で書きなさい。

## ●方針と分析

(方針)

　まず，生徒が他者と関係を築きながら学校生活をよりよく送る上で必要な力は何かを，これまでの教職経験の中で得たことに触れつつ，理由とともに説明する。次に，その力を育成するために，あなたは学校教育活動の中でどのような取組をしたいか，具体的に説明する。

(分析)

　文部科学省の「学習指導要領(平成30年告示)解説－特別活動編－」を見てみると，特別活動の「目標」では，集団や社会の形成者としての見方・考え方を働かせ，様々な集団活動に自主的，実践的に取り組み，互いのよさや可能性を発揮しながら集団や自己の生活上の課題を解決することを通して，資質・能力を育成することである。その中で育成すべき力とは，「多様な他者と協働する様々な集団活動の意義や活動を行う上で必要となることについて理解し，行動の仕方を身に付

けるようにする力」、「集団や自己の生活，人間関係の課題を見いだし，解決するために話し合い，合意形成を図ったり，意思決定したりすることができる力」である。

　ではどのような機会に，こうした力を身に付けるのか。日々の生活を共にする中で生徒は，一人一人の意見や意思は多様であることを知り，時に葛藤や対立を経験する。こうした中で，自ら規律ある生活を送るために，様々な課題を見いだし，課題の解決に向けて話し合い，合意形成を図って決まったことに対して協力して実践したり，意思決定したことを努力して実践したりする。例えば，学校行事は学年や学校全体という大きな集団において，一つの目的のもとに行われる様々な活動の総体である。卒業後は地域や社会の行事や催し物など，様々な集団で所属感や連帯感を高めながら一つの目標などに向かって取り組むことにつながる活動である。これは学校が計画し実施するものであり，生徒が積極的に参加したり協力したりすることにより充実する教育活動である。生徒の積極的な参加による体験的な活動を行うものであり，学校内だけでなく，地域行事や催し物等，学校外の活動ともつながりをもち，内容によっては地域の様々な人々で構成する集団と協力することもある。このような学校行事の活動を通して，生徒は多様な集団への所属感や連帯感を高めながら一つの目標に向かって取り組む活動を体験し，育成を目指す資質・能力を身に付ける。

## ●作成のポイント

　論文の構成は，一般的な序論・本論・結論の3段構成を意識してよいが，設問条件に合わせて書くとよい。

　序論に相当する第1段落では，多様な他者と協働する力，あるいは，課題を見いだし解決するために話し合い，合意形成を図ったり，意思決定をしたりする力などを書くとよい。その理由には，一人一人の意見や意思は多様であることを知り，ときに葛藤や対立を経験する中で自ら規律ある生活を送れるようにするため，などの内容を書くとよい。

　本論に相当する第2〜3段落では，受験者が実際に力を入れた実践例

を書いていく。分析では学校行事を挙げたが，ホームルーム，生徒会活動，あるいは地歴公民などの科目横断的な学習機会を活用することを書いても構わない。いずれにせよ，他者との協働的な学びを体験する機会の重要性を書くとよい。

結論に相当する最終段落では，静岡県教育委員会の目指す「令和版自分ごと(自分の事)として学ぶ子供」の育成に触れながら，本論で述べたことを着実に実践する決意を書いて論文をまとめる。

## 【養護教員(教職経験者)・1次試験】　60分・600字以上800字以内

## ●テーマ

> 「生徒指導提要(文部科学省令和4年12月)第Ⅱ部 第12章」では，性的マイノリティの児童生徒に関する課題と対応について，次のように示しています。(一部抜粋)
>
> > 性同一性障害に係る児童生徒については，学校生活を送る上で特別の支援が必要な場合があることから，個別の事案に応じ，児童生徒の心情等に配慮した対応を行うことが求められています。
>
> 初めに，性同一性障害に係る児童生徒に養護教諭として，配慮したいことは何ですか。理由とともに記述しなさい。
>
> 次に，性同一性障害に係る児童生徒への支援が必要な場合，連携・協働の視点から，組織の一員としてどのような取組を行いますか。これまでの教職経験に基づき，具体的に記述しなさい。

## ●方針と分析

(方針)

まず，性同一障害に係る児童生徒の養護教諭として，何に配慮するのかを理由とともに説明する。次に，同障害に係る児童生徒への支援

が必要な場合，連携・協働の視点から，組織の一員としてどのような取組を行うか。これまでの教職経験をふまえて，具体的に説明する。

(分析)

　12年ぶりに改訂された「生徒指導提要」(2022年12月)について，養護教諭として関心を持ち，理解すべきことを押さえているかどうかを試す意図があると思われる。出典である資料を参照にしながら分析しよう。「性的マイノリティ」とされる児童生徒は，自身のそうした状態を隠しておきたい場合がある。唯一の相談相手は養護教諭であることなどを踏まえながら，学校においては日頃から児童生徒が相談しやすい環境を整える必要がある。そのために，まず教職員自身が理解を深めるとともに，心ない言動を慎むことはもちろん，見た目の裏に潜む可能性を想像できる人権感覚を身に付けておくことが求められる。また，養護教諭が問題を一人で抱え込まずに，学校内の他の教員や医療機関など外部の専門家と協力することも重要である。

　合わせて参照したい資料は，文部科学省の「性同一性障害や性的指向・性自認に係る，児童生徒に対するきめ細かな対応等の実施について(教職員向け)」である。まず，学校として効果的な対応を進めるために，教職員等の間で情報を共有しチームで対応することは欠かせないことから，当事者である児童生徒やその保護者に対し，情報を共有する意図を十分に説明・相談をして理解を得つつ対応を進める必要性が書かれている。また，医療機関との連携については，医療機関による診断や助言は学校が専門的知見を得る重要な機会となるとともに，教職員や他の児童生徒・保護者等に対する説明材料ともなり得るものである。さらに，児童生徒が性に違和感をもつことを打ち明けた場合であっても，当該児童生徒が適切な知識をもっているとは限らない。そもそも性同一性障害なのかその他の傾向があるのかも判然としていない場合もあること等を踏まえ，学校が支援を行うにあたっては医療機関と連携して進めることが重要である。

## ●作成のポイント

　論文の構成は，一般的な序論・本論・結論の3段構成を意識してよいが，設問条件に注意して書くようにしたい。

　序論にあたる第1段落では，何に配慮するのかを理由とともに説明する。ここでは，児童生徒の隠しておきたい気持ちの尊重，あるいは，教員が人権感覚に敏感になることがある。たとえば，当該生徒が相談しやすい環境づくり，支援につなげる環境づくりなどに配慮する必要なあることを述べるとよいだろう。

　本論にあたる第2〜3段落では，支援が必要な場合，連携・協働の視点から，組織の一員としてどのような取組を行うかを説明する。ここでは，自身の勤務経験を踏まえ，他の教員と情報を共有し，学校としての効果的な対応と支援，医療機関との協力体制が有効であることについて書くとよい。

　結論にあたる最終段落では，養護教諭は当該生徒の唯一の相談相手となる可能性が高いことを踏まえて，前段までに書いたことを確実に実践するという決意をのべて，論文をまとめる。

【障害者特別選考・1次試験】　60分・600字以上800字以内

## ●テーマ

　「教育の情報化に関する手引ー追補版ー(文部科学省 令和2年6月)第4章 第4節」では，特別支援教育におけるICTを活用した教育の充実について，次のように示しています。(一部抜粋)

　小・中・高等学校の学習指導要領の総則においては，特別な配慮を必要とする児童生徒への指導としてすべての学習活動において「障害のある児童(生徒)などについては，学習活動を行う場合に生じる困難さに応じた指導内容や指導方法の工夫を計画的，組織的に行うこと。」と規定されており，そのためには「情報手段や教

17

材・教具の活用を図ること。」と述べられている。ICTの活用においても、この事項を踏まえ、指導内容や指導方法を工夫することが重要である。また、ICTの活用は、障害のある児童生徒への支援において大きな効果を発揮するものである。

初めに、障害のある児童生徒のICTの活用について、あなたが大切にしたいことは何ですか。理由とともに記述しなさい。

次に、学習活動において、障害のある児童生徒へICTを活用した支援を行う際、教員としてどのような配慮や指導をしますか。これまでの経験に基づき、具体的に記述しなさい。

## ●方針と分析

(方針)

まず、障害のある児童生徒のICT活用について、受験者が大切にしたいことを理由とともに説明する。次に、学習活動において、障害のある児童生徒へICTを活用した支援を行う際、教員としてどのような配慮や指導をするか。これまでの教職経験や実務経験、社会活動の経験などに触れながら、具体的に説明する。

(分析)

設問で要求される記述のポイントは、以下の点であろう。その手がかりとして、出典である「教育の情報化に関する手引－追補版－(文部科学省　令和2年6月)第4章」を参照してみたい。同資料の「特別支援学校における情報教育の配慮点」では、情報教育を展開していく際に、障害による操作上の困難を補い、本来の学習内容に集中できる環境を整えるとともに、個々の児童生徒に応じた具体的な支援を考える必要があることが大切だと書かれている。また、学習を進めるに当たって、個々の障害の状態や特性や社会経験等を考慮して、適切な補助用具の選択、指導上の工夫が必要であるという。こうした環境整備、学習支援を計画的、組織的に行うことが重視されている。

例えば、特別支援学校には、特別に設けられた領域として「自立活

動」がある。障害による学習上，生活上の困難として，情報へのアクセスや活用の困難さがあり，自立活動の内容にはそれに対応するものが含まれている。障害による困難さから移動や人との関わりの範囲が狭くなりがちな児童生徒にとって，インターネット等のネットワークを介したコミュニケーションや，テレビ会議システム等を介した遠隔交流は大きな意味をもっている。そうした経験の拡大が将来の自立や社会参加に役立つと考えられることから，自立活動において情報機器の活用や情報教育を積極的に進めることが大切である。その際，発達障害，視覚障害，聴覚障害，肢体障害などを持つ児童生徒の特性をふまえて，効果的な指導や支援の内容を書くことを求められている。

## ●作成のポイント

　論文の構成は一般的な序論・本論・結論の3段構成を意識してよいが，設問条件に注意して書くようにしたい。

　序論にあたる第1段落では，障害のある児童生徒のICT活用について，受験者が大切にしたいことを理由とともに説明する。分析を活かすのであれば，インターネット等のネットワークを介したコミュニケーションやテレビ会議システム等を介した遠隔交流について書くことができる。その理由は，将来高度に情報化・ネットワーク化が進んだ経済・社会の中で，子どもが生きていかなくてはいけないことなどを書くとよい。

　本論にあたる第2～3段落では，学習活動において，障害のある児童生徒へICTを活用した支援を行う際，教員としてどのような配慮や指導をするか，これまで障害を持った人たちと接した経験を踏まえて説明する。ここでは，視覚障害を持つ子ども向け音声ソフトの活用，聴覚障害に対しては大きな画面での図示やテロップの挿入，書字の困難に対してはカメラ機能を使った板書の複写などの工夫について，具体的な指導法や留意点を説明するとよい。また，静岡県総合教育センターのホームページから，「特別支援学校における1人1台端末を活用した学びの充実」の公開解説動画を見るのも有効である。

　　結論にあたる最終段落では，「ふじのくに学校教育情報化推進計画」
を踏まえ，他者と協働しながら価値を創造できるような形で，子ども
が自立できるよう上記の取組を確実に実践する決意などを述べて論文
をまとめる。

【国際貢献活動者・1次試験】　60分・600字以上800字以内

## ●テーマ

> 「『令和の日本型学校教育』の構築を目指して～全ての子供たちの
> 可能性を引き出す，個別最適な学びと，協働的な学びの実現～(答申)
> 中央教育審議会(令和3年1月26日)」では，異文化理解や多文化共生
> について，次のように示しています。(一部抜粋)
>
> > 　学校においては，日本人を含む全ての児童生徒等が，我が国の
> > 言語や文化に加えて，多様な言語や文化，価値観について理解，
> > 互いを尊重しながら学び合い，異文化理解や文化共生の考え方が
> > 根付くような取組を進めることが重要である。
>
> 　初めに，児童生徒が国際社会の一員として生きるために，あなた
> が大切にしたいことは何ですか。理由とともに記述しなさい。
> 　次に，異文化理解や多文化共生の考えが根付くために，組織の一
> 員としてどのような取組を行いますか。国際貢献活動の経験に基づ
> き，具体的に記述しなさい。

## ●方針と分析

(方針)

　　まず，児童生徒が国際社会の一員として生きるために，受験者が大
切にしたいこととその理由を説明する。次に，異文化理解や多文化共
生の考えが根付くために，組織の一員としてどのような取組を実践し

20

たいか，自身の国際貢献活動に関わらせて具体的に説明する。

(分析)

　設問の出典となっているのは，文部科学省の「令和の日本型学校教育の構築を目指して」の中の「増加する外国人児童生徒等への教育の在り方について」を扱った部分である。小見出しは，「異文化理解，母語・母文化支援，幼児に対する支援」となっている。設問で引用された部分の次には，「そのために，異文化理解・多文化共生の考え方に基づく教育の在り方について，外国人児童生徒の集住地域において専門家の調査研究を行う。その成果も踏まえ，異文化理解・多文化共生の考え方に基づく教育の更なる普及・充実を進めるとともに，教員養成課程において，異文化理解や多文化共生に関する内容の充実を図るべきである。また，外国人児童生徒等のアイデンティティの確立や日本語の習得のためには，母語や母文化の習得が重要である。このため，保護者の理解を得て，家庭を中心とした母語・母文化定着の取組が進められる必要がある。学校内外や就学前の段階においても，教育委員会・学校がNPO・国際交流協会等と連携し，母語・母文化に触れる機会が得られることが望ましい。以上の行論から，外国人児童生徒への教育だけでなく，日本人児童生徒が，異なる価値観や文化的な背景を持つ人々を差別したり，偏見を持ったりせず，学びの機会を通じて，対話・協働できるような意識・行動変容を促すような教育の重要について，考察することができる」と書かれており自身の意見を述べる際の参考としたい。

## ●作成のポイント

　論文の構成は，一般的な序論・本論・結論の3段構成を意識してよいが，設問条件に注意して書くようにしたい。

　序論にあたる第1段落では，児童生徒が国際社会の一員として生きられるようになるため，受験者が大切にしたいこととその理由を説明する。例えば，自分とは全く異なる価値観や言語・文化的な背景を持つ人たちとの対話力などが挙げられる。その理由は，身近な社会生活

の中でも外国出身の人々が増え，そうした人々に対する差別や偏見をなくし，子どもたちが国際化に対応することの重要性を具体的に考えるチャンスにできることなどを書くとよい。

　本論にあたる第2～3段落では，(日本人の児童生徒に)異文化理解や多文化共生の考えが根付くために，組織の一員としてどのような取組を実践したいかを，自身の国際貢献活動にかかわらせて具体的に説明する。ここでは，滞在国の人々に日本語教育に携わった経験，自身が「外国人」として教育の上で支援や配慮の対象となった経験などを活かしながら，子どもたちに日本以外の国のことばや文化に対する関心を高めるような工夫をすることなどを書いていく。

　結論にあたる最終段落では，教員採用後も自身の過去の経験に積み重ねる形で，異文化理解や共生社会についての指導法を常に学びながら，教壇に立つ決意を書いて論文をまとめる。


【特別支援学級(教職経験者・1次試験)】60分・601字以上800字以内

## ●テーマ

> 　学習指導要領では，「よりよい学校教育を通してよりよい社会を創るという理念を学校と社会とが共有し，それぞれの学校において，必要な学習内容をどのように学び，どのような資質・能力を身に付けられるようにするのかを教育課程において明確にしながら，社会との連携及び協働によりその実現を図っていく」という「社会に開かれた教育課程」の実現が求められています。あなたはこれまで，この「社会に開かれた教育課程」を踏まえ，どのような実践をしてきましたか。また，今後，どのような実践を通して，子供達の成長を支援したいと考えますか。あなたの考えを述べなさい。

## ●方針と分析

(方針)

　まず，これまで「社会に開かれた教育課程」を踏まえ，どのような実践をしてきたのかを説明する。次に，今後どのような実践を通して，子供達の成長を支援したいのかを説明する。

(分析)

　地域学校協働活動についての理解を問う問題である。この活動は，地域住民の参画を得て，地域全体で子供たちの学びや成長を支えるとともに，「学校を核とした地域づくり」を目指し，地域と学校が連携・協働して行う様々な取り組みを指す。教育委員会は，地域住民と学校との情報共有を行う地域学校協働活動推進員を委嘱できる(文部科学省の公開資料「社会に開かれた教育課程」，静岡県教育委員会「地域学校協働本部とは？」を参照。)。コミュニティ・スクールの制度も関係するが，今回は，取組あるいは実践経験について書くことを求められている。よって，地域学校協働活動，静岡県の用語では，「地域学校協働本部」の事例を踏まえて，受験者自身の経験を書くとよい。例えば，障害など学習に困難を抱える児童生徒の授業補助や読み聞かせの経験，行事支援や地域の行事・イベント等において，障害を持った児童生徒の社会参加を支援する地域団体や企業等と協働し，受け持った児童生徒の体験機会を提供したことなどを書いていくとよい。

## ●作成のポイント

　論文の一般的な形式である序論・本論・結論の三〜四段構成を意識するとよい。

　序論では，「社会に開かれた教育課程」が要求される理由を説明する。例えば，特に障害や学習の困難さを持つ児童生徒は，社会のつながりの中で学びながら，自分の力で人生や社会をよりよくできるという実感を持つ機会が不可欠であることを書く。そして，変化の激しい社会において子供たちが自ら困難を乗り越え，未来に向けて進む希望や力を育む必要性を書こう。ここは，200字程度を目安としたい。

本論では，受験者が教育現場や地域活動の中で経験した取り組みについて書いていく。内容は，分析で挙げたものに関わるものを選ぶとよい。また，今後の実践については，ICT機器や生成AIの普及などを踏まえて，特別支援学校で学ぶ児童生徒が，そうしたテクノロジーを使いこなせる力を育んでいきたいことなどを書くとよい。ここは，二段構成に分けて，合計450字程度を目安としたい。

結論では，静岡県教育委員会の方針をふまえて，社会総がかりで子どもたちの学びや育ちを支えていくため，学校，家庭，地域，企業等の連携・協働による教育力の向上に尽力する決意を150字程度で述べてまとめとする。

## 【特別支援学級(看護師経験者・1次試験)】 60分・601字以上800字以内

## ●テーマ

静岡県の特別支援学校では，医療的ケアの必要な幼児児童生徒が，将来，生き生きと自己実現をしながら，社会に積極的に参画していく姿を目指した教育を行っています。あなたは，医療的ケアが必要な幼児児童生徒の学校卒業後の豊かな生活とは，どのような姿と考えますか。また，その実現のために，自立活動教諭として幼児児童生徒の学校在学時にどのような支援を心掛けたいと考えますか。あなたの考えを述べなさい。

## ●方針と分析

(方針)

まず，医療的ケアが必要な幼児児童生徒の学校卒業後の豊かな生活とは，どのような姿が好ましいのかを説明する。このとき，社会参画を踏まえた内容としたい。次に，その実現のために，自立活動教諭として幼児児童生徒の学校在学時に心掛けたい支援の内容を説明する。

24

(分析)

　医療的ケアが必要な子どもとは，人工呼吸器や気管切開などの医療機器を使用したり，点滴やカテーテルなどの医療処置を要したりする子どものことである(文部科学省「小学校等における医療的ケア実施支援資料～医療的ケア児を安心・安全に受け入れるために～」を参照)。こうしたハンディを持っていても，子どもたち一人ひとりの個性や能力に応じて，教育の機会を平等に提供し，自分らしく豊かに生きることができるのが好ましい。さらには，こうしたハンディを持っていても，医療的な処置を受けながら，経済的に自立できる社会環境も必要になろう。社会の中で自立していくには，在学中に他者との積極的な関わり合いの中で自分の特性や強みを発見したうえでそれらを伸ばし，社会人として自立した生活を送れるようになるための学びが必要である。そのためには，医療的ケアが必要な子どもや保護者の個別のニーズに応じた教育内容や方法，医療的ケアの実施体制，学校と医療機関の連携などが重要になる。加えて，学校卒業後の進路については，本人や保護者の希望や意向を尊重しながら，医療機関や福祉機関，就労支援団体との連携や情報共有，さらには企業や福祉作業所との関係構築が欠かせない(静岡県教育委員会「静岡県医療的ケアガイドライン～令和3年3月公表～」を参照)。こうした場面で，自立活動教諭は，学校において医療的ケアだけでなく，子どもたちを取り巻く様々なステークホルダーの総合的なコーディネーターとしての役目も重要になってくる。

## ●作成のポイント

　論文の一般的な形式である，序論・本論・結論の三～四段構成を意識するとよい。

　序論では，最初の一段落で，ハンディを持っていても，子どもたち一人ひとりの個性や能力に応じて，教育の機会を平等に提供し自分らしさを発揮しながら自活できること，そうした生き方を受け入れる環境を整備した企業や作業所が増えることなどを書いていく。ここは，

200字程度で述べたい。

　本論は，二段構成とする。最初の一段目(二段落目)は，学校生活上に支障をきたす急性的な症状を抑える処置を講じること，それぞれの子どもの年代や特性に応じた学びができる条件を準備することなどを論じていく。ここでは，保護者や学校内の他の教員と協力し，子どもの心身に対する日常的な観察が欠かせないことなどを書いていく。次の段落(三段落目)では，学校外の専門機関や就業先との関係構築に，積極的な役割を果たしていくことの重要性を書いていこう。ここは，450字程度で述べる。

　結論では，静岡県教育委員会の方針をふまえて，社会総がかりで子どもたちの学びや育ちを支えていくため，学校，家庭，地域，企業等の連携・協働による教育力の向上に尽力する決意を150字程度で述べてまとめとする。

## 【高等学校・2次試験】　60分・800字

## ●テーマ

> 　あなたがこれまでに出会った学校の先生との出来事のうち，印象に残っていることを1つ上げ，その時に感じたことをあなた自身が教員としてどのように生かすか，具体的に800字以内で説明しなさい。

## ●方針と分析

(方針)

　まず，これまでに出会った学校の教員との出来事のうち，印象に残っていることを一つ説明する。次に，そのときの経験を，受験者自身が教員としてどのように生かしていくかを具体的に説明する。

(分析)

　小論文としての出題であるので，思い出に残っている教員のエピソ

ード紹介とそれを踏まえた決意表明だけでは良い評価にならない可能性が高い。

　静岡県教育委員会「令和5年度 高等学校教職員研修資料」には，教員が備えるべき資質能力について，次のような趣旨の内容が書かれている。「使命感や責任感，教育的愛情，教科や教職に関する専門的知識，実践的指導力，総合的人間力，コミュニケーション能力，ファシリテーション能力などの資質能力は引き続き教員に求められるものとして重視される。教員が高度専門職業人として認識されるために，学び続ける教員像の確立が強く求められる。すなわち，常に探究心や学び続ける意識を持ち，活用する能力や知識を有機的に結び付け，構造化する力を身に付けることが求められる。なぜなら，変化の激しい社会を生き抜いていける人材を育成していくためには，教員自身が時代や社会，環境の変化を的確につかみ取り，その時々の状況に応じた適切な学びを提供していく必要があるからである。」

　受験者は，様々な教員から，学習・生活・進路指導を受けた経験があるはずである。まずは，その中で最も印象に残った指導場面を思い出そう。その上で，上記の教員が備えるべき資質能力の内容に照らして一般化し，自らが目指す教員像を書いていくとよいだろう。

## ●作成のポイント

　論文としての出題なので，全体を序論・本論・結論の三段構成で書いていこう。

　序論に相当する第一段落は，学校教員との出来事について，一つだけ説明する。ここは，自分が実際に受けた，高等学校時代に受けた学習指導，進路指導，生活指導などを挙げていこう。字数は150～200字以内を目安とする。

　本論に相当する第二・三段落では，二段落目は指導の詳しい内容の説明，三段落目はその指導が昨今の経済・社会情勢や学習環境の変化に合わせたものとして，どのように有効か，あるいは，ヒントになり得るのかを書いていく。この部分は，全体で400～450字程度で述べた

い。

　結論に相当する最終段落では，教員という仕事が高度専門職業人であり続けることを意識し，自らの教職人生を通して真摯に学び続ける姿勢と自律心，変化を恐れない積極性を忘れない決意を150〜200字以内で書いてまとめとする。

# ●テーマ

　あなたは，生徒が学校生活の中で「自分のよさや可能性」を認識できるようにするために，教員としてどのようなことができるか，具体的に800字以内で説明しなさい。

# ●方針と分析

（方針）

　生徒が高校生活の中で「自分のよさや可能性」を認識できるようにするために，教員としてどのようなことができるか，具体的に800字以内で説明する。

（分析）

　小論文としての出題であるので，県教育委員会の教職員向けの公開資料や文部科学省の学習指導要領などの内容を踏まえる必要がある。

　静岡県教育委員会「令和5年度 高等学校教職員研修資料」は，教員に要求される＜急激に変化する時代に求められる資質能力＞について，「『令和の日本型学校教育』の構築を目指して〜全ての子供たちの可能性を引き出す，個別最適な学びと，協働的な学びの実現〜(答申)」(令和3年1月26日，中央教育審議会)を参照している。これは，全ての子供たちの可能性を引き出す，個別最適な学びと協働的な学びの実現を重視した箇所である。そのために，教員には生徒の実態把握，個に応じた指導，ICT・教育データを活用した指導や評価・改善などが常に要求されている。

　受験者自身も，他者との関わりが欠かせない高校生活や大学生活，人によっては社会人生活を送ったはずである。その中で，個としての自己が尊重された指導経験，自分の特技を伸ばせた学習体験，あるいは，自分の価値観や趣味嗜好が少数派であったにもかかわらず，それを否定されなかった経験を思い出してみよう。その上で，上記の資料と照らし合わせながら，教員として生徒のために何ができるのか，何が必要とされているのかを，書いていこう。

## ●作成のポイント

　論文としての出題なので，全体を序論・本論・結論の三段構成で書いていこう。

　序論に相当する第一段落は，受験者自身が，高等学校の生徒が「自分のよさや可能性」を認識できるようにするために，何ができるのか＝自分の特性を，一つに絞って書く。ここは，生徒に共感を示す傾聴力を育てたことなど，一般的な内容から入ってもよい。あるいは，共有できる友人がいない趣味を持っている生徒に対し，自身も同じ趣味を持っていることを明かしながら，そこから生徒の学問的関心を広げ，かつ，周囲の理解を得るためにICT機器を活用した情報発信技術を指導するなどの具体的な内容から入ってもよい。ここは，最大200字以内で述べたい。

　本論に相当する第二・三段落では，教員には生徒の実態把握，個に応じた指導，ICT・教育データを活用した指導や評価・改善などの場で，序論で述べた教員としての自分の特性をどのように生かせるのかを書いていく。ここは，集団授業や協働的な学習場面，個別指導の場面とかかわらせながら，400〜450字程度でまとめよう。

　結論に相当する最終段落では，静岡県の高等学校教員として，多種多様な価値観や個性の生徒が在籍することを踏まえて，その一人一人の考えに共感し，寄り添える教員になる決意を200字以内書いてまとめとする。

---
## 静岡市
---

### 【小・中学校(教職経験者)・1次試験】

静岡県の小・中学校(教職経験者)と同じ。

### 【養護教員(教職経験者)・1次試験】

静岡県の養護教員(教職経験者)と同じ。

### 【障害者特別選考・1次試験】

静岡県の障害者特別選考と同じ。

---
## 浜松市
---

※特別選考による課題作文は静岡県と同じです。

### 【小・中学校教員・発達支援推進教員・養護教員・2次試験】

## ●テーマ

> 　第3次浜松市教育総合計画「はままつ人づくり未来プラン」では，「目指す子供の姿」の1つとして「これからの社会を生き抜くための資質・能力を育む子供」を掲げています。このことを踏まえ，次の①，②，③それぞれについてあなたの考えや思いを述べなさい。
> ①　「これからの社会を生き抜くための資質・能力を育む子供」の育成を推進した先の成長した具体的な姿(大人として成長した姿)を，あなたはどのような姿であると考えますか。また，そのような姿の実現に向け「これからの社会を生き抜くための資質・能力を育む子供」を育成するために，大切にしたいことはどのようなことですか。
> ②　「これからの社会を生き抜くための資質・能力を育む子供」を育

　成するために，具体的にどのような取組をしますか。学級担任に
　なった場合を想定して答えなさい。
③　「これからの社会を生き抜くための資質・能力を育む子供」を育
　成できる教員になるために，あなたはどのような努力をしますか。

## ●方針と分析

(方針)

　下記の条件を盛り込みながら，指定の用紙にレポートをまとめる。

・「これからの社会を生き抜くための資質・能力を育む子供」の育成
を推進した先の成長した具体的な姿(大人として成長した姿)をどのよ
うに考えるか。また，そのような姿の実現に向け，大切にしたいこと
はどのようなことか。

・「これからの社会を生き抜くための資質・能力を育む子供」を育成
するために，具体的にどのような取組をするか，学級担任になった場
合を想定して答える。

・前述のような子供を育成できる教員になるためにどのような努力を
するか。

(分析)

　設問で提示されている資料をインターネットなどで参照し，まず，
策定の趣旨を読んでみる。ここでは，昨今の状況を踏まえて，次のよ
うに理解するとよいだろう。AI技術の急速な進化などにより，生成AI
などの技術革新が目覚ましく進展・普及する中で，将来の仕事のあり
方や教育を取り巻く社会情勢などが大きく変わっている。いわば，今
の子供たちは，より一層予測困難な時代を生きていかなくてはならな
い状況にある。教員は，子どもたちがこうした状況から目を背けず，
積極的に対応できる能力を持つような学びの習慣を育み，支援をして
いく必要がある。

　同資料では，「目指す子供の姿」として，以下の三点も挙げられて
いる。

・自分らしさを大切にする子供

・夢と希望を持ち続ける子供

・これからの社会を生き抜くために資質・能力を育む子供

　夢と希望を持つことにより，たとえ困難や労苦を伴う課題であって
も，逃げずに立ち向かったり，他者と協力したりしながら主体的に取
り組むようになる。また，成功や失敗体験を通して様々な資質・能力
を身に付け，さらに自分を向上させたい，他者や社会のために役立ち
たい，といった新たな夢や希望を持つようになる。こうして子どもた
ちの心は次第に陶冶され，正しい判断力や価値観に基づく自分らしさ
を磨いていける。そのためには，各教科において，子供たちに生成AI
などの適切な利活用を指導しながら，教員自身も刻一刻変化する情報
技術と教育環境について研鑽を積む必要がある。

## ●作成のポイント

　設問で要求されている内容が欠けないようにしながら，方針で分け
た項目ごとに段落分けをしていくとよいだろう。

　最初に，「これからの社会を生き抜くための資質・能力を育む子供」
の育成を推進した先の成長した具体的な姿(大人として成長した姿)と
は，困難や労苦を伴う課題であっても逃げずに立ち向かったり，他者
と協力したりしながら主体的に取り組める大人である。また，成功や
失敗体験を通して様々な資質・能力を身に付け，さらに自分を向上さ
せたい，他者や社会のために役立ちたいと思える大人という内容を書
くとよい。そのような姿の実現に向けて大切にしたいことは，子供た
ちが予測困難な時代を生きていかなくてはならず，積極的に対応でき
る能力を持つような学びの習慣を育み，支援をする教育などの内容を
書くとよい。

　次に，「これからの社会を生き抜くための資質・能力を育む子供」
を育成するために具体的にどのような取組をするか，学級担任になっ
た場合を想定して解答する。ここでは，受験者の担当教科や校種ごと
に，情報通信機器や生成AIなどを活用した学び，主体的・協働的な学

びの実践を書いていこう。その際，新たな学習指導要領を踏まえてい
くとよい。

　最後に，前述のような子供を育成できる教員になるためにどのよう
な努力をするのかを説明する。ここでは，情報通信機器や生成AIなど，
むしろ子供たちの方が使用に抵抗感のない新たな技術の使用を悪と決
めつけないこと，そうした技術を活用して調べたことを子供たちの他
者理解・自己理解に役立てる指導方法の学びを怠らない決意などを書
くとよい。

## 2023年度　論作文実施問題

### 静岡県

【小・中学校(教職経験者)・1次試験】　60分・601字以上800字以内

### ●テーマ

「学習指導要領の趣旨の実現に向けた個別最適な学びと協働的な学びの一体的な充実に関する参考資料(令和3年3月版)文部科学省初等中等教育局教育課程課」では，2.(2)学校教育の情報化について，次のように示しています。(一部抜粋)

学校教育の情報化に関しては，令和元(2019)年6月に学校教育の情報化の推進に関する法律が公布・施行されました。また，令和元年度からGIGAスクール構想により，新たな学校の「スタンダード」として，小学校段階から高等学校段階において学校における高速大容量のネットワーク環境の整備を推進するとともに，令和3(2021)年度からはほとんどの義務教育段階の学校において児童生徒1人1台端末環境での学習が開始されることとなります。

我が国の学校教育におけるICTの活用は国際的に大きく後れをとってきましたが，今後はICTをツールとして効果的に活用し，教育の質の向上につなげていくことが必要です。

初めに，学校教育の情報化の推進を受け，あなたは児童生徒にどのような資質・能力を育てたいですか。理由とともに記述しなさい。

次に，児童生徒の資質・能力の育成につなげていくために，授業においてICTをどのように活用しますか。これまでの教職経験に基づき，具体的に記述しなさい。

# ●方針と分析

(方針)

　これからの学校教育における情報教育の重要性を論じ，情報活用に関わってどのような資質・能力を育成しているかをまず述べる。そのうえで，授業の中でICTをどのように活用していくか具体的に論じる。

(分析)

　情報機器の発達により，私たちの生活は飛躍的に便利になった。特にスマートフォンやSNSの普及により，いつでも，どこでも必要な情報を手に入れたり，情報を発信したりすることが可能となった。しかし，その反面，ネット犯罪に巻き込まれたり，ネット中毒とも言える状態に陥ったりする事例が後を絶たず，マスコミなどでも大きく報道されている現状がある。

　学習指導要領でも，総則において，情報モラルを含む情報活用能力を育成していくことの重要性を指摘している。学習指導要領解説・総則編では，このことに関して「情報活用能力は，世の中の様々な事象を情報とその結び付きとして捉え，情報及び情報技術を適切かつ効果的に活用して，問題を発見・解決したり自分の考えを形成したりしていくために必要な資質・能力である」と，その重要性を指摘している。情報活用能力については，「学習活動において必要に応じてコンピュータ等の情報手段を適切に用いて情報を得たり，情報を整理・比較したり，得られた情報をわかりやすく発信・伝達したり，必要に応じて保存・共有したりといったことができる力であり，さらに，このような学習活動を遂行する上で必要となる情報手段の基本的な操作の習得や，プログラミング的思考，情報モラル，情報セキュリティ，統計等に関する資質・能力等も含むものである」と規定している。そのうえで「各学校において日常的に情報技術を活用できる環境を整え，全ての教科等においてそれぞれの特質に応じ，情報技術を適切に活用した学習活動の充実を図ることが必要である」としている。

　さらに総則では，「児童がコンピュータで文字を入力するなどの学習の基盤として必要となる情報手段の基本的な操作を習得するための

学習活動」「児童がプログラミングを体験しながら，コンピュータに意図した処理を行わせるために必要な論理的思考力を身に付けるための学習活動」を計画的に実施することとし，コンピュータの基本的な操作技術の習得とともに，プログラミング教育を推進することを示している。こうした学習指導要領の考え方を踏まえて，設問で求められている情報活用に関わる資質・能力の育成について論じていく必要がある。

## ●作成のポイント

　論文の構成は，一般的な序論・本論・結論の3段構成でまとめていく。

　序論では，なぜ情報活用能力を育成することが求められているのか，社会的な背景や学習指導要領の考え方を基に簡潔に示す。特に，学習指導要領で重視する問題を発見・解決したり自分の考えを形成したりしていくために必要な資質・能力であることに触れることで，説得力のある論述になる。そのうえで，育成すべき具体的な資質・能力を示す。この序論を300字程度でまとめる。

　本論では，序論で述べた資質・能力を育成するための具体的な方策について，2〜3つに整理して論述する。その際，単なる技術的な指導ではなく，児童生徒が主体的に考え，判断して行動できるようにするための方策にすることが重要である。この本論を400〜500字程度でまとめる。

　結論では，本論で述べられなかった方策，取り上げた方策の基盤となる考え方などにも触れながら，これからの社会を担っていく児童生徒の情報活用能力を育成していくという決意を力強く述べ，100字程度でまとめる。

【高等学校(教職経験者)・1次試験】60分・600字以上800字以内

# ●テーマ

> あなたが生徒に身に付けてほしいと考える「主体的に学ぶ力」とはどのようなものか，これまでの教職経験を踏まえて，理由とともに第1段落で述べなさい。また，そのような力を育成するために，あなたは学校の教育活動の中でどのような取組をするか，第2段落以降で具体的に述べなさい。全文を600字以上800字以内で書きなさい。

# ●方針と分析

(方針)

学習指導要領などの考え方を基に，生徒に身に付けさせる「主体的に学ぶ力」とはどのような力なのか論じたうえで，「主体的に学ぶ力」を育成するためにどのような教育活動に取り組むか具体的に述べる。

(分析)

学習指導要領では，「豊かな創造性を備え持続可能な社会の創り手となることが期待される児童生徒に生きる力を育むことを目指すに当たっては，……児童生徒の発達の段階や特性等を踏まえつつ，次に掲げることが偏りなく実現できるようにするものとする」として，

(1) 知識及び技能が習得されるようにすること

(2) 思考力，判断力，表現力等を育成すること

(3) 学びに向かう力，人間性等を涵養すること

の三つの資質・能力を示している。

この「(3) 学びに向かう力」について，学習指導要領解説・総則編では「児童生徒一人一人がよりよい社会や幸福な人生を切り拓いていくためには，主体的に学習に取り組む態度も含めた学びに向かう力や，自己の感情や行動を統制する力，よりよい生活や人間関係を自主的に形成する態度等が必要となる」と，その重要性を強調している。

一方，PISAをはじめとする国際的な学力関係の調査，様々な研究団

体の調査では，諸外国に比べて日本の子供たちは学びの意味や意義の理解が薄く，「学びに向かう姿勢」「学びに向かう態度」に課題があるという指摘がされている。設問のテーマである「主体的に学ぶ力」は，こうした「学びに向かう姿勢」「学びに向かう態度」が基盤となって身に付いていく力であると考えられる。そのために，日々の授業を子供たちが主体的に学ぶ授業に改善していくことを欠かすことはできない。

そのための視点が，新学習指導要領で提言されている「主体的・対話的で深い学び」である。この「主体的学び」について，学習指導要領解説・総則編では「学ぶことに興味や関心を持ち，自己のキャリア形成の方向性と関連づけながら，見通しを持って粘り強く取組み，自己の学習活動を振り返って次につなげる『主体的な学び』と説明している。これをどのように具体化していくのか，自分自身の考え方や方策をまとめておかなければならない。その視点は，解説で述べている「学ぶことへの興味や関心」「キャリア形成との関連づけ」「見通しと振り返り」などである。

## ●作成のポイント

論文の構成は，一般的な序論・本論・結論の3段構成でまとめていく。

序論では，なぜ子供たちに「主体的に学ぶ力」を身に付けさせる必要があるのか，その背景にある日本の子供たちの学びに対する姿勢とともに，その重要性を論述する。その際，単なる文部科学省などの言葉を引き写すのではなく，あなた自身の考えを論理的に述べることが必要である。

本論では，序論で述べた「主体的に学ぶ力」を身に付けさせるためにどのような教育活動に取り組んでいくか二つ程度に整理して論述する。その際，学ぶことへの興味関心を高めるために，受験する教科に即した子供の問題意識を大切にすることを落としてはならない。

結論では，テーマである子供たちの「主体的に学ぶ力」の育成につ

いて俯瞰的に捉え，方策の基本となる姿勢や本論で触れられなかった考え方・方策を書き込むとともに，教師として子供を主体とした教育活動を進めていく決意を述べて論作文をまとめる。

## 【養護教諭(教職経験者)・1次試験】　60分・601字以上800字以内

## ●テーマ

> 　教育の情報化に関する手引(追補版)(文部科学省 令和2年6月)第7章第6節」に，ICT活用における健康面への配慮について，次のように示しています。(一部抜粋)
>
> > 　児童生徒が学校生活の中でICTを活用する機会が多くなることから，児童生徒がICTを活用する際の健康面に配慮した取組を進めていくことが重要となる。
>
> 　初めに，児童生徒がICTを活用するにあたり，児童生徒の健康面で配慮したいことは何ですか。理由とともに記述しなさい。
> 　次に，児童生徒のICT活用における健康面を配慮するにあたり，学校の組織としてどのような取組を行いますか。これまでの教職経験に基づき，具体的に記述しなさい。

## ●方針と分析

(方針)

　学校教育でICTを活用するにあたって健康面で配慮すべきことについてまず述べる。そのうえで，健康面を配慮するにあたって組織としてどのような取組を行っていくか具体的に論じる。

(分析)

　文部科学省が令和元年12月に公表した「教育の情報化に関する手引」では，「教科等における授業だけでなく，休み時間や放課後，家庭な

ど，授業以外での活用も増えてくることから，ICT機器を使用することによる児童生徒への健康面への影響について，配慮することが重要」としたうえで，「テレビやゲーム，携帯の視聴の影響等も考えられる中で，学習面での影響等についてのみ分離することは難しい」としている。そうではあっても，目の疲れなど視覚系への影響，姿勢などの筋骨格系への影響，疲労への影響，心理的な影響などへの懸念を示している。そのうえで，学校における具体的な対応策として，カーテンによる窓からの映り込みの防止や照明環境の工夫により，画面への映り込みを防止する対策をするなど，教室の明るさに配慮することを挙げている。大型提示装置の画面が見えにくいと，児童生徒の目の疲労が増し，円滑な授業の実施に支障を来す可能性がある。季節や時間帯，教室の所在階によって，大型提示装置の画面の反射具合は変化するため，教師は反射を極力抑えるように配慮する必要がある，としている。また，照明を付けた状態でも十分な明るさを確保できるように，大型提示装置の画面の明るさを調整する，教師が児童生徒に大型提示装置が反射せず見やすい位置に机や椅子を移動するように促すことなども必要である。

　今後，紙の教科書に代えて学習者用デジタル教科書を使用することも増加してくると思われる。タブレット型のものについては，画面が見えにくいと，児童生徒の目の疲労が増し，円滑な授業の実施に支障を来す恐れがあるので注意が必要である。そこで，姿勢に関する指導を実施すること，画面を見やすくするなど児童生徒自身で操作性の向上を図れるようにすること，などが必要である。

## ●作成のポイント

　論文の構成は，一般的な序論・本論・結論の3段構成でまとめていく。

　序論では，ICTを活用するにあたって健康面で配慮すべきことについて整理して述べる。分析で述べた目の疲れなど視覚系への影響，姿勢などの筋骨格系への影響，疲労への影響，心理的な影響などを示す

とよいだろう。この序論を300字程度でまとめる。

　本論では，序論で述べた健康面で配慮すべきことに関して，学校として組織的に取り組む内容について2〜3つに整理して論述する。ここでは，児童生徒への指導内容とICTの使用に当たっての環境整備に分けて論じることもできる。環境整備に関しては，環境改善のためのチェックリストの作成と活用なども視野に入れるとよいだろう。この本論を400〜500字程度でまとめる。

　結論では，本論で述べられなかった方策，取り上げた方策の基盤となる考え方などにも触れながら，ICT活用に伴う児童生徒の健康面での管理に力を注ぐという決意を力強く述べ，100字程度で論文をまとめる。


**【栄養教諭(教職経験者)・1次試験】　60分・601字以上800字以内**

## ●テーマ

> 　食に関する指導の手引(文部科学省平成31年3月)」では，児童生徒が給食を食べる際に想定されるリスク要因の一つに食物アレルギーを挙げています。
> 　そして，学校給食における食物アレルギー対応の基本的な考え方について，次のように示しています。(一部抜粋)
>
> > 　全ての児童生徒が給食時間を安全に，かつ，楽しんで過ごせるようにすること
>
> 　初めに，このことを実現するため，食物アレルギー対応で大切なことを理由とともに記述しなさい。
> 　次に，あなたは栄養教諭として，食物アレルギー事故防止にどのように取り組みますか。これまでの教職経験に基づき，具体的に記述しなさい。

# ●方針と分析

(方針)

　学校教育において食物アレルギー対応に取組むことの重要性について論じるとともに，食物アレルギー対応をする際に大切なことを整理して述べる。そのうえで，栄養教諭として，どのように食物アレルギー事故防止に取組んでいくかを具体的に論述する。

(分析)

　学校給食を原因として，食物アレルギーにより児童生徒が死に至る事例が報告されている。平成24年12月26日文部科学省は「学校給食における食物アレルギー等を有する児童生徒等への対応等について」という通知を発出した。通知では，「食物アレルギー等を有する児童生徒等に対しては，校内において校長，学級担任，養護教諭，栄養教諭，学校医等による指導体制を整備し，保護者や主治医との連携を図りつつ，可能な限り，個々の児童生徒等の状況に応じた対応に努めていただくよう改めてお願いします」とし，学校を挙げて事故防止に努めるよう要請している。言うまでもなく事故防止の最終的責任は校長にあるが，実質的に食育を担当する栄養教諭の果たすべき役割は大きい。

　文部科学省が作成している「学校給食における食物アレルギー対応指針」では，「学校給食における食物アレルギー対応の基本的な考え方は，全ての児童生徒が給食時間を安全に，かつ，楽しんで過ごせるようにすることです。そのためにも安全性を最優先し，(中略)関係者等が相互に連携し，当事者としての意識と共通認識を強く持って組織的に対応することが不可欠です。」とし，食物アレルギー対応の重要性を指摘している。同指針では，食物アレルギー対応申請の確認から対応開始までの対応の流れとして，「対応申請の確認⇒対応開始前の面談の実施⇒面談調書・個別の取組プラン案の作成⇒個別の取組プランの決定と情報共有⇒教育委員会等における対応内容の把握⇒評価・見直し・個別指導」と，示している。これらの対応の実質的な中心となるのが栄養教諭であり，栄養教諭としての食物アレルギー事故防止に取組む際の視点となる。

## ●作成のポイント

論文の構成は，一般的な序論・本論・結論の3段構成でまとめていく。

序論では，まず給食等における食物アレルギーリスクについて整理して述べるとともに，栄養教諭として食物アレルギー事故防止に取組むことの重要性について論じる。そのうえで設問に答え，食物アレルギー対応をする際に大切なことを整理して述べる。この序論を300字程度でまとめる。

本論では，設問に答えてあなたが栄養教諭としてどのように食物アレルギー事故防止に取組んでいくか具体的な方策を論述することになる。その際，異なる視点から二つ程度の方策を設定して論述するとよい。たとえば児童や保護者への呼びかけ，学校全体の啓発，関係者間の連絡調整などが具体的な方策となると考えられる。この本論を400～500字程度でまとめる。

結論では，本論で述べられなかった方策，自分自身の研修課題などを含め，組織的な食物アレルギー事故防止に向けて不断の努力を続けていくという決意を100字程度で述べて論文をまとめる。

【小・中学校(障害者特別選考)・1次試験】　60分・601字以上800字以内

## ●テーマ

「『令和の日本型学校教育』の構築を目指して～全ての子供たちの可能性を引き出す，個別最適な学びと，協働的な学びの実現～(答申)令和3年1月26日中央教育審議会」では，新時代の特別支援教育の在り方について，次のように示しています。(一部抜粋)

障害者の権利に関する条約に基づくインクルーシブ教育システムの理念を構築し，特別支援教育を進展させていくために，引き続き，障害のある子供と障害のない子供が可能な限り共に教育を

受けられる条件整備，障害のある子供の自立と社会参加を見据え，一人一人の教育的ニーズに最も的確に応える指導を提供できるよう，通常の学級，通級による指導，特別支援学級，特別支援学校といった，連続性のある多様な学びの場の一層の充実・整備を着実に進めていく必要がある。

　初めに，教員として，障害のある子供と障害のない子供が可能な限り共に教育を受けられるような取組を行う際に，あなたが最も大切にしたいことは何ですか。理由とともに記述しなさい。
　次に，障害のある子供の自立と社会参加を見据えた取組を行う際に，教員としてどのような配慮や指導をしますか。これまでの経験に基づき，具体的に記述しなさい。

## ●方針と分析

(方針)
　障害のある子供とない子供が共に教育を受けるインクルーシブ教育を進めることの意義や重要性について論じるととともに，そうした教育を進める際に大切にしたいことをまず述べる。そのうえで，障害のある子供の自立と社会参加を見据えた教育を行うにあたり，どのようなことに配慮して指導をしていくか具体的に論述する。

(分析)
　令和4年3月，特別支援教育を担う教師の養成の在り方等に関する検討会議は報告書をまとめた。報告書ではまず，特別支援教育の「個別最適な学び」と「協同的な学び」に関する知見や経験は，障害の有無にかかわらず，教育全体の質の向上に寄与することになるという認識を示している。また，特別支援教育を必要とする児童生徒数が増えている一方で，多くの教員が特別支援教育に携わる経験が無いという現状があることを指摘している。こうした状況を踏まえ，同報告ではインクルーシブ教育の考え方を踏まえて「『障害』は個人の心身機能の障害と社会的障壁の相互作用によって創り出されているものであり，

社会的障壁を取り除くのは社会の責務である，という『社会モデル』の考え方の下，全ての教師が，環境整備の重要性を認識し，特別支援教育に関する理解を深め，専門性を持つことが不可欠な状況となっている」と述べている。　そのうえで，具体的な取り組みの方向性として「校内の通常の学級と，特別支援学級，通級指導教室，特別支援学校との間で，交換授業や授業研究をするなどして，特別支援教育経験者を計画的に増やす体制の構築に努めること」「全ての新規採用教員がおおむね10年目までの期間内において，特別支援学級の教師や，特別支援学校の教師を複数年経験することとなる状態を目指し，人事上の措置を講ずるよう努めること。合わせて，採用から10年以上経過した教師についても，特別支援教育に関する経験を組み込むよう努めること」といったことを提言している。

## ●作成のポイント

　論文の構成は，一般的な序論・本論・結論の3段構成でまとめていく。

　序論では，特別支援教育を必要とする児童生徒数が増えていること，社会的障壁を取り除くのは社会の責務であるといった考え方に基づき，障害のある子供とない子供が共に教育を受けるインクルーシブ教育の意義と重要性を論じる。そのうえで，インクルーシブ教育を進めるために何を大切にしていく必要があるか，自らの経験を基に300字程度で述べる。

　本論では，そうしたインクルーシブ教育を通して障害のある子供の自立と社会参加を進める教育を行うために，どのような配慮をして教育活動に取り組むか，二つ程度に整理して論述する。その際，通常の学級と特別支援学級との交流や交換授業などの場を想定することが考えられる。一つの取組みを200字程度，合計400字程度で本論をまとめる。

　結論では，本論で取り上げた二つの取組みを貫く基本的な考え方や取組み姿勢などを含め，自らの経験を生かして特別支援教育に関わっていく決意を示して，100字程度で論文をまとめる。

【小・中学校(国際貢献活動経験者)・1次試験】　60分・601字以上800字以内

## ●テーマ

　小学校学習指導要領(平成29年告示)解説総合的な学習の時間編(平成29年7月)第4章第2節」では，「内容の取扱いについての配慮事項(8)」に，次のように示しています。

　グローバル化が一層進む中で，横断的・総合的な課題として国際理解に関する課題を扱い，探究的な学習を通して取り組んでいくことは，意義のあることである。
　その際には，広く様々な国や地域を視野に入れ，外国の生活や文化を体験し慣れ親しむことや，衣食住といった日常生活の視点から，日本との文化の違いやその背景について調査したり追究したりすることが重要である。(後略)

　また，「小(中)学校学習指導要領(平成29年告示)解説総合的な学習の時間編(平成29年7月)第5章第3節」では，「各学校が定める内容とは」の「現代的な諸課題に対応する横断的・総合的な課題」の一例が，次のように示されています。

・国際理解：地域に暮らす外国人とその人たちが大切にしている文化や価値観

　初めに，総合的な学習の時間において国際理解に関する課題を扱い，探究的な学習を通して取り組んでいくことは，どのような意義があると考えますか。理由とともに記述しなさい。
　次に，総合的な学習の時間において国際理解に関する課題を扱う場合，どのような学習活動が考えられますか。国際貢献活動の経験に基づいて，具体的に記述しなさい。

## ●方針と分析

(方針)

　総合的な学習の時間において，国際理解に関わる課題を扱って探究的活動を行うことの意義や重要性について論じたうえで，どのような学習活動に取り組んで国際理解に関わる課題を探究するか，国際貢献活動の経験に基づいて具体的に論述する。

(分析)

　情報通信技術の進展，交通手段の発達による移動の容易化，市場の国際的な開放等によって，情報，人，物の国際的な移動が活性化，流動化している。こうした社会は，単なる国際化と異なり，様々な分野で「国境」の意義があいまいになるとともに，各国が相互に依存し，他国や国際社会の動向を無視できない現象が出現している社会である。こうした世界のグローバル化は，アイディアなどの知識そのものやそれを生み出す人材をめぐる国際競争を加速させるとともに，異なる文化との共存や国際協力の必要性を増大させている。コロナ禍により停滞しているものの，外国人労働者導入の問題も今後学校教育に大きな影響を与えるものと考えられる。

　こうしたことについて，政府のグローバル人材育成推進会議では，グローバル化について「情報通信・交通手段等の飛躍的な技術革新を背景として，政治・経済・社会等のあらゆる分野で「ヒト」「モノ」「カネ」「情報」が国境を越えて高速移動し，金融や物流の市場のみならず人口・環境・エネルギー・公衆衛生等の諸課題の対応に至るまで，全地球規模で捉えることが不可欠となった時代状況を指す」としている。そのうえで，グローバル人材を育成することの必要性を強調している。

　具体的には，グローバル人材に求められる資質として，次の三つの要素を挙げている。

　要素I　語学力・コミュニケーション能力
　要素II　主体性・積極性，チャレンジ精神，協調性・柔軟性，責任感・使命感

　　要素Ⅲ　異文化に対する理解と日本人としてのアイデンティティー
　この他，幅広い教養と深い専門性，課題発見・解決能力，チームワークと(異質なものの集団をまとめる)リーダーシップ，公共性・倫理観，メディア・リテラシーなども必要であるとしている。
　本出題は，あなたの国際貢献活動の経験を最大限に活かし，世界で活躍するグローバル人材を育成するための出題である。そのために，どのような資質・能力を身に付けさせる必要があるのか示したうえで，総合的な学習の時間における具体的な学習活動を述べるようにする。

## ●作成のポイント

　論文の構成は，一般的な序論・本論・結論の3段構成でまとめていく。
　序論では，設問に応え，総合的な学習に時間において，国際理解に関わる課題を扱って探究的活動を行うことの意義や重要性について論じるとともに，学校教育でどのような資質や能力をもった人材を育成する必要があるのか，国際貢献活動の経験を踏まえて整理して述べる。具体的な経験を踏まえ，300字程度で説得力のある論述にする。
　本論では，総合的な学習の時間において，国際理解に関わる課題を扱って探究的活動を行う際，どのような学習活動に取り組むか，2〜3つの視点から論述する。その方策は，文部科学省が整理している「グローバル人材に求められる資質」を育成することを意識して構想するとよいだろう。ただし，単なる抽象論ではなく，自分が志望する校種に即した具体的な教育活動を述べることが重要である。この本論を400〜500字程度でまとめる。
　結論では，本文で書けなかったことにも触れながら，国際貢献活動の経験を活かし，これからの日本を担っていく人材を育成していく決意を100字程度で述べてまとめとする。

**【特別支援学級(教職経験者)・1次試験】　60分・601字以上800字以内**

## ●テーマ

　別紙「令和4年度静岡県立特別支援学校における教育推進体系図」(静岡県教育委員会)では,『一人一人の豊かな人生の実現を目指し,持てる力を最大限に伸ばす特別支援学校教育の充実』を目標に掲げています。さらに,重点目標の『3　一人一人の確かな学びにつながる指導の充実』では,『授業改善』が重要重点としてあげられています。

　これまでの実践をもとに,あなたが「主体的・対話的で深い学び」の実現を図る授業改善をする上で,大切にしていることを児童生徒の将来像を踏まえて述べなさい。

### 令和4年度　静岡県立特別支援学校における教育推進体系図

特別支援教育課

| 静岡県総合計画 | 富国有徳の「美しい"ふじのくに"」づくり |
| --- | --- |

| ふじのくに「有徳の人」づくり大綱 | 「有徳の人」の育成　～誰一人取り残さない教育の実践～ |
| --- | --- |

「有徳の人」とは,
◆　知性・感性・身体能力など,自らの個性に応じて「才」を磨き,自立を目指す人
◆　多様な生き方と価値観を認め,自他を大切にしながら「徳」を積む人
◆　「才」を生かし「徳」を積み,社会や人のために貢献する「才徳兼備」の人

**静岡県教育振興基本計画　～"ふじのくに"に根ざした教育の推進～**

施策を進める上での共通の視点

| SDG's の推進 | ICTや先端技術を活用した新たな学びの提供 | 学びの可視化と質の保証 | 地域社会との連携 |
| --- | --- | --- | --- |

| 「文・武・芸」三道の鼎立を目指す教育の実現 | 未来を切り拓く多様な人材を育む教育の実現 | 社会総がかりで取り組む教育の実現 |
| --- | --- | --- |
| ↓ 「知性」・「感性」を磨く学びの充実<br>↓ 「技芸を磨く実学」の奨励<br>↓ 学びを支える魅力ある学校づくりの推進 | ↓ 多様性を尊重する教育の実現<br>↓ グローバル・グローカル人材の育成<br>↓ 高等教育の充実<br>↓ 生涯を通じた学びの機会の充実 | ↓ 社会とともにある開かれた教育行政の実現<br>↓ 地域ぐるみの教育の推進 |

**目　標**

一人一人の豊かな人生の実現を目指し,持てる力を最大限に伸ばす特別支援学校教育の充実

重点目標　下線付きは重要重点

| 1　共生社会の実現を目指す「共生・共育」の充実 | 2　自立と社会参加に向けた開かれた学校づくり | 3　一人一人の確かな学びにつながる指導の充実 |
| --- | --- | --- |
| <共生・共育><br>・インクルーシブ教育システムの理念に基づく「共生・共育」の理解を広げる計画的組織的な「交流及び共同学習」の充実<br>・居住地での共生を目指し,「交流籍」を活用した交流及び共同学習 | <連携・協働><br>・家庭や地域社会との連携の強化と社会総がかりによる自立と社会参加に向けた学校教育力向上<br>・卒業後の豊かな人生につながる感性の醸成や可能拡大の機会提供(文化芸術活動,生涯スポーツ等への取 | <授業改善><br>・資質・能力の確かな育成につなげ,学習指導要領に基づいた「主体的・対話的で深い学び」の実現を図る授業改善(授業におけるICT活用推進)<br><カリキュラム・マネジメント><br>・個別の指導計画実施状況の評価・改 |

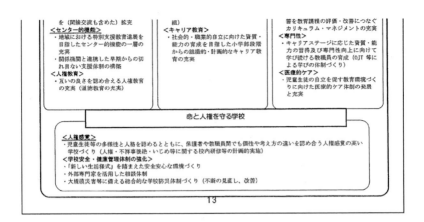

を（間接交流も含めた）拡充
**＜センター的機能＞**
・地域における特別支援教育進展を目指したセンター的機能の一層の充実
・関係機関と連携した早期からの切れ目ない支援体制の構築
**＜人権教育＞**
・互いの良さを認め合える人権教育の充実（道徳教育の充実）

組
**＜キャリア教育＞**
・社会的・職業的自立に向けた資質・能力の育成を目指した小学部段階からの組織的・計画的なキャリア教育の充実

替を教育課程の評価・改善につなぐカリキュラム・マネジメントの充実
**＜専門性＞**
・キャリアステージに応じた資質・能力の習得及び専門性向上に向けて学び続ける教職員の育成（OJT 等による学びの体制づくり）
**＜医療的ケア＞**
・児童生徒の自立を促す教育環境づくりに向けた医療的ケア体制の発展と充実

**命と人権を守る学校**

**＜人権感覚＞**
・児童生徒等の多様性と人格を認めるとともに、保護者や教職員間でも個性や考え方の違いを認め合う人権感覚の高い学校づくり（人権・不祥事根絶・いじめ等に関する校内研修等の計画的な実施）
**＜学校安全・健康管理体制の強化＞**
・「新しい生活様式」を踏まえた安全安心な環境づくり
・外部専門家を活用した相談体制
・大規模災害等に備える総合的な学校防災体制づくり（不断の見直し、改善）

13

# ●方針と分析

（方針）

　学習指導要領などの考え方を基に，「主体的・対話的で深い学び」を実現する授業改善を図ることの重要性について論じたうえで，「主体的・対話的で深い学び」を実現するために何を大切にしていくかを具体的に述べる。

（分析）

　平成28年12月の中央教育審議会の答申では，これからの社会について「知識・情報・技術をめぐる変化の早さが加速度的となり，情報化やグローバル化といった社会的変化が，人間の予測を超えて進展するようになってきている」「社会の変化は加速度を増し，複雑で予測困難となってきており，しかもそうした変化が，どのような職業や人生を選択するかにかかわらず，全ての子供たちの生き方に影響するものとなっている」という認識を示している。そのうえで，(1)生きて働く「知識・技能」の習得，(2)未知の状況にも対応できる「思考力・判断力・表現力等」の育成，(3)学びを人生や社会に生かそうとする「学びに向かう力・人間性等」の涵養という三つの資質・能力を育成することが必要であるとしている。

　そうした認識に立って改訂された学習指導要領では，これからの社会を考えたとき，学校教育においては「主体的・対話的で深い学びの実現に向けた授業改善を通して，創意工夫を生かした特色ある教育活動を展開するなかで，〈中略〉児童に生きる力を育むことを目指すものとする」と示された。この「主体的・対話的で深い学び」は，新学習指導要領の重要なポイントの一つであり，以下の三つの視点に立った授業改善を行うことであると説明されている。

①　学ぶことに興味や関心を持ち，自己のキャリア形成の方向性と関連づけながら，見通しを持って粘り強く取組み，自己の学習活動を振り返って次につなげる「主体的な学び」が実現できているか。

②　子供同士の協働，教員や地域の人との対話，先哲の考え方を手掛かりに考えること等を通じ，自らの考えを広げ深める「対話的学び」が実現できているか。

③　各教科等で習得した概念や考え方を活用した「見方・考え方」を働かせ，問いを見いだして解決したり，自己の考えを形成し表したり，思いを基に構想，創造したりすることに向かう「深い学び」が実現できているか。

　この説明の中で，「学ぶことへの興味や関心」「見通しと振り返り」「子供同士の協働的学び」「見方・考え方の活用」などが，具体的な教育活動を考える際の視点となる。

## ●作成のポイント

　論文の構成は，一般的な序論・本論・結論の3段構成でまとめていく。

　序論では，問題のテーマである「主体的・対話的で深い学び」が言われるようになった背景となっている「これからの社会」をどのように捉えるか，中央教育審議会の答申などの認識を参考にして論述する。そのうえで，「主体的・対話的で深い学び」の実現に向けて授業を改善していくことの重要性を述べる。

　本論では，その「主体的・対話的で深い学び」を実現させるために

大切にしていくことについて，二つ程度に整理して論述する。その際，分析で述べた①～③の三つの視点を踏まえることが必要である。また，そうした学習は児童生徒の実態に即したものにする必要があることから，障害種別や発達段階を特定して論述することも考えられる。

結論では，すべての教育活動を通して「主体的・対話的で深い学び」を実現していくことの重要性と決意を述べて，論文をまとめる。

## 【特別支援学級(看護師経験者)・1次試験】　60分・601字以上800字以内

## ●テーマ

静岡県の特別支援学校では，自立活動教諭の役割の一つとして，子供の成長を描きながら校内における医療的ケア体制の運営と充実に寄与することにより，安心・安全な医療的ケア体制の構築を図ることを斯待しています。

今までの経験を踏まえ，学校における医療的ケアの体制づくりにおいて，あなたが取り組みたいと考えることを述べなさい。教育面，安全面の両面から捉え，以下の観点を含めて書きなさい。
【観点】
・学校組織の一員として
・保護者や外部機関との連携

## ●方針と分析

(方針)

特別支援学校に在籍することが想定される医療的ケア児の特徴と課題について整理して述べ，医療的ケア児支援法の考え方を踏まえて，医療的ケア児を支援することの重要性について論じる。そのうえで，特別支援学校において医療的ケアの体制をどのようにつくっていくか具体的に論じる。

(分析)

　2021年9月に「医療的ケア児及びその家族に対する支援に関する法律」(以下「医療的ケア児支援法」)が施行された。この法律は「医療的ケア児」を法律上できちんと定義し，国や地方自治体が医療的ケア児の支援を行う責務を負うことを日本で初めて明文化した法律である。その目的は，医療的ケア児を子育てする家族の負担を軽減し，医療的ケア児の健やかな成長を図るとともに，その家族の離職などを防止することである。究極的には，障害や医療的ケアの有無にかかわらず，安心して子どもを産み，育てることができる社会の実現を目指している。

　「医療的ケア児」とは，日常生活及び社会生活を営むために恒常的に医療的ケア(人工呼吸器による呼吸管理，喀痰吸引その他の医療行為)を受けることが不可欠である児童を指す。医療技術の発達により，難病や障害を持つ多くの子供の命が救われている一方で，医療機関を退院したあとも，日常的に人工呼吸器を着けたり，痰の吸引が必要であったり，胃ろう等による栄養摂取が必要となることが多く，そのような医療的ケア児は増加傾向にあり，全国の医療的ケア児は約2万人(推定)とされている。

　学校において医療的ケアを進めるにあたっては，医療的ケア児の可能性を最大限に発揮させ，将来の自立や社会参加のために必要な力を培うという視点に立つことが重要である。その際，医療的ケア児の実態は多様であることから，医療的ケアの種類や頻度のみに着目して画一的な対応を行うのではなく，一人一人の教育的ニーズに応じた指導を行うことが必要であることに留意しなければならない。そのために，個別の教育支援計画や個別の指導計画などを整えることが必須となる。

　医療的ケアの実施に当たっては，医療専門家と教職員が十分な情報共有を行い，医療的ケアに対応できるよう配慮することが必要である。また，教職員と医療関係者とが連携して医療的ケア児の支援に当たることが重要である。さらに，対象児のことをよく理解している保護者

との連携・協力が欠かせないことは言うまでもないだろう。

## ●作成のポイント

　論文の構成は，一般的な序論・本論・結論の3段構成でまとめていく。

　序論では，人工呼吸器による呼吸管理，喀痰吸引など特別支援学校に在籍する医療的ケア児の多様な現状から，その特徴と課題について整理して述べる。そのうえで，医療的ケア児支援法の考え方を踏まえ，一人一人の教育的ニーズに応じた指導を行うなど医療的ケア児を支援することの重要性について論じる。

　本論では，医療的ケア児の教育にあたってどのようなことに配慮してその体制づくりに取り組んでいくか，その具体的な方策について教育面と安全面の二つに整理して論じる。教育面としては，たとえば個別の教育支援計画や個別の指導計画などに基づく一人一人の教育的ニーズに対応するための医療的ケアが考えられる。一方安全面では，医師や看護師等などの医療専門家と教職員との情報共有と連携，保護者との連携・協力，施設・備品などの環境整備が考えられる。

　結論では，医療的ケア児の健やかな成長を図るという医療的ケア児支援法の考えを生かし，全ての子供たちの育成に尽力していく決意を述べて論文をまとめる。

【高校・2次試験】　60分・800字以内

## ●テーマ

　「誰一人取り残さない学校教育」をテーマとして，あなたが考えることを800字以内で書きなさい。

## ●方針と分析

(方針)

　静岡県教育大綱や中央教育審議会の考え方などを基に，設問のテーマである「誰一人取り残さない学校教育」を進めることの重要性について論じる。そのうえで，「誰一人取り残さない学校教育」の実現に向けてどのように取り組んでいくか具体的に論じる。

(分析)

　設問の「誰一人取り残さない」は，2015年に国連で採択された「持続可能な開発のための2030アジェンダ」の中に宣言として明記された言葉で，2019年12月に中央教育審議会が公表した「論点取りまとめ」では，20年代を通じて実現を目指す教育のイメージを「多様な子供たちを誰一人取り残すことのない，個別最適化された学び」としている。静岡県においても，教育の理念や施策の基本方針をまとめた2022年の「ふじのくに『有徳の人』づくり大綱」では，その副題を「誰一人取り残さない教育の実現に向けて」としている。

　2021年12月の中央教育審議会の答申では，目指す教育のイメージを「誰一人取り残さない」を「全ての子供たちの可能性を引き出す」に替えているが，その意図するところは変わっていないと捉えてよい。その「全ての子供たちの可能性を引き出す」教育の在り方として示されたのが「個別最適な学びと，協働的な学び」である。すなわち，設問の「誰一人取り残さない」教育を進めるための方法として，「個別最適な学びと，協働的な学び」に取組んでいくことが考えられる。

　この答申では，まず「児童生徒はそれぞれ能力・適性，興味・関心，性格等が異なっており，また，知識，思考，価値，心情，技能，行動等も異なっている。個々の児童生徒の特性等を十分理解し，それに応じた指導を行うことが必要であり，指導方法の工夫改善を図ることが求められる」とし，子供一人一人の多様性に向き合うことの必要性を強調している。すなわち，子供の学びは個々の子供によって異なるということが大前提となっているのである。

　そのうえで，「指導の個別化」と「学習の個性化」という考え方を

示している。「指導の個別化」とは，子供一人一人の特性や学習進度・学習到達度等に応じ，指導方法・教材や学習時間等の柔軟な提供・設定を行うことである。また「学習の個性化」とは，教師が子供一人一人に応じた学習活動や学習課題に取り組む機会を提供することで，子供自身の学習が最適となるよう調整することである。この「指導の個別化」と「学習の個性化」を教師の視点から整理した概念が「個に応じた指導」であり，この「個に応じた指導」を学習者の視点から整理した概念が「個別最適な学び」である，と説明されている。

　一方，同答申では「個別最適な学び」が「孤立した学び」に陥ることを避けなければならないとし，これまでの学校教育で重視されてきた「探究的な学習や体験活動などを通じ，子供同士で，あるいは地域の方々をはじめ多様な他者と協働しながら，あらゆる他者を価値のある存在として尊重し，様々な社会的な変化を乗り越え，持続可能な社会の創り手となることができるよう，必要な資質・能力を育成する『協働的な学び』を充実することも重要である」としている。

## ●作成のポイント

　論文の構成は，一般的な序論・本論・結論の3段構成でまとめていく。

　序論では，なぜテーマである「誰一人取り残さない学校教育」を実現することが求められているのか，自分の考えを述べる。「児童はそれぞれ能力・適性，興味・関心，性格等が異なっており，また，知識，思考，価値，心情，技能，行動等も異なっている」という児童生徒観，「子供の学びは個々の子供によって異なる」という学力観などから，誰一人取り残さない「個に応じた指導」の重要性について触れたうえで，個に応じた指導の視点として「個別最適な学び」と「協働的な学び」を示す。

　本論では，「個別最適な学び」と「協働的な学び」を進めるための具体的な方策について，あなたの受験する校種や教科に即して二つ程度に整理して論述する。その際，「主体的・対話的で深い学び」に実

現がポイントであることに留意したい。

　結論では，これからの静岡県を担っていく子供を育てるために，すべての教育活動で「個別最適な学び」と「協働的な学び」を進め，「誰一人取り残さない学校教育」を実現していくという決意述べて論文をまとめる。

## 静岡市

### 【小・中学校教員(教職経験者)・1次試験】60分

静岡県の小・中学校教員(教職経験者特別選考)と同じ。

### 【養護教員(教職経験者)・1次試験】60分

静岡県の養護教員(教職経験者)と同じ。

### 【栄養教員(教職経験者)・1次試験】60分

静岡県の栄養教員(教職経験者)と同じ。

### 【小・中学校教員(障碍者特別選考)・1次試験】60分

静岡県の小・中学校教員(障碍者特別選考)と同じ。

### 【特別選考】601字以上800字以内

## ●テーマ

次の事例を読んで，後の問いに答えなさい。
【事例】

　あなたは小学校6年生の担任になりました。6月を過ぎた頃，あなたの学級の女の子Aの様子が気になるようになりました。面倒見が良くしっかり者のAでしたが，最近疲れた表情を見せ眠そうにし

ていたり，どうせ自分にはできない等と後ろ向きな発言をしたりするようになりました。Aに聞いてみると，次のようなことがわかりました。

- ・Aの家庭はひとり親家庭で，母親が仕事から帰ってくるまで小学校1年生と4歳になる二人の弟の面倒を見なければならない。
- ・以前は母親が早めに帰宅し夕飯を作っていたが，弟の入学を機に，仕事を変え，帰りが遅くなるようになった。
- ・今はAが夕飯の支度をし，弟たちを寝かしつけてから自分の宿題をやるので寝るのが遅くなってしまう。
- ・母親は疲れて苛立っているのか，Aに対し「あなたはお姉さんなのにそんなこともできないの！」等と怒ることが増えてきた。

【問い】

　上記の事例について，あなたは学級担任としてどのように対応しますか。

　あなたの捉えたこの事例の問題点(序論)，具体的な対応(本論)，この事例を踏まえて教師として心がけていきたいこと(結論)の三部構成にし，601字以上800字以内で述べなさい。

## ●方針と分析

(方針)

　Aが置かれた家庭環境の教育的な問題点について論じたうえで，学級担任としてこの問題にどのように対応していくか論じ，最後はこうしたヤングケアラーのような問題への対応では，どのような心掛けをしていくことが必要か整理して述べる。

(分析)

　ヤングケアラーに法令上の定義はないが，一般的に本来大人が担うと想定されている家事や家族の世話などを日常的に行っている子供とされている。二人の幼い弟の世話をしている6年生のAは，このヤング

ケアラーという概念に当てはまると考えられる。

　令和3年5月17日，厚生労働省・文部科学省合同のヤングケアラーの支援に向けた福祉・介護・医療・教育の連携プロジェクトチームの報告書が公表された。それによると，ヤングケアラーは，家庭内のデリケートな問題であることなどから表面化しにくい構造があり，福祉，介護，医療，教育等，関係機関が連携し，ヤングケアラーを早期に発見して適切な支援につなげることが必要であるとしている。

　具体的には，福祉・介護・医療・教育等関係機関，専門職やボランティア等へのヤングケアラーに関する研修・学ぶ機会を推進するとともに，地方自治体における現状把握を推進して早期発見・把握に努めることを提言している。そのうえで，悩み相談支援，関係機関連携支援といった支援策を推進すべきであるとしている。また，学校教育に対しては，スクールソーシャルワーカー等の配置支援，民間を活用した学習支援事業と学校との情報交換や連携の促進などを提言している。

　ヤングケアラーは，年齢や成長の度合いに見合わない重い責任や負担を負うことで，本人の育ちや教育に影響があるといった課題があるが，家庭内のデリケートな問題，本人や家族に自覚がないといった理由から，支援が必要であっても表面化しにくい構造となっていること，ヤングケアラーに対しては，様々な分野が連携したアウトリーチによる支援が重要であり，さらなる介護・医療・障害・教育分野の連携が重要であることに留意する。

## ●作成のポイント

　論文の構成は，一般的な序論・本論・結論の3段構成でまとめていく。

　序論では，設問文に示された家庭状況から，児童Aは学ぶ機会が保障されていないヤングケアラーの状況にあることを指摘し，全ての子供の学ぶ機会が平等に保障されるようにすることが重要であることを200字程度で述べる。

　本論では，この問題に担任としてどのように対応していくか，二つの方策に整理して論述する。たとえば，スクールソーシャルワーカー等と連携した生活支援，民間を活用した学習支援などが考えられる。一つの方策を250字，合計500字程度の本論にする。

　結論では，本論で取り上げた二つの方策を貫く基本的な考え方などに触れ，ヤングケアラーの問題に対応するべきことを整理して100字程度述べ，論作文をまとめる。

## 浜松市

※特別選考による課題作文は静岡県と同じです。

**【小・中学校教員・発達支援推進教員・養護教諭・2次試験】**

## ●テーマ

　第3次浜松市教育総合計画「はままつ人づくり未来プラン」では，「目指す子供の姿」の1つとして「夢と希望を持ち続ける子供」を掲げています。このことを踏まえ，次の①，②それぞれについてあなたの考えや思いを述べなさい。
　①　「夢と希望を持ち続ける子供」の育成という観点から，あなたが教員として子供たちに関わる時に最も大切にしたいことはどのようなことですか。
　　　また，「夢と希望を持ち続ける子供」を育成するために，具体的にどのような取組をしますか。学級担任になった場合を想定して答えなさい。
　②　「夢と希望を持ち続ける子供」を育成できる教員になるため，あなたはどのような努力をしますか。

## ●方針と分析

(方針)

　まず，「夢と希望を持ち続ける子供」を育成するために，教員としてどのようなことを大切にして子供と接するか述べたうえで，どのような取組をしていくか具体的に論じる。次に，そうした教育ができる教員になることを目指してどのような努力をしていくか述べてレポートをまとめる。

(分析)

　第3次浜松市教育総合計画「はままつ人づくり未来プラン」では三つの育成を目指す子どもの姿を掲げているが，その第2に設問の「夢と希望を持ち続ける子ども」が示されている。そこでは，「子どもたちは，夢と希望を持つことにより，たとえ困難や苦労を伴う課題であっても逃げずに立ち向かったり，主体的に他者と協力したりしながら取り組むようになります。また，成功や失敗体験を通してさまざまな資質・能力を身に付け，『さらに自分を向上させたい』『他者や社会のために役立ちたい』といった新たな夢や希望をもつようになります。こうして子供たちの心は次第に耕され，正しい判断力や価値観に基づいた自分らしさが磨かれていきます」とその意図するところを述べている。

　国においては，平成30年の第3期教育振興基本計画で「夢と志を持ち」という言葉を使っている。そのうえで「夢と志を持ち，可能性に挑戦するために必要となる力」として，現代的な意義を改めて捉え直した上で「確かな学力・豊かな心・健やかな体の育成」という生きる力を育成することの重要性を指摘している。

　こうしたことを踏まえると，夢や希望自体は，子供たち自身がつかむものではあるが，そのために必要な環境づくりとして教員が心がけることは次のようなことが考えられる。日常生活においては「人や社会，自然の働きに触れ，素朴な感動を体験する場の創造」「周りの大人が夢の素晴らしさを認めていくこと」「目標に向かって子供自らが体験を通して学習する過程に対する温かい支援，などが必要である。

　一方授業づくりでは「子供の学習意欲をかきたてる」「適切で多様な課題解決の機会を提供する」「子供の課題解決に向けて取組時間を保障し，適切に評価・支援する」「失敗や間違いが大切にされる授業の創造」といったことが考えられる。これらを参考にして，学級担任や教科担当としての具体的な取り組みを考えていただきたい。

## ●作成のポイント

　レポートをまとめる用紙が既に①の解答欄として3分の2，②が3分の1に分けて示されていているので，その配分で論述する。

　①ではまず，「夢と希望を持ち続ける子供」を育成するために，学級担任あるいは教科担当としてどのようなことを大切にして子供と接するか述べる。前提として，一人一人の子供の夢や願いを大切にすることが基本となるだろう。そのうえで，どのような取組をして「夢と希望を持ち続ける子供」を育成していくか，具体的な方策を論じる。日常生活と授業の場面で分け，二つの方策を論じることも考えられる。

　②では，そうした教育ができる教員になるためにどのように努力していくか，具体的に述べる。自らの研修課題を明らかにしてキャリアアップを図るなど，具体的な方法を示してレポート全体をまとめる。

## 2022年度　論作文実施問題

**【小・中学校(教職経験者)・1次試験】**　60分・601字以上800字以内

## ●テーマ

> 「義務教育の段階における普通教育に相当する教育の機会の確保等に関する基本指針(平成29年3月31日文部科学省)」では，不登校児童生徒等に対する教育機会の確保等に関する事項の中で，「①魅力あるより良い学校づくり」について，次のように示しています。
>
> > 全ての児童生徒が豊かな学校生活を送り，安心して教育を受けられるよう，児童生徒と教職員との信頼関係や児童生徒相互の良好な人間関係の構築等を通じて，児童生徒にとって学校が安心感，充実感が得られる活動の場となるように魅力あるより良い学校づくりを推進する。(後略)
>
> 初めに，児童生徒と教職員との信頼関係を構築するために，あなたはどのようなことを大切にしたいと考えますか。理由とともに記述しなさい。
>
> 次に，不登校を未然に防止するために，学級担任としてどのような取組を行いますか。これまでの教職経験に基づき，具体的に記述しなさい。

## ●方針と分析

(方針)

　不登校の未然防止ということを念頭に置きながら，児童生徒と教職員との信頼関係を構築するためにどのようなことを大切にしたいかを

考察する。また，このことを踏まえ，不登校を未然に防止するために，学級担任としてどのような取組を行うか考察する。

(分析)

　本問前半は，児童生徒と教職員間の信頼関係を構築するために大切なことについて問われている。ただ，本問の後半は不登校の未然防止のための取組について問われているので，不登校の未然防止ということを意識して「その大切なこと」を考察する必要がある。

　この考察で参考にしたい資料は，学習指導要領解説である。すなわち，小(中)学校学習指導要領は，第1章総則の「第4　児童(生徒)の発達の支援」の1において学習や生活の基盤として，教師と生徒との信頼関係を育てるため，日頃から学級経営の充実を図る旨が説明されている。その解説において，学級経営を行う上で最も重要なことは学級の児童一人一人の実態を把握すること，すなわち確かな児童理解が大切である旨が指摘されている。また，児童の気持ちを理解しようとする学級担任の教師の姿勢は，児童との信頼関係を築く上で極めて重要であり，愛情をもって接していくことが大切であることも指摘されている(「第3章　教育課程の編成及び実施」「第4節　児童の発達の支援」「1　児童の発達を支える指導の充実」参照)。こうした記述を参考にしながら，「大切なこと」を自分のことばで記述したい。

　この「大切なこと」をふまえて，次に不登校の未然防止のための取組を考える時，この考察で参考になる資料が，「不登校児童生徒への支援に関する最終報告」(不登校に関する調査研究協力者会議　平成28年7月)がある。特に「第5章学校等における取組」の，「1　不登校が生じないような学校づくり等」が参考になる。この箇所には，「魅力あるよりよい学校づくり」として，「自己が大事にされているか」，「自分の存在を認識されていると感じることができるか，かつ精神的な充実感を得られる心の居場所となっているか」等を学校が問い直す必要があることが説明されている。また，「児童生徒の学習状況に応じた指導・配慮の実施」として，"児童生徒が発達の段階に応じて自らの生き方や将来への夢や目的意識を考える，そのような指導を行うこと

は，児童生徒が学ぶ意欲を持って主体的に学校に通う上で重要である。このような観点から，学校においては，あらゆる機会を捉えて，学習内容が社会との接点や関わりを持っていることを児童生徒が実感できるような創意を生かした取組を行うことが望まれる"と説明されている。それだけでなく，学業不振が不登校の原因になることがあるので，個に応じた指導の充実などにも言及されている。その他，いじめ，暴力行為等問題行動を許さない学校づくりや，将来の社会的自立に向けた生活習慣づくりについても言及されている。こうした記述を参考に，自らが特に行いたい取組を考察したい。

## ●作成のポイント

論文の構成は，序論・本論・まとめといった一般的なものでよいであろう。

序論として，児童生徒との信頼関係を構築するために大切にしたいことを，300字程度で説明したい。

本論は，序論を踏まえて不登校を未然に防止するために，学級担任として取り組みたいことを，400字程度で具体的に論述したい。その論述において，自分のこれまでの教職経験に必ず言及したい。

最後に，まとめとして，記述したことを必ず実践する旨などを，100字程度で記述し，教職への熱意を採点者に示したい。

**【高校(教職経験者)・1次試験】　60分・601字以上800字以内**

## ●テーマ

予測困難な時代を生き抜くために生徒に身に付けてほしいと考える力はどのようなものか，理由とともに第1段落で述べなさい。また，あなたはその力を育成するために，学校の教育活動の中でどのような取組をするか，第2段落以降で具体的に述べなさい。これまでの教職経験を踏まえて，800字以内で書きなさい。

# ●方針と分析

(方針)

　予測困難な時代を生き抜くために生徒に身に付けてほしいと考える力を考察する。その上で，その力を育成するために，学校の教育活動の中でどのような取組をするかについて具体的に考察する。

(分析)

　将来はさまざまなことについて予測が困難になる時代・社会になると指摘されるが，本問はこうした状況を踏まえて生徒に身につけてほしい資質能力を考察する問題である。本問の考察で最も参考になる資料は，中央教育審議会答申「幼稚園，小学校，中学校，高等学校及び特別支援学校の学習指導要領等の改善及び必要な方策等について」(平成28年12月21日)であると思われる。同答申「第1部 学習指導要領等改訂の基本的な方向性」「第2章2030年の社会と子供たちの未来」では，"知識・情報・技術をめぐる変化の速さが加速度的となり，情報化やグローバル化といった社会的変化が，人間の予測を超えて進展していると指摘する。また人工知能が発達し人間の職業を奪うのではないかと言われているが，しかし人間は感性を働かせながらどのように社会や人生をよりよいものにしていくのかという目的を自ら考え出すことができることや，答えのない課題に対して，多様な他者と協働しながら目的に応じた納得解を見いだすことができるという強みを持っていることも指摘する。こうして，どのように社会や人生をよりよいものにしていくかを考え，主体的に学び続けて自ら能力を引き出し，自分なりに試行錯誤したり，多様な他者と協働したりして，新たな価値を生み出すために必要な力を身に付けることが必要であるとして，そうした力が身に付くように教育課程を改善していく必要があるとする"とある。その上で，同答申は生きて働く「知識・技能」の習得，未知の状況にも対応できる「思考力・判断力・表現力等」の育成，学びを人生や社会に生かそうとする「学びに向かう力・人間性等」の涵養という「育成を目指す資質能力」の3つの柱を示している。この3つの柱は新学習指導要領の「第1章総則」の冒頭部分でも示されている。こ

うした答申の記述や学習指導要領解説の「育成を目指す資質能力の明確化」に関する記述を参考にして，生徒に身に付けさせたい力と，その力を身に付けさせるための教育活動を具体的に考えたい。

## ●作成のポイント

　論文の構成は，序論・本論・まとめといった一般的なものでよいであろう。

　序論として，予測困難な時代を生き抜くために生徒に身に付けてほしいと考える力を理由とともに300字程度で説明したい。

　本論は，その資質・能力を育成するための教育活動を，これまでの教職経験を踏まえて400字程度で具体的に論述したい。

　最後に，まとめとして，記述したことを必ず実践する旨などを，100字程度で記述し，教職への熱意を採点者に示したい。

**【養護教諭(教職経験者)・1次試験】** 60分・601字以上800字以内

## ●テーマ

> 　文部科学省「発達障害を含む障害のある幼児児童生徒に対する教育支援体制整備ガイドライン〜発達障害等の可能性の段階から，教育的ニーズに気付き，支え，つなぐために〜(平成29年3月)」に次のような記述があります。
>
>> 　養護教諭は，各学校の特別支援教育の校内体制の中で，児童等の心身の健康課題を把握し，児童等への指導及び保護者への助言を行うなど，重要な役割を担います。
>> (1)　児童等の健康相談等を行う専門家としての役割
>> 　養護教諭は，日々の健康観察や保健調査及び健康診断結果等から一人一人の健康状態を把握しています。また，児童等が保健室に来室した際の何気ない会話や悩み相談等から，児童等を取り巻

く日々の生活状況，他の児童等との関わり等に関する情報を得や
すい立場にあります。
　養護教諭は，障害のある児童等に対しては，特別支援教育を念
頭に置き，個別に話を聞ける状況を活用しつつ，児童等に寄り添
った対応や支援を行うことが重要になります。(後略)

　初めに，養護教諭として，発達障害を含む障害のある児童生徒等
と関わる際に，大切にしたいことは何ですか。理由とともに記述し
なさい。
　次に，特別支援教育の校内体制の中で，養護教諭としてどのよう
な取組を行いますか。これまでの教職経験に基づき，具体的に記述
しなさい。

# ●方針と分析

(方針)

　養護教諭として発達障害を含む障害のある児童生徒と関わる際に，
大切にしたいことを考察する。この考察を踏まえて，特別支援教育の
校内体制の中で，養護教諭としてどのようなことに取り組むかについ
て考察する。

(分析)

　養護教諭の，特別支援教育との関わりについて，設問の(1)の他に次
のような事項が「発達障害を含む障害のある幼児児童生徒に対する教
育支援体制整備ガイドライン～発達障害等の可能性の段階から，教育
的ニーズに気付き，支え，つなぐために～」で挙げられている。(2)
特別支援教育コーディネーターとの連携と校内委員会への協力，(3)
教育上特別の支援を必要とする児童等に配慮した健康診断及び保健指
導の実施，(4)　学校医への相談及び医療機関との連携。

　こうした養護教諭の関わりについて，特に他の教諭等と違う点は，
本問でも指摘されているように養護教諭は保健室において一対一で児

童生徒と向き合うことができるという点である。子供一人一人に寄り添うことで，児童生徒は心の安定を得られることになるし，児童生徒の状況を学校側が的確に把握することにつながるであろう。また，養護教諭は特別支援教育の校内体制の中だけでなく，医療機関との連携や保護者等への保健指導など校外との情報共有を担う点もあげられる。本問の考察において，こうした保健室の機能，あるいは養護教諭の役割をかならず重視したい。

こうしたことを踏まえ，自分が大切にしたいことを考察し，養護教諭としてどのように取り組むかを考察したい。同ガイドラインでは，特別支援教育コーディネーター通常の学級の担任・教科担任，通級担当教員，特別支援学級担任の役割についても説明されている。気になる人は一読したい。

## ●作成のポイント

論文の構成は，序論・本論・まとめといった一般的なものでよいであろう。

序論として，発達障害を含む障害のある児童生徒と関わる際に，大切にしたいことを，300字程度で説明したい。

本論は，序論で記述したことについて，具体的にどのように取り組むかを，400字程度で具体的に論述したい。その論述において，自分のこれまでの教職経験に必ず言及したい。

最後に，まとめとして，記述したことを必ず実践する旨などを，100字程度で記述し，教職への熱意を採点者に示したい。

【栄養教諭(教職経験者)・1次試験】　60分・601字以上800字以内

# ●テーマ

　静岡県では，「小中学校の児童生徒の静岡茶の愛飲の促進に関する条例」を平成28年12月に公布・制定しました。学校では，お茶を飲む機会及びお茶を使った食育の機会を確保できるようにしています。以下は，同条例の目的を示した部分の抜粋です。

> (目的)
> 第1条　この条例は，小中学校において，児童生徒が静岡茶を飲む機会及び児童生徒に対する静岡茶の食育の機会を確保することにより，児童生徒の静岡茶の愛飲を促進することを目的とする。

　初めに，あなたは栄養教諭として静岡茶を生かした食育を推進することにより，児童生徒にどのような力を身に付けたいと考えますか。理由とともに記述しなさい。
　次に，児童生徒が静岡茶に親しむために栄養教諭としてどのような取組を行いますか。これまでの教職経験に基づき，具体的に記述しなさい。

# ●方針と分析

(方針)
　静岡茶を生かした食育を推進することにより児童生徒にどのような力を身に付けさせたいかを考察した上で，そのことを念頭におきながら児童生徒が静岡茶に親しむために栄養教諭としてどのような取組を行うかについて考察する。
(分析)
　食育によって児童生徒にどのような力を身につけさせたいかについて，食育基本法前文は，「『食』に関する知識と『食』を選択する力を習得し，健全な食生活を実践することができる人間を育てる」旨を指

摘しているので，このことをまず参考にしたい。また，本問は郷土色豊かな問題であるので，「伝統的な食文化，環境と調和した生産等への配意及び農山漁村の活性化と食料自給率の向上への貢献」について規定している同第7条も参考になるだろう。さらには，本問の素材になった「小中学校の児童生徒の静岡茶の愛飲の促進に関する条例」は，第2条において「静岡茶の食育」を「児童生徒の健全な心と体を培い，豊かな人間性を育むため，お茶のおいしさ，お茶の機能その他のお茶に関する一般的な事項のみならず，静岡茶の茶葉の産地，静岡茶の歴史，静岡茶の文化その他の静岡茶に関する事項について，児童生徒の理解を深める教育をいう」と定義していることも，参考になるだろう。こうした条文を参考にして，その食育を推進することにより児童生徒にどのような力を特に身に付けさせたいかを考察したい。

　次に，その具体的な取組であるが，その参考になる資料として静岡県教育委員会は「お茶を楽しむ食育実践事例集」をホームページに掲載している。また，同教育委員会のホームページには，「静岡茶の愛飲の促進について」のページを掲載している。こうした資料を参考に，前半で指摘した「力」が身に付くような具体的な取組を考察したい。

## ●作成のポイント

　論文の構成は，序論・本論・まとめといった一般的なものでよいであろう。

　序論として，静岡茶を生かした食育を推進することにより児童生徒にどのような力を身に付けさせたいかを，300字程度で説明したい。

　本論は，静岡茶に親しむための，そしてすでに指摘した「力」を身に付けさせるための取組を，400字程度で具体的に論述したい。その論述において，自分のこれまでの教職経験に必ず言及したい。

　最後に，まとめとして，記述したことを必ず実践する旨などを，100字程度で記述し，教職への熱意を採点者に示したい。

【小・中学校(障害者特別選考)・1次試験】　60分・601字以上800字以内

## ●テーマ

　「小学校(中学校)学習指導要領解説　総則編(平成29年7月)第3章第4節の2」では，特別な配慮を必要とする児童生徒への指導について，次のように示しています。

> 　障害のある児童(生徒)などには，視覚障害，聴覚障害，知的障害，肢体不自由，病弱・身体虚弱，言語障害，情緒障害，自閉症，LD(学習障害)，ADHD(注意欠陥多動性障害)などのほか，学習面又は行動面において困難のある児童(生徒)で発達障害の可能性のある者も含まれている。このような障害の種類や程度を的確に把握した上で，障害のある児童(生徒)などの「困難さ」に対する「指導上の工夫の意図」を理解し，個に応じた様々な「手立て」を検討し，指導に当たっていく必要がある。(後略)

　初めに，教員として障害のある児童生徒などに関わる際に，あなたが最も大切にしたいことは何ですか。理由とともに記述しなさい。

　次に，障害のある児童生徒などの「困難さ」に対して，教員としてどのような配慮や指導をしますか。これまでの経験に基づき，具体的に記述しなさい。

## ●方針と分析

(方針)

　教員として障害のある児童生徒などに関わる際に，自らが最も大切にしたいことを考察する。それを念頭におきながら障害のある児童生徒などの「困難さ」に対して，教員としてどのような配慮や指導を行うかについて具体的に考察する。

(分析)

　本問は学習指導要領解説総則編の一部を抜粋しての問題である。抜

粋部分に続いて，"このような考え方は学習状況の評価に当たって児童一人一人の状況をきめ細かに見取っていく際にも参考となる。その際に，小学校学習指導要領解説の各教科等編のほか，文部科学省が作成する「教育支援資料」などを参考にしながら，全ての教師が障害に関する知識や配慮等についての正しい理解と認識を深め，障害のある児童などに対する組織的な対応ができるようにしていくことが重要である"と示されている旨を説明する。その後は，具体的な指導の例をいくつか指摘し，障害の種類や程度を十分に理解して指導方法の工夫を行うことが大切であることを説明しよう。

　さらに，同学習指導要領で，"障害の種類や程度によって一律に指導内容や指導方法が決まるわけではない。特別支援教育において大切な視点は，児童一人一人の障害の状態や特性及び心身の発達の段階等(以下，「障害の状態等」という。)により，学習上又は生活上の困難が異なることに十分留意し，個々の児童の障害の状態等に応じた指導内容や指導方法の工夫を検討し，適切な指導を行うことであると言える"という旨を指摘している。その上で，特別支援教育コーディネーターを指名し，校務分掌に明確に位置づけるなど学校全体の特別支援教育の体制を充実させること，あるいは障害のある児童などの指導に当たっては，担任を含む全ての教師間において，個々の児童に対する配慮等の必要性を共通理解するとともに，教師間の連携に努める必要がある旨が指摘されている。

　まとめると，特別支援教育においては，その児童生徒の障害の種類・程度を充分に理解すること，及び，組織的に対応することの重要性が特に指摘されている。また，児童生徒の障害の種類・程度を充分に理解するには，教員が特別支援教育についての専門的な知識(いわゆる特別支援教育に関する専門性)等を有することも不可欠である。

　また「教育支援資料」を改訂した「障害のある子供の教育支援の手引〜子供たち一人一人の教育的ニーズを踏まえた学びの充実に向けて〜」(文部科学省初等中等教育局特別支援教育課 令和3年6月)の「第2章 就学に向けた様々な事前の準備を支援するための活動」「1　就学に関

する事前の相談・支援とは」「(5)対象となる子供の行動等の観察」では障害のある子供一人一人の教育的ニーズの内容の整理・支援の内容の検討時の留意点として,「子供との直接的な関わりを大切にする」,「子供の可能性を探る視点をもつ」,「複数の視点から観察する」,「事前の情報収集を大切にする」の4点が指摘されている。これらは本問の参考になることが指摘されているので,紹介する。以上を踏まえて各自本問を考察して欲しい。

## ●作成のポイント

　論文の構成は,序論・本論・まとめといった一般的なものでよいであろう。

　序論として,教員として障害のある児童生徒などに関わる際に,自らが最も大切にしたいことを,300字程度で説明したい。

　本論は,それを念頭におきながら障害のある児童生徒などの「困難さに対して,教員としてどのような配慮や指導を行うかについて,400字程度で具体的に論述したい。その論述において,自分のこれまでの経験に必ず言及したい。

　最後に,まとめとして,記述したことを必ず実践する旨などを,100字程度で記述し,教職への熱意を採点者に示したい。


【小・中学校(国際貢献活動経験者)・1次試験】　60分・601字以上800字以内

## ●テーマ

> 「小学校(中学校)学習指導要領解説　総則編(平成29年7月)第1章1」では,「育成を目指す資質・能力の明確化」に関して,次のように示しています。
>
>> 中央教育審議会答申においては,予測困難な社会の変化に主体

的に関わり，感性を豊かに働かせながら，どのような未来を創っていくのか，どのように社会や人生をよりよいものにしていくのかという目的を自ら考え，自らの可能性を発揮し，よりよい社会と幸福な人生の創り手となる力を身に付けられるようにすることが重要であること，こうした力は全く新しい力ということではなく学校教育が長年その育成を目指してきた「生きる力」であることを改めて捉え直し，学校教育がしっかりとその強みを発揮できるようにしていくことが必要とされた。(後略)

　初めに，「自らの可能性を発揮し，よりよい社会と幸福な人生の創り手となる」ために，児童生徒にどのような資質・能力を育成することが大切だと考えますか。理由とともに記述しなさい。

　次に，そのような資質・能力を育成するために，どのような教育活動を行いますか。国際貢献活動の経験に基づいて考え，具体的に記述しなさい。

## ●方針と分析

(方針)

　「自らの可能性を発揮し，よりよい社会と幸福な人生の創り手となる」ため，児童生徒にどのような資質・能力を育成することが大切かを考察する。また，資質能力を育成するためにどのような教育活動を行うかについても考察する。

(分析)

　本問の問題文には小学校学習指導要領解説総則編の，第1章　総説の「1　改訂の経緯及び基本方針」「(2)　改訂の基本方針」における，育成を目指す資質能力の明確化に関する説明の一部が抜粋されている。抜粋された部分の後，"今回の改訂では，知・徳・体にわたる「生きる力」を子供たちに育むために「何のために学ぶのか」という各教科等を学ぶ意義を共有しながら，授業の創意工夫や教科書等の教

材の改善を引き出していくことができるようにするため，全ての教科等の目標及び内容を「知識及び技能」，「思考力，判断力，表現力等」，「学びに向かう力，人間性等」の三つの柱で再整理した"と指摘されている。

　そこで，「自らの可能性を発揮し，よりよい社会と幸福な人生の創り手となる」ために，児童生徒のどのような資質能力を育成することが大切なのかについて，まず学習指導要領の「第1章　総則」に示されている，「言語能力，情報活用能力(情報モラルを含む。)，問題発見・解決能力等の学習の基盤となる資質・能力」を参考に，自らが特に育成したい資質能力につき論述することが考えられる。また同じく「第1章　総則」で示されている「現代的な諸課題に対応して求められる資質・能力」に関して，その資質能力に該当するものを具体的に想定し論述することも考えられる。なお，指導要領解説はその例として「健康・安全・食に関する力」「主権者として求められる力」などをあげているので，その考察の参考になる。さらには，学習指導要領の各教科の目標において示されている，育成を目指す資質能力のうち，自分が一番関心をもち，そして子供たちにその資質能力を育成したいというものがあれば，それについて論述することもできる。

## ●作成のポイント

　論文の構成は，序論・本論・まとめといった一般的なものでよいであろう。

　序論として，「自らの可能性を発揮し，よりよい社会と幸福な人生の創り手となる」ため，児童生徒にどのような資質・能力を育成させたいかにつき，理由とともに300字程度で説明したい。

　本論は，その資質・能力を育成するための教育活動を，自らの国際貢献活動の経験を踏まえ，400字程度で具体的に論述したい。

　最後に，まとめとして，記述したことを必ず実践する旨などを，100字程度で記述し，教職への熱意を採点者に示したい。

【特別支援学級(教職経験者)・1次試験】　60分・601字以上800字以内

## ●テーマ

　特別な支援を必要とする子どもの教育に携わる教員は，一人一人の教育的ニーズに的確に応えていく幅広い専門性が求められています。

　特別な支援を必要とする子どもの指導に関して，あなたが考える専門性について理由を添えて述べなさい。また，それに基づく指導実践についても述べなさい。

【作成上の留意点】

　専門性に基づく指導実践を述べるにあたっては，以下の項目を盛り込むようにすること。

・指導実践によって得られた子どもの成長した姿

## ●方針と分析

(方針)

　特別な支援を必要とする子どもの指導に関して，自らが特に大切と考える特別支援教育の専門性について考察する。また，その専門性に関する教育実践について，実践によって得られた子どもの成長した姿を具体的に触れながら論述する。

(分析)

　特別な支援を必要とする子どもの指導に関しては，独立行政法人国立特別支援教育総合研究所発達障害教育推進センターホームページの「教育の専門性」を参考にするとよいだろう。「特別支援学校，特別支援学級，通級による指導の担当者」についての専門性について説明している箇所が，本問を考察するのに参考になる。具体的には，この箇所は，「インクルーシブ教育システム構築のための特別支援教育担当者の専門性」を「障害のある子どもの指導に関する専門性」と「関係者との連携に関する専門性」に分けて説明しているところ，前者につ

き，「障害の特性の理解と指導」，「子どもの実態把握とアセスメント」，「個別の指導計画の作成」，「学級づくり・授業づくり」に分けて解説している。また全体的にインクルーシブ教育実現ということを重視し，通常の学級の担任教員への支援や連携についても適宜言及する点も重要といえる。

　具体的な実践については「C-92　インクルーシブ教育システム構築に向けた特別な支援を必要とする児童生徒への配慮や特別な指導に関する研究　－具体的な配慮と運用に関する参考事例－」(独立行政法人国立特別支援教育総合研究所発達障害教育推進センター　平成25年3月)が参考になるだろう。

　こうした記述を踏まえ，自分なりにその大切なことを考察し，それを踏まえての教育実践を論述していきたい。

## ●作成のポイント

　論文の構成は，序論・本論・まとめといった一般的なものでよいであろう。

　まず，序論として，特別な支援を必要とする子どもの指導に関して，自らが特に大切と考える特別支援教育の専門性について，300字程度で記述したい。その「専門性」については，本論と関連するものを論述したい。

　次に本論として，それに基づく教育実践を400字程度で論述する。その論述については，自らの教職経験及びそれによって得られた子どもの成長した姿に必ず言及する。

　最後に，まとめとして，記述した実践を必ず行う，あるいはその実践をより深めたい旨などを100字程度で記述し，教職への熱意を採点者に示したい。

【特別支援学級(看護師経験者)・1次試験】　60分・601字以上800字以内

## ●テーマ

> 　医療的ケアを必要とする幼児児童生徒数は年々増加しています。静岡県では，学校に看護師等を配置し，医療的ケアを必要とする幼児児童生徒の教育の充実を図っていますが，そのためにはQOL(Quality Of Life：生活の質)も大切な視点となります。
> 　学校で医療的ケアを必要とする重度心身障害児のQOL向上のために，あなたが大切だと考えることを二つ書きなさい。また，それぞれについて学校現場でどのように生かしていきたいか述べなさい。
> 【作成上の留意点】
> ・学校における重度心身障害児のQOLについての考えを述べること。
> ・あなたのこれまでの看護師としての経験を踏まえて述べること。

## ●方針と分析

(方針)

　学校で医療的ケアを必要とする重度心身障害児のQOL向上のために大切だと自らが考えることを2つ考察する。また，それぞれについて学校現場でどのように生かしていきたいかについても考察する。

(分析)

　近年，学校において日常的に痰の吸引等の「医療的ケア」が必要な児童生徒が増加し，これらの児童生徒等の教育の充実を図るため，学校に看護師を配置し，医療的ケアの実施等を行うことが増えている。2021年には「医療的ケア児及びその家族に対する支援に関する法律」が施行され，法的な整備もなされている。本問は，こうしたことを受けて実施された「看護師経験を有する者を対象とした選考」の課題作文についての問題である。

　本問はまず医療的ケアを必要とする重度心身障害児のQOL向上について大切だと思うことを考察しなければならないが，その参考になる

のは「令和元年度学校における医療的ケアに関する看護師研修会」(文部科学省　令和元年12月)の資料「学校における医療的ケアの現状と学校に勤務する看護師の役割について」である。この資料には，「学校において医療的ケアを実施する意義について」が説明されており，学校において医療的ケアを実施することで，授業の継続性が確保されることで「教育機会の確保・充実」が図られ，その結果「経管栄養や導尿等を通じた生活のリズムの形成」(健康の保持・心理的な安定)，「吸引や姿勢変換の必要性など自分の意思や希望を伝える力の育成」(コミュニケーション・人間関係の形成)，「排痰の成功などによる自己肯定感・自尊感情の向上」(心理的な安定・人間関係の形成)，「安全で円滑な医療的ケアの実施による信頼関係の構築」(人間関係の形成・コミュニケーション)が図られるとする(カッコ内は対応する学習指導要領「自立活動」の区分の例)。その上で，「看護師は，その専門性を活かして医療的ケアを進め，教員が，その専門性を活かしてサポートする」ことと，「教員は，その専門性を活かして授業を進め，看護師がその専門性を活かしてサポートする」ことを示した上で，「双方がその専門性を発揮して児童生徒の成長・発達を最大限に促す」と説明されている。こうした記述を参考に，そのQOL向上のために自らが特に大切だと思うことを考察し，論述したい。

　さらに，論述したことについて学校現場でどう活かすか，これまでの看護師としての経験に言及し，その論述の説得力を高めたい。

　なお，本問に関連する資料としては，静岡県教育委員会が作成した「静岡県医療的ケアガイドライン」(令和3年3月)もあるので，こちらも参考にしたい。

## ●作成のポイント

　論文の構成は，序論・本論・まとめといった一般的なものでよいであろう。

　まず，序論として，医療的ケアを必要とする重度心身障害児のQOL向上のために大切だと自らが考えることを，200〜300字程度で記述し

たい。

　次に本論として，論述したことを学校現場でどう活かすか，いいかえると論述したことについてどのように取り組むか，500字～600字程度で論述する。その論述は，抽象的な論述に終始してはならず，自分のこれまでの経験を踏まえた具体的なものでなければならない。

　最後に，まとめとして，記述したことを必ず実践する旨などを，100字程度で記述し，教職への熱意を採点者に示したい。

## 【高校・2次試験】　60分・800字以内

## ●テーマ

> それぞれの生徒が自らの個性を発揮し，いきいきと学校生活を送るために，生徒にとってどのような環境をつくる必要があると考えますか。あなたの考えを具体的に800字以内で書きなさい。

## ●方針と分析

（方針）

　各生徒が自らの個性を発揮し，いきいきと生活を送るために，生徒にとってどのような環境をつくることが特に必要であるかについて自分なりに考察する。それを踏まえその環境を実現するための具体的な取組を考察する。

（分析）

　本問は抽象的な問題であるが，まずこのような問題においては，何について具体的に特に論述するかをまず考えなければならない。その具体的に論述することについては，学習指導と生徒指導，それぞれにおいて考察することができるだろう。

　たとえば，「自らの個性を発揮し，いきいきと学校生活を送るため」に，どのような生徒指導を行うかについて，参考になる資料は「生徒

指導提要」だろう。この資料は，生徒指導は，個々の児童生徒の自己指導能力の育成を目指すものであり，日々の教育活動においては，①「児童生徒に自己存在感を与えること」，②「共感的な人間関係を育成すること」，③「自己決定の場を与え自己の可能性の開発を援助すること」の3点に，特に留意する旨を，たびたび指摘している。そして，「集団指導における教育的意義」の箇所で，指導における留意点として，指導的立場である教員は一人一人の児童生徒が，①「安心して生活できる」，②「個性を発揮できる」，③「自己決定の機会を持てる」，④「集団に貢献できる役割を持てる」，⑤「達成感・成就感を持つことができる」，⑥「集団での存在感を実感できる」，⑦「他の児童生徒と好ましい人間関係を築ける」，⑧「自己肯定感・自己有用感を培うことができる」，⑨「自己実現の喜びを味わうことができる」ことを基盤とした集団づくりの工夫が必要である旨を指摘している。こうした記述を念頭におきながら，いじめを発生させないクラスルームづくりや，不登校にならないための生徒の働きかけ等について具体例を挙げて論述することが考えられる。

　次に，どのような学習指導を行うか考えるにあたり，まずヒントになるのは学習指導要領及びその解説であろう。高等学校学習指導は第1章　総則の「第1款　高等学校教育の基本と教育課程の役割」の2(1)において「個性を生かし多様な人々との協働を促す教育の充実に努めること」と指摘し，また特に「第3款　教育課程の実施と学習評価」において「主体的・対話的で深い学びの実現」が強調されている。こうした記述や，学習指導要領解説総則編のこの記述についての解説を踏まえ，学習指導の場面で，各生徒の個性を発揮できる機会をどのようにあたえるのかを考察したい。

　また「生徒指導提要」にもその学習指導について言及している箇所があり，その箇所も参考になる。「第1章　生徒指導の意義と原理」の「第2節　教育課程における生徒指導の位置付け」では，各教科等における学習活動が成立するために，一人一人の児童生徒が落ち着いた雰囲気の下で学習に取り組めるよう，基本的な学習態度の在り方等につ

いての指導を行うことであり，もう一つは，各教科等の学習において，一人一人の児童生徒が，そのねらいの達成に向けて意欲的に学習に取り組めるよう，一人一人を生かした創意工夫ある指導を行うことである旨を指摘している。そして，これまでは前者につき検討されることが多かったところ，自分の勉強や進路に不安をかかえる生徒が多いため，これからは後者の視点に立った，一人一人の児童生徒にとって「わかる授業」の成立や，一人一人の児童生徒を生かした意欲的な学習の成立に向けた創意工夫ある学習指導が，一層必要性を増していると説明している。その上で，上記の3視点を踏まえての，一人一人の児童生徒のよさや興味関心を生かした指導や，児童生徒が互いの考えを交流し，互いのよさに学び合う場を工夫した指導，一人一人の児童生徒が主体的に学ぶことができるよう課題の設定や学び方について自ら選択する場を工夫した指導など，様々な工夫をすることが考えられる旨を説明している。こうした記述を参考に各自どのような取組を行うかについて考察したい。

## ●作成のポイント

　論文の構成は，序論・本論・まとめといった一般的なものでよいであろう。

　まず，序論として，各生徒が自らの個性を発揮し，いきいきと生活を送るために，生徒にとってどのような「環境」をつくることが特に必要であるかについて，自分が特に必要と思う「環境」を理由と共に，200〜300字程度で記述したい。その「環境」は，特に具体的に指摘したい。

　次に本論として，その「環境」をつくることについて，具体的にどのような取組を行うかについて500字〜600字程度で論述する。

　最後に，まとめとして，記述したことを必ず実践する旨などを，100字程度で記述し，教職への熱意を採点者に示したい。

## 静岡市

**【教職経験者(小・中学校教員)・1次試験】　60分**

　静岡県の小・中学校教員(教職経験者特別選考)と同じ。

**【教職経験者(養護教員)・1次試験】　60分**

　静岡県の養護教員(特別選考)と同じ。

**【特別選考試験】**

### ●テーマ

次の事例を読んで，後の問いに答えなさい。
【事例】

　　新任のあなたは小学校2年生の担任です。あなたのクラスに，予定黒板の字を写すのが著しく遅い子がいます。授業での発言はきちんとしたもので，受け答えもはっきりしています。しかし，ノートは板書を書き写せなかったり，誤字脱字が多かったりします。保護者からは，九九の暗唱は喜んでやるのに，日記を書くことを嫌がりますと相談がありました。

【問い】　上記の事例について，あなたは学級担任としてどのように対応しますか。あなたのこの子に対する基本的な指導方針と具体的な対応を，序論・本論・結論の三部で構成し，601字以上800字以内で書きなさい。

### ●方針と分析

　(方針)

　　事例の児童についての基本的な指導方針とその具体的な対応を考察する。

　(分析)

　本問は「事例」からその児童が抱える課題をまず指摘する必要がある。その児童は，授業での発言がきちんとしているが，しかしノートは板書を書き写せなかったり，また誤字脱字が多かったりする，そして日記を書くことを嫌がるという現状が指摘されている。このことから，この児童は書くことが苦手であり，その克服が当面の課題であると考えられる。

　こうした「書くこと」が苦手な児童への指導について参考になるページが独立行政法人国立特別支援教育総合研究所発達障害教育推進センターホームページ「学習面でのつまずきと指導・支援」を参考にするとよいだろう。

　同ページでは，その児童へのアセスメントのポイントをまず指摘しているところ，まず「読む」ことがきちんとできるかを確認し，「読む」ことに関してつまずきが深刻な場合は，「読み」からアプローチしてみること，またどういう文字で間違えやすいかについて捉える，また丁寧に把握することで，子どものつまずきの要因を推測する旨を指摘している。

　具体的な指導の例として「通常学級での特別支援教育ハンドブック」(静岡県教育委員会　平成18年2月)や「読み書きに障害のある児童・生徒の指導の充実について」(東京都教育委員会　平成27年3月)などが参考になる。「協応運動が苦手の児童のために器用さを高め，目と手を同時に使うような遊び・ゲームを取り入れる」，「鉛筆や消しゴムなどは，使いやすいものを用意する」，「マス目の大きいものや罫線のある用紙を用意する」，「授業ではなるべくワークシートを使う」，「文字を練習する際，ことばによる意味づけを行う」，「漢字テストなどでは，大まかに書けていれば正解または準正解にする」といったものが挙げられている。

　また，板書をノートにとるのが特に苦手ならば，板書に配慮するということも考えられる。たとえば，移すべき最低限の場所のみを四角で囲むなりして，その箇所のみを丁寧にノートにとってもらうといった指導をすることが考えられる。

　　こうした児童に対する指導については，上記に紹介したもの以外にも各自治体でさまざまな資料があるので，可能な限り目を通して整理しておきたい。

## ●作成のポイント

　　本問は「序論・本論・結論の三部で構成」するという指定があるので，これにそって論述したい。

　　まず序論では，この児童にどのような課題があるかを端的に指摘したい。文字数としては200字程度で，その指摘ができるだろう。

　　本論は，基本的な指導方針と具体的な対応を500字程度で論述したい。

　　最後に結論として，その子どもにできるだけ寄り添う姿勢を示すなりして，こうした児童に丁寧に対応する旨を100字程度で論述したい。

### 浜松市

※特別選考による課題作文は静岡県と同一です。

【小・中学校教員・発達支援推進教員・養護教諭・2次試験】

## ●テーマ

> 　　第3次浜松市教育総合計画　後期計画「はままつ人づくり未来プラン」では，「未来創造への人づくり」と「市民協働による人づくり」の教育理念のもと，「目指す子供の姿」を掲げています。
>
> 　　この「目指す子供の姿」を実現させるために，浜松市では，「キャリア教育を核とした人づくり」を推進しています。
>
> 　　あなたは，浜松市の教員として採用された場合，キャリア教育を取り入れることによって，子供たちのどのような力の育成を目指し，どのような取組をしていきたいと考えますか。「目指す子供の姿」に触れて，具体的に書きなさい。

# ●方針と分析

(方針)

　第3次浜松市教育総合計画　後期計画「はままつ人づくり未来プラン」に示されている「目指す子供の姿」を念頭におきながら，キャリア教育に取り組むことによって子供たちのどのような力の育成を目指すのかについて考察し，そのためにどのような取組をしていくか考察する。

(分析)

　第3次浜松市教育総合計画　後期計画「はままつ人づくり未来プラン」は，教育基本法第17条第2項に規定されている各地方公共団体が策定する教育振興基本計画に該当する。浜松市のそれは，基本理念として本問で示されている「未来創造への人づくり」と「市民協働による人づくり」が，またこれを受けての「目指す子供の姿」として「自分らしさを大切にする子供」，「夢と希望を持ち続ける子供」，「これから社会を生き抜くための資質・能力を育む子供」の3つが示されている。

　「第2章　浜松市の目指す教育」は，これらの説明に続き，「キャリア教育を核とした人づくりの推進」について，"本市がキャリア教育を重点とした教育活動を展開する意義は，変化が激しく予測困難な時代であっても，将来に不安を感じることなく，夢と希望を持って自分らしく人生を歩んでいくことができる子供を育むところにあり，キャリア教育を通して自分や浜松の未来を創り出せる子供の育成を目指しています。"と説明した後，キャリア教育で育成する基礎的汎用的能力についてまず指摘している。その上で，"子供たちは，学ぶことの意義や，今学んでいることと自分の将来や社会とのつながりを実感したとき，主体的に学びに向かうようになり，社会で活躍する大人の姿を将来の自分と重ね合わせることで，夢と希望を持つようになります。また，社会の中で自分の力を発揮することで資質能力は磨かれ，それが周りの人に認められることによって，自分のよさを感じることができる"という旨を指摘し，"子供に育てたい力は，さまざまな人との

関わりの中でゆっくりと時間をかけて育まれていくものです。幼児期から大人までの学びのつながりを大切にしながら，その学校・地域ならではの「学びの素材」を生かした教育活動を推進し，園・学校，家庭，地域，行政が一体となって将来の浜松を担う子供たちを育んでいきます”と説明している。

　こうした記述を踏まえ，自分がキャリア教育において特にどのような力を育成したいかを具体的に考察し，その実現のためにどのような取組をするかについて論述したい。

## ●作成のポイント

　論文の構成は，序論・本論・まとめといった一般的なものでよいであろう。また，課題用紙は，34行の横罫になっており，図表による説明も適宜使用してよいとされている。課題用紙の裏面は使用できないため，文字や図表の大きさなどあらかじめ全体の構成を決めてから書き始める方がよいだろう。

　序論として，「はままつ人づくり未来プラン」で示されている教育理念や「目指す子供の姿」を踏まえ，キャリア教育によって子供たちにどのような力を育成させたいかを，その理由を含め12行程度で記述したい。

　本論は，その力の育成のために，どのような取組を行うのかにつき，20行程度で記述したい。

　最後に，まとめとして，記述したことを必ず実践する旨などを，2行程度で記述し，教職への熱意を採点者に示したい。

| 2021年度 | 論作文実施問題 |
| --- | --- |

## 静岡県

**【特別選考(小・中学校教員)・1次試験】**　60分・601字以上800字以内

## ●テーマ

　「小学校(中学校)学習指導要領(平成29年3月告示)前文」では，これからの学校に求められることについて，次のように示しています。

　これからの学校には，(中略)一人一人の児童(生徒)が，自分のよさや可能性を認識するとともに，あらゆる他者を価値のある存在として尊重し，多様な人々と協働しながら様々な社会的変化を乗り越え，豊かな人生を切り拓き，持続可能な社会の創り手となることができるようにすることが求められる。

　初めに，このような児童生徒の育成を担う教員には，どのような資質・能力が必要だと考えますか。理由とともに記述しなさい。

　次に，あらゆる他者を価値のある存在として尊重し，多様な人々と協働できる児童生徒の育成を目指すために，どのような学級づくりを行いますか。これまでの教職経験に基づき，具体的に記述しなさい。

## ●方針と分析

(方針)

　激しく変化する社会の中で逞しく生きていく児童生徒を育成するために，教員として求められる資質能力はどのようなものか，自身が考えることを理由と共に述べる。また，他者を尊重し，多様な価値観を

認めて多くの人と協働することができる児童生徒を育成するために，自身の目指す学級経営方針を述べる。

(分析)

　学習指導要領の総則では，「豊かな心や創造性の涵養」という言葉が使われている。持続可能な社会の創り手となるためには大切な要素である。また，小中学校にあっては，特に道徳教育による健全な心の育成，環境教育を中心とする持続可能な社会への意識づけなどが期待される。その実現のためには，教師自身の深い認識と目的意識が重要である。

　静岡県が掲げる，ふじのくに「有徳の人」づくりに向けて教育成果をあげるためにも，課題文にあるような児童生徒の育成は不可欠と言える。そのために教師自身に求められる豊かな人間性や自己研鑽について述べる必要がある。どのような取組をするか，具体的な方策にも触れたい。これまでの教職経験に基づいて，説得力ある論作文としよう。

　さらに，学級経営に関しては，他者の美点や多様性を認め，自己肯定感ばかりでなく他者をも肯定的に捉える児童生徒の育成を目指して，「支持的風土のある学級づくり」に取り組みたい。

## ●作成のポイント

　起承転結という構成もあるが，序論，本論，結論の三部で構成することが一般的である。

　序論では，課題文にあるような児童生徒の育成を担う教員として，どのような資質・能力が必要だと考えるかを，理由とともに述べる。学習指導面，生活指導面における指導力，教師自身の豊かな人間性の涵養といった視点から述べるとよい。これまでに児童生徒の「心の育成」に関して，成果を得ることが出来たと感じるエピソードや教訓を交えて述べてもよい。

　本論では，他者を価値のある存在として尊重し，多様な人々と協働できる児童生徒の育成を目指して行うべき，学級づくりについて方策を述べる。具体的には，級友に対するプラス評価のコメントを表現し

合う場面づくり，アクティブ・ラーニングの手法を生かした教科・道徳の工夫など，「主体的・対話的で深い学び」に触れて述べることも効果的である。800字制限なので，自らの経験については要領よくまとめる。「これまでの経験」は「踏まえる」のであって，実践報告に終始してはならない。

　結論は，静岡県の教員としての決意を，「学び続ける教師」自己研鑽を意識して述べる。「私は，・・・していく。」という論調で，今後に繋がる方策感を大切にしよう。

## 【特別選考(養護教員)・1次試験】　60分・601字以上800字以内

## ●テーマ

　文部科学省「教職員のための子どもの健康観察の方法と問題への対応(平成21年3月)」に，子供の心の健康つくりに関する教職員の主な役割について次のように示しています。

> 　養護教諭は，心の健康問題のある子どもを支援していることが多いことに加え，担任，保護者からの相談依頼も多いため，学校における心の健康問題への対応に当たっては，中心的な役割を果たすことが求められている。

　初めに，養護教諭として，心の健康問題のある子供に関わる際に，あなたが最も大切にしたいことは何ですか。理由とともに記述しなさい。

　次に，子供の心の健康問題に対し，養護教諭としてどのような対応を行いますか。これまでの教職経験に基づき，具体的に記述しなさい。

## ●方針と分析

(方針)

　養護教諭として，心の健康に問題のある子供に関わる際，最も重視することは何か，理由とともに述べる。また，心の健康問題への対処について，これまでの教職経験に基づき，具体的に述べる。その際，養護教諭としての専門性を強調して述べることが大切である。

(分析)

　養護教諭は，児童生徒が自己の健康の保持増進を図るために必要な指導に当たり，保健指導を中心とした教育活動に積極的に関与する。課題文にもあるように，子供を取り巻く環境が複雑化・多様化する中で，「心の問題」に対して養護教諭に期待されるところは大きい。たとえ初任者であっても，健康保健安全面においては，全校における司令塔としてリーダーシップを発揮しなければならない。特に，不登校やいじめなどの人間関係の悩み相談については，洞察力とともにカウンセリング・マインドの力を要する。一人の教師として力量をつけることも重要ながら，チーム学校としての組織対応も大切である。問題の早期発見，早期対応ができるよう，情報収集と情報共有の努力も必要である。担任をはじめとする教職員，管理職，学校カウンセラーなどともよく連携し，児童生徒が安心して安全に学校生活を送れるように配慮したい。例えば，情報収集に関しての具体的方策には，問題把握のための保健室における観察，アンケート調査，相談週間といった学校体制づくりなどが考えられる。

## ●作成のポイント

　起承転結という構成もあるが，序論，本論，結論の三部で構成することが一般的である。

　まず，小学校教員，中学校教員，高等学校教員，特別支援学校教員のいずれかの立場を選び，発達段階に即した内容となるよう，構想を立てる。

　序論では，経験ある養護教諭としての立場から，子供の心の問題に

対する認識を述べる。

　自身が，心の健康問題のある子供に関わる際に，心のケアに関して最も大切にしたいことは何かを理由とともに述べる必要がある。自身の経験に触れることはよいが，「これまでの経験」は「踏まえる」のであって，実践報告に終始してはならない。

　本論では，児童生徒の心の健康問題に対してどのような取組をするか，2本程度の柱を立てて具体的に論じる。その成果は，児童生徒や保護者，教職員との信頼関係構築にかかっているとも言えよう。「チーム学校」としての取組には，校内研修会を活用した全校体制の構築などが考えられる。また，場合によっては教職員の意識改革などが必要となる。本論中の方策の柱にタイトルを付け，わかりやすくまとめよう。

　結論では，子供のよりよい成長のため，自己研鑽に努める決意についてしっかり表現し，静岡県の養護教諭になりたいという強い決意を込めて主張しよう。601字以上とあるが，800字制限一杯に，自身の見識をアピールしたい。

【特別選考(国際貢献活動経験者)(全ての校種・教科)・1次試験】　60分・601字以上800字以内

## ●テーマ

　「小学校(中学校)学習指導要領解説 総則編(平成29年7月)第3章第1節の2」では，「生きる力を育む各学校の特色ある教育活動の展開」に関して，次のように示しています。

　情報化やグローバル化といった社会的変化が，人間の予測を超えて加速度的に進展するようになってきていることを踏まえ，複雑で予測困難な時代の中でも，児童(生徒)一人一人が，社会の変化に受け身で対応するのではなく，主体的に向き合って関わり合い，

> 自らの可能性を発揮し多様な他者と協働しながら，よりよい社会と幸福な人生を切り拓き，未来の創り手となることができるよう，教育を通してそのために必要な力を育んでいくことを重視している。

　初めに，児童生徒が多様な他者と協働するために，あなたは，児童生徒にどのような資質・能力を育成することが大切だと考えますか。国際貢献活動の経験に基づき，理由とともに記述しなさい。

　次に，そのような資質・能力を育成するために，どのような教育活動を行いますか。4月から学校に赴任すると想定し，具体的に記述しなさい。

## ●方針と分析

(方針)

　グローバル化が進む変化の激しい社会を生きる子供たちに，多様な他者と協働するための資質・能力を育成することの重要性を述べる。その上で，そうした資質・能力を育成するための具体的な方策について，これまでの国際貢献活動の経験を基に述べる。

(分析)

　学習指導要領前文では，「これからの学校には，一人一人の児童生徒が，自分のよさや可能性を認識するとともに，あらゆる他者を価値のある存在として尊重し，多様な人々と協働しながら様々な社会的変化を乗り越え，豊かな人生を切り拓き，持続可能な社会の創り手となることができるようにすることが求められる。そのために，それぞれの学校において，必要な学習内容をどのように学び，どのような資質・能力を身に付けられるようにするのかを教育課程において明確にする」とある。これは，「生きる力」に通じるものである。

　課題文中にも，「社会の変化に受け身で対応するのではなく，主体的に向き合って」とあるが，これからの時代を生きる上で「主体性」の育成は不可欠と言える。このキーワードを受けて「主体的・対話的

で深い学び」を想起し，具体的な方策として，アクティブ・ラーニングの手法を用いた取組に言及することも一法である。

　また，「多様な他者との協働」というキーワードを受けるとき，道徳教育の視点も有効である。教科としての道徳のない高等学校においても，学校教育全体を通した取組として道徳的実践力の育成は重要である。「自己の感情や行動を統制する力や，よりよい人間関係を自主的に形成する態度」等を育むことが肝要と言える。

## ●作成のポイント

　起承転結という構成もあるが，序論，本論，結論の三部で構成することが一般的である。

　まず，小学校教員，中学校教員，高等学校教員，特別支援学校教員のいずれかの立場を選び，発達段階に即した内容となるよう，構想を立てる。

　序論では，多様な他者と協働するために必要な資質・能力とは何か，自身の経験に基づいて述べる。コミュニケーション能力，協調性などの他，重要と思われる要素を述べ，他者との協働が何故，重要であるかについて論述する。その際，単なる解説に終わらないように，これまでの国際貢献活動の経験を基に述べることが大切である。自身の経験に触れることはよいが，これまでの経験を「踏まえる」のであって，実践報告に終始してはならない。

　本論では，そうした資質・能力を育成するために行うべき教育活動について，具体的な方策を自身の受験する校種や教科に即して，二本程度の柱に整理して論述する。そのポイントは，学びに向かう主体的な態度や対話力，よりよい人間関係の構築などである。

　結論では，すべての教育活動を通して，次代を逞しく生きていく児童生徒の育成に貢献したいという，強い決意を述べて結びとする。教師としての自己研鑽の姿勢にも触れておきたい。601字以上とあるが，800字制限一杯に，自身の見識をアピールしよう。

【特別選考(障害者特別選考)(全ての校種・教科)・1次試験】　60分・601字以上800字以内

## ●テーマ

文部科学省「交流及び共同学習ガイド(平成31年3月)」には，交流及び共同学習の意義・目的について，次のように示しています。

> 我が国は，障害の有無にかかわらず，誰もが相互に人格と個性を尊重し合える共生社会の実現を目指しています。(中略)共に活動する交流及び共同学習は，障害のある子供にとっても，障害のない子供にとっても，経験を深め，社会性を養い，豊かな人間性を育むとともに，お互いを尊重し合う大切さを学ぶ機会となるなど，大きな意義を有するものです。
> (中略)交流及び共同学習は，相互の触れ合いを通じて豊かな人間性を育むことを目的とする交流の側面と，教科のねらいの達成を目的とする共同学習の側面があり，この二つの側面を分かちがたいものとして捉え，推進していく必要があります。

初めに，あなたが児童生徒に交流及び共同学習で育みたい豊かな人間性とはどのようなものですか。理由とともに記述しなさい。

次に，そのような人間性を育むために，どのような活動を行いますか。4月から学級を担任すると想定し，これまでの経験に基づき，具体的に記述しなさい。

## ●方針と分析

(方針)

「交流及び共同学習ガイド」の趣旨を受け，自身が児童生徒に対して，交流及び共同学習で育みたい豊かな人間性について述べる。そのように考える理由にも触れる必要がある。また，そのような人間性を育むための取組を，学級担任としてのスタンスで述べる。

(分析)

　『中央教育審議会初等中等教育分科会報告』(平成24年7月)の中でも，「共生社会の形成に向けて，インクルーシブ教育システムの理念が重要であり，その構築のため，特別支援教育を着実に進めていく必要がある」と述べられている。課題文中にもあるが，共に活動する交流及び共同学習は，障害のある・なしに関わらず，豊かな人間性を育むとともに，お互いを尊重し合う大切さを学ぶ機会となるなど，大きな意義をもつ。児童生徒が，自分のよさや可能性を認識するとともに，他者を価値のある存在として尊重し，多様な人々と協働しながら様々な社会的変化を乗り越え，豊かな人生を切り拓いていくことが期待される。

　ここでは，望ましい人間性の育成に向けて具体的な活動を挙げ，教育的方策について，これまでの経験を基に述べる。豊かな人間性を育むための「交流の側面」と，教科のねらいを達成するための「共同学習の側面」から論述することが効果的である。「主体的・対話的で深い学び」「自己の感情や行動を統制する力や，よりよい人間関係を自主的に形成する態度」などに触れて論述することも考えられる。

## ●作成のポイント

　起承転結という構成もあるが，序論，本論，結論の三部で構成することが一般的である。

　まず，小学校教員，中学校教員，高等学校教員，特別支援学校教員のいずれかの立場を選び，発達段階に即した内容となるよう，構想を立てる。

　序論では，児童生徒に対して，交流や共同学習を通して育みたい豊かな人間性とはどのようなものか，理由とともに述べる。他者と協働するために必要な資質・能力に触れて，コミュニケーション能力，協調性などの他，大切であると思われる要素を述べ，その重要性について説明しよう。これまでの自身の経験に触れることはよいが，あくまでも経験を「踏まえる」のであって，実践報告に終始してはならない。

　本論では，そうした人間性を育むために行うべき教育活動について，具体的な方策を自身の受験する校種に即し，二本程度の柱に整理して論述する。そのポイントは，交流の意義や共同学習のメリットを強調することであり，学びに向かう主体的な態度や対話性，よりよい人間関係の構築といった文言に触れて述べることも可能である。

　結論では，特別支援教育に携わる者として，望ましい児童生徒の育成に貢献したいという，強い決意を述べて結びとする。教師としての自己研鑽の姿勢にも触れておきたい。601字以上とあるが，800字制限一杯に，自身の見識をアピールしよう。

## 【高校(教職経験者)・1次試験】　　60分・800字以内

## ●テーマ

> 　生徒との信頼関係を築くために，あなたが最も大切だと考えることは何か，理由とともに第1段落で述べなさい。また，その考えに基づいて，あなたは，学校の教育活動の中でどのような取組をするか，第2段落以降で具体的に述べなさい。これまでの教職経験を踏まえて，800字以内で書きなさい。

## ●方針と分析

(方針)

　まず，生徒との信頼関係を構築するため，自身が最も重要と考える要素について述べる。次に，その具現化のために，教師としてどのような取組をするか，具体的な方策を述べる。いずれもこれまでの教職経験に基づいて，説得力ある論作文とする。

(分析)

　信頼関係が成立するためには，教師が生徒を信頼し，生徒も教師を信頼するということが必要である。まずは，教師として生徒理解に努

め，教育的愛情をもって接することが不可欠である。また，生徒からの信頼を得るためには，教師としての専門性に裏打ちされた，指導への信頼感はもとより，個性を伴う人間的魅力と一定の人格的権威が大切な要素となる。

　ふじのくに「有徳の人」づくりに向けて教育成果をあげるためにも，教師と生徒との信頼関係は基盤となる。学習上の成果，生活指導上の成果，いずれにしても，生徒からの信頼度合いが大きく反映される。これまでに教師として経験してきた実践内容や，自身の学びを想起して述べるとよい。いじめや学級内の問題処理，学習面や生活面で悩んでいる生徒への対応が，当該生徒からの信頼に結びついた経験などがあれば，具体的に説明しよう。個別相談の機会を適切に設け，カウンセリング・マインドを重視して生徒と接してきた，といった取組も考えられる。「これまでの経験」は「踏まえる」のであって，実践報告で終わってはいけない。「私は，・・・していく。」という論調で，今後に繋がるように述べよう。

## ●作成のポイント

　基本的には，全体を序論，本論，結論の三部で構成することが一般的である。

　課題文にある「第1段落」は当然，序論にあたる。ここでは，生徒との信頼関係を築くために，自分が最も大切だと考えることは何か，を理由とともに述べる。自身の経験に基づく信念に従って，その内容を述べればよい。上記，分析のような要素に触れて，これまでに生徒から信頼を得ることが出来たと感じるエピソードや教訓を交え，信頼関係構築に有効と思えることを述べよう。

　「第2段落」は本論に当たる。ここでは，序論で述べた「重要なこと」を踏まえて，教育活動の中でどのような取組をするか，今後の努力点や具体的方策を述べる。800字制限は，十分な文字数とは言えないが，出来れば，2本柱の本論としてみよう。内容と論調は，上記分析の観点から述べるとよいだろう。

　「第3段落」に当たる結論では，静岡県の教師としての決意を，「信頼される教師」であり続けるための自己研鑽を意識して述べるとよい。

**【高校(障害者特別選考)・1次試験】　　60分・800字以内**

## ●テーマ

　障害の有無にかかわらず，共に関わり合う活動を通してあなたが生徒に育みたい豊かな人間性とはどのようなものですか。理由とともに記述しなさい。また，そのような人間性を育むために，あなたは具体的にどのような活動を行いますか。4月からホームルーム担任をすると想定し，これまでの経験を踏まえて，800字以内で記述しなさい。

**【高校(国際貢献活動経験者)・1次試験】　　60分・800字以内**

## ●テーマ

　国際貢献活動の中で，あなたの価値観に最も影響を与えた経験は何か，理由とともに第1段落で述べなさい。また，あなたはその経験を，学校の教育活動の中でどのように生かしていくか，第2段落以降で具体的に述べなさい。これまでの国際貢献活動の経験を踏まえて，800字以内で書きなさい。

【高校・(ネイティブ英語教員)・1次試験】　60分・800字以内の日本語または44行以内の英語

## ●テーマ

> あなたは，ネイティブ英語教員として，学校の中でどのような役割を期待されると考えますか，理由とともに書きなさい。また，それを踏まえて，あなたが取り組みたいことを，具体的に書きなさい。これまでの日本の高等学校での勤務経験を踏まえ，800字以内の日本語または44行以内の英語で書きなさい。

【高校(博士号取得者)・1次試験】　60分・800字以内

## ●テーマ

> 科学技術の進展による社会の変化に対応するために，生徒に必要となるのはどのような力か，理由とともに第1段落で述べなさい。また，その力を生徒に身に付けさせるために，あなたは授業の中でどのような指導をするか，第2段落以降で具体的に述べなさい。これまでの研究の経験を踏まえて，800字以内で書きなさい。

【高校(民間企業等勤務経験者)・1次試験】　60分・800字以内

## ●テーマ

　あなたが考える望ましい勤労観とはどのようなものか，理由とともに第1段落で述べなさい。また，そのような勤労観を生徒にはぐくむために，あなたは学校の教育活動の中でどのような取組をするか，第2段落以降で具体的に述べなさい。これまでの勤務経験を踏まえて，800字以内で書きなさい。

【高校(医療機関等勤務経験者)・1次試験】　60分・800字以内

## ●テーマ

　福祉について学ぶ生徒に，あなたが最も伝えたいことは何か，理由とともに第1段落で述べなさい。また，そのことを伝えるために，学校の教育活動の中でどのような取組をするか，第2段落以降で具体的に述べなさい。これまでの医療機関等の勤務経験を踏まえて，800字以内で書きなさい。

【高校(商船等勤務経験者)・1次試験】　60分・800字以内

## ●テーマ

　航海中に，生徒が自らの安全を確保するために，あなたが最も必要だと考えることは何か，理由とともに第1段落で述べなさい。また，その考えに基づいて，あなたは学校教育の中で生徒に対してどのような指導をするか，第2段落以降で具体的に述べなさい。これまでの乗船経験を踏まえて，800字以内で書きなさい。

【特別支援学級(教職経験者)・1次試験】　60分・601字以上800字以内

# ●テーマ

静岡県の特別支援学校では,「自立をめざし可能性を広げる特別支援学校教育の充実」を掲げ,教育を推進しています。

幼児児童生徒一人一人の成長を支えるために,あなたが授業づくりをする上で大切にしていることを理由を添えて3点述べなさい。

【作成上の留意点】

大切にしている点をどのように授業づくりで生かしていくかを述べるにあたっては,以下の項目を盛り込むようにすること。

・これまでの授業実践

・期待される幼児・児童・生徒のあらわれや将来の姿

# ●方針と分析

(方針)

特別支援学校に学ぶ児童生徒が,自立を目指し可能性を広げるための工夫や取組について論述する。特に,一人一人の成長を支えるための授業づくりを念頭に,具体的な方策について,これまでの実践経験を基に論述する。

(分析)

特別支援学校においては,障害のある子供たちが自立し,社会参加するために必要な力を培うため,一人一人の教育的ニーズを把握し,その可能性を最大限に伸ばすことが重要である。また,共生社会の形成に向け,インクルーシブ教育の理念や合理的配慮の内容を十分に踏まえて,教育活動の充実を図ることも必要と言える。

個別の状況に応じながら,幼児・児童・生徒の興味関心が高まるような指導を行うための,具体的な工夫が期待される。「自立を目指し,可能性を広げる」というキーフレーズを受けて,「主体的・対話的で深い学び」(アクティブ・ラーニングの手法)に触れて述べることも考

えられるだろう。実際の指導にあたっては，「個別の教育支援計画」や「個別の指導計画」の作成も求められる。家庭や地域と連携・協力した指導の充実，学校種間で連携した柔軟な対応なども有効であるが，子供たちの楽しみ学ぶ姿をイメージしながら，論述を展開したい。

## ●作成のポイント

　起承転結という構成もあるが，序論，本論，結論の三部で構成することが一般的である。まず，校種についていずれかの立場を選び，発達段階に即した適切な内容となるよう，構想を立てる。構想，執筆，点検を含めて制限時間におさめる練習を日頃から心掛けよう。

　序論では，幼児・児童・生徒に対する，自立をめざし可能性を広げるための授業づくりにおいて，重要と考えることは何かを理由とともに述べる。また，幼児・児童・生徒の期待される成長，将来の姿にも必ず触れるようにする。

　本論では，課題の達成に向けた具体的な教育活動について，授業づくりの方策を二本程度の柱に整理して論述する。そのポイントは，学びに向かう主体的な態度や対話性，よりよい人間関係の構築にある。これまでの自身の授業実践を盛り込んで述べることは，課題の指示の通りであるが，あくまでも経験を「踏まえる」のであって，実践報告に終始してはならない。「私は，・・・する。」を基調としたい。

　結論では，特別支援教育に携わる者として，望ましい幼児・児童・生徒の育成に貢献したいという，強い決意を述べて結びとする。教師としての自己研鑽の姿勢にも触れておきたい。601字以上とあるが，800字制限一杯に，自身の見識をアピールしよう。

**【特別支援学級(看護師経験者)1次試験】　60分・601字以上800字以内**

# ●テーマ

　現在，医療的ケアを必要とする幼児・児童・生徒数は年々増加するとともに，高度な医療を必要とする幼児・児童・生徒が学校に通うようになるなど，医療的ケアの重要性がますます高まっています。

　医療的ケアの必要な幼児・児童・生徒の学習の保障，充実のために大切にしたいことを，これまでの経験を踏まえ，以下の3つの観点から具体的に述べなさい。

【観点】

・看護師としての専門性の発揮

・学校組織の一員としての役割

・保護者との連携

# ●方針と分析

(方針)

　医療的ケアの必要な幼児・児童・生徒の学習の保障，充実のために大切にしたいことを述べる。看護師経験を持つ者が学校に配置されることによって，期待される教育的効果を踏まえ，3つの観点から具体的に述べる。

(分析)

　養護教諭の仕事は，救急処置，健康診断，疾病予防，保健教育，健康相談，保健室経営，保健組織運営など，多岐に亘る。幼児・児童・生徒の医療的ケアを要する度合いが増している昨今，医療に対してより高い専門性を持った，看護師資格のある養護教諭が学校現場で求められている。長期入院後，引き続き人工呼吸器や胃ろう等を行い，たんの吸引などの医療的ケアが日常的に必要な児童生徒の数も年々増加している。このような医療的ケアの必要な子供や，その家族への支援は，医療，福祉，保健，子育て支援，教育等の多職種連携が不可欠で

ある。そのような幼児・児童・生徒の教育を保障するため，学校において日常的に医療的ケアができる体制を整える必要がある。

　ここでは，このような背景を踏まえ，医療ケアを必要とする幼児・児童・生徒の学習保障と，その充実のために大切にしたいことを述べるとともに，具体的な取組について論述する。個別的な状況に即した支援を意識して，実践に基づいた論述としたい。

## ●作成のポイント

　起承転結という構成もあるが，序論，本論，結論の三部で構成することが一般的である。まず，課題の趣旨に正対した内容となるよう構想を立てる。構想，執筆，点検を含めて制限時間におさめる練習を日頃から心掛けよう。

　序論では，特別支援学校における医療的ケアの重要性，看護師経験者の必要性などについて，認識を述べる。これまでの自身の授業実践を盛り込んで述べることは，課題の指示の通りであるが，あくまでも経験を「踏まえる」のであって，実践報告に終始してはならない。

　本論では，「学習の保障と充実」という主たる課題の達成に向けた具体的な教育活動について，その方策を3本程度の柱に整理して論述する。ポイントは，「看護師としての専門性の発揮」「学校組織の一員としての役割」「保護者との連携」である。特に，専門職であり，保健安全上，学校の司令塔となる養護教諭のリーダー的立場を意識して述べる。また，個別の状況を把握する上で，保護者からの情報や協力関係は，極めて重要である。具体的方策を述べるにあたっては，「私は，・・・する。」を基調としたい。

　結論では，特別支援教育に携わる者として望ましい幼児・児童・生徒の育成に貢献したいという，強い決意を述べて結びとする。養護教諭としての自己研鑽の姿勢にも触れておこう。601字以上とあるが，800字制限一杯に，自身の見識をアピールすることが期待される。

【高校・2次試験】　60分・800字以内

## ●テーマ

> 　教員が授業をする上で，時代を超えて大切にしなくてはならないものと時代の変化とともに変えていく必要があるものについて一つずつ挙げ，それぞれに対するあなたの考えを800字以内で書きなさい。

## ●方針と分析

(方針)

　「不易と流行」という言葉がある。教育における「不易」「流行」がそれぞれ何にあたるか，特に授業を行う上で何を大切にするかという視点で述べる。

(分析)

　「教師は，授業で勝負する」といった昔から言われているフレーズは，これからも生き続ける重要な認識である。「よく分かる楽しい授業の追求」，「基礎的・基本的な指導内容の徹底」「興味・関心の高揚」などは，大切にしなくてはならない「不易」と言える。

　また，学習指導要領前文では，「これからの学校には，(中略)一人一人の児童(生徒)が，自分のよさや可能性を認識するとともに，あらゆる他者を価値のある存在として尊重し，多様な人々と協働しながら様々な社会的変化を乗り越え，豊かな人生を切り拓き，持続可能な社会の創り手となることができるようにすることが求められる。」とある。情報通信，グローバル化への対応などに関して，ICTの活用，情報活用能力の育成，問題解決的な学習や言語活動の充実を含むアクティブ・ラーニングの重視，環境学習の重視などは，「流行」にあたる。授業づくりに関する「不易と流行」について，具体的な方策を中心として，自身の考えを述べる。教師自身も学び続ける必要性を踏まえ，自己研鑽に努めることにも触れる必要がある。

## ●作成のポイント

　起承転結という構成もあるが，序論，本論，結論の三部で構成することが一般的である。まず，高等学校教員として，生徒の発達段階に即した内容となるよう，構想を立てる。

　序論では，教員が授業をする上で，「不易」とすべきこと，時代の変化とともに変えていく必要があること(押さえるべき「流行」)について一つずつ例示し，それぞれに対する自身の考え方を述べる。教育実習校における見聞など，自身の経験に触れる場合，そうした経験を「踏まえる」のであって，実践報告や見聞記録に終始してはならない。

　本論では，授業づくりにおける「不易と流行」を意識した上で，自分が取り組みたい学習指導上の工夫，授業改善の視点などについて，具体的な方策を論述する。「学びに向かう主体的な態度や対話性」をポイントにして述べてもよい。特に，「流行」にあたる側面については，上記，分析の内容も参考に，自身の考えをしっかり主張する。二本程度の柱で構成し，可能であれば，それぞれタイトルを付けよう。「(私は)・・・と考える。」よりも「(私は)・・・する。」を基調にした方が読み手の印象がよい。

　結論では，次代を創造し，逞しく生きていく生徒の育成に貢献したい，という強い決意を述べて結びとする。教師としての自己研鑽の姿勢にも触れておきたい。800字制限一杯に，自身の見識をアピールしよう。

---

## 静岡市

【教職経験者(小・中学校教員)・1次試験】　60分

　静岡県の小・中学校教員(教職経験者特別選考)と同じ。

【教職経験者(養護教員)・1次試験】　60分

　　静岡県の養護教員(特別選考)と同じ。

【特別選考・教職経験者】

## ●テーマ

> 　　新任のあなたは小学校3年生の担任です。あなたのクラスで，6月になってからたびたび登校を渋る児童がいます。理由を聞くと「算数が苦手でわからない。この間，私は授業中に指名されて答えることができなくて，恥ずかしい思いをした。」いう返事でした。なんとか励まして教室に入れば，その後は学級にいることはできています。保護者や学級の児童に聞いても，他の理由は見当たりません。
> 【問い】　上記の事例について，あなたは学級担任としてどのように対応しますか。あなたの対応を601字以上800字以内で書きなさい。

## ●方針と分析

(方針)

　　まず，目指す学級経営方針を述べ，実際に困難を抱えている児童への具体的対応を通して，自身の教師としての資質，能力，適性を表現する。

(分析)

　　静岡市の求める教師像は「優れた専門知識をもち，心身ともに健康で，豊かな人間性を兼ね備えた人」である。また，選考の特徴としては，専門的な知識や技能だけでなく，教育に対する熱意・使命感や子供に対する深い愛情等，豊かな人間性を見ることができるよう，人物重視の選考を旨としている。ここでは，児童に対する愛情に根差した，暖かい対応を示すことが課題と言える。

　　算数が苦手で，登校を渋るという気持ちを当該児童の立場に立って受け止め，解決策をともに求めていく姿勢が肝要と言える。カウンセ

リング，コーチングの技術などが求められる。児童の得意な分野がないかを一緒に考えたり，新たに得意科目を見つける努力をしたりして自信を持たせ，自己肯定感を養うことも効果的である。同時に，不得手とする算数の学習について，補習的な指導，また場合によっては保護者との連携も考えられる。

## ●作成のポイント

　課題となる状況や問題場面に対して，学級担任としてどのように対応するか，という問いなので，対応策(本論)が全てという形で述べることも考えられるが，問題場面の受け止めや，具体的な対応，教師としての姿勢，決意などを，序論，本論，結論の三部で構成することが望ましい。

　序論では，道徳教育の充実，支持的風土のある学級づくり，褒めて育てる指導など，日頃から心掛けるべき，学級経営上の心掛けについて述べる。また，子どもの心に寄り添うことの大切さにも触れておく。

　本論は，登校を渋る気持ちに対するケアと今後の解決策について述べる。当該児童からの丁寧な聴き取りをもとに，安心感を与えられるよう，今後の取組について共に考える姿勢を示すことが大切である。保護者の理解・協力を得るための連絡も欠かせない。不得手の克服に向けた工夫と，得意分野づくりに向けた努力など，自己肯定感を養うための方策を2本柱で述べてもよいであろう。熱意ある教師としての使命感や，粘り強い対応などを強調すべきである。800字制限なので，自らの経験に触れるのであれば，要領よくまとめる。「これまでの経験」は「踏まえる」のであって，実践報告に終始してはならない。

　結論は，静岡市の教員としての決意を，「学び続ける教師」自己研鑽を意識して述べる。「私は，・・・していく。」という論調で，今後に繋がる方策感を大切にしよう。

## 浜松市

※特別選考による課題作文は静岡県と同一です。

### 【小・中学校教員・発達支援推進教員・養護教員・2次試験】

## ●テーマ

> 本市では，「目指す子供の姿」のなかで，特に「自分らしさを大切にする子供」を重視しています。あなたは，このことをどのようにとらえますか。また，「自分らしさを大切にする子供」を育成するために，あなたはどのような取組をしますか。

## ●方針と分析

(方針)

浜松市の教育が重視する「自分らしさを大切にする子供」という観点について，自身の捉え方を述べ，その実現のための具体的な取組について論述する。

(分析)

この課題は，浜松市や文部科学省の教育上の重点施策について，受験者がどれだけ理解しているかを試す意図がある。第3次浜松市教育総合計画(はままつ人づくり未来プラン)の中に，「浜松市の目指す教育」がある。その中の「目指す子供の姿」として「自分らしさを大切にする子供」「夢と希望を持ち続ける子供」「これからの社会を生き抜くための資質・能力を育む子供」という考え方が述べられている。正しい判断力や価値観に基づいた「自分らしさ」を磨くことが重要だとされているのである。こうしたことは浜松市の教師を志す者として，面接試験においても即答できるようにしておくべきであろう。

例えば，キャリア教育は，子供一人一人の社会的・職業的自立に向け，必要な力を育てることを通して，社会の中で自分の役割を果たし

ながら「自分らしい生き方」を実現していくための教育である。子供の情報活用能力育成，各教科等の目標の達成，主体的・対話的で深い学びの実現などを方策として，目標の実現を目指したいところである。

## ●作成のポイント

「レポート」とは言っても，序論・本論・結論の三部構成を意識した論作文としたい。

書き始める前に，構想の時間をしっかり取り，全体構成や効果的なキーワードについて，よく考える必要がある。構想，執筆，点検を含めて制限時間に収めるためには，日頃から練習しておく必要がある。

序論では，浜松市の「第3次浜松市教育総合計画」などの趣旨を踏まえ，特に「自分らしさを大切にする子供」という視点で，その重要性について認識を述べる。

本論では，「自分らしさを大切にする子供」を育成するために，どのような工夫や指導実践をしていくか，について具体的に方策を示す。小・中学校教員，発達支援推進教員，養護教員のうち自身の立場から，対象児童・生徒の発達段階に即した内容とする。例えば，キャリア教育を取組の切り口とするのであれば，上記分析の要素を含めた取組が考えられる。こうした取組により，児童・生徒が「自分らしく『生きる力』」の育成に繋がることが期待される。

結論では，浜松市の教員としての決意を「学び続ける教師」の自己研鑽を意識して述べる。

児童・生徒が自分らしさを大切にするためには，教師自身が子供に対して「自分らしく生きること」を尊重する姿勢をもたねばならない。「(教師として)私は，・・・していく。」という論調で，今後に繋がる方策感を強調したい。

## 2020年度　　論作文実施問題

### 静岡県

【特別選考(小・中学校教員)・1次試験】　　60分・601字以上800字以内

## ●テーマ

「小学校(中学校)学習指導要領(平成29年3月告示)第1章　第4の1の(1)」では，児童(生徒)の発達を支える指導の充実について，次のように示しています。

> 学習や生活の基盤として，教師と児童(生徒)との信頼関係及び児童(生徒)相互のよりよい人間関係を育てるため，日頃から学級経営の充実を図ること。

あなたが，児童(生徒)との信頼関係を築いていくために，学級担任として最も大切にしたいことを，これまでの教職経験に基づき，理由とともに記述しなさい。

次に，児童(生徒)相互のよりよい人間関係を育てるために，特に授業の中で，どのような取組を行いますか。具体的に記述しなさい。

## ●方針と分析

(方針)

学校教育を進めるうえで，子供や保護者，地域との信頼関係を構築することの重要性を述べる。そのうえで，信頼関係を築くための具体的な方策についてこれまでの教職経験を基に述べる。

(分析)

教師の姿勢は，子供の教育に大きな影響を与える。子供が教師を信

113

頼し，教師が子供の可能性を信じるところに教育は成立する。言い換えると，教育とは，教師と子供との信頼関係を基盤とした共同作業である。そうした信頼関係を構築することが，教師の重要な役割の一つである。それは，保護者や地域とも同様で，保護者や地域からの信頼がなければ，学校教育は成り立たない。

　信頼とは「私を信頼しなさい」と求めるものではない。信頼するかしないかは，相手が決めることであり，教師には，子供や保護者に信頼される態度や行動をとることが求められる。子供や保護者の信頼を得るためには，公平な態度で子供たちに接すること，誤りは誤りとして認めてごまかさないこと，教え方が上手なこと等，様々な要素が考えられる。しかし，その根底には，子供を愛すること，信じることがなければならない。すなわち，教師が子供を信頼しなければ，信頼関係を築くことは不可能なのである。具体的には，自分が子供の時に信頼していた教師像を思い浮かべ，それを整理して相互の信頼関係について論述する。

## ●作成のポイント

　序論，本論，結論の三段構成で論じるとよいだろう。

　序論では，教師と子供や保護者，地域との間に信頼関係が必要な理由を論述する。子供が教師を信頼し，教師が子供の可能性を信じるところに教育は成立することを強調する。そこには，自ずと「子供を信じる」という教育観がにじみ出るはずである。さらに，信頼される教師になるためにどうするか，そのための基本的な考え方を示す。

　本論では，子供との信頼関係を構築するための具体的な方策について，これまでの教職経験を基に，受験する校種に即して論述する。「信頼は子供の達成感，成就感から生じる」といった考え方に基づく学習指導，支持的風土のある学級経営，互いの良さを認め合う集団行動を通した特別活動といった，異なる視点から二つ程度の方策を論じる。

　結論では，不祥事等によって一旦信頼関係が崩れると，円滑な教育

活動ができなくなることなどを示し，信頼関係に基づく教育を進めて
いくことを力強く述べて，論文をまとめる。

**【特別選考(障害者特別選考)(全ての校種・教科)・1次試験】　60分・601
字以上800字以内**

## ●テーマ

　内閣官房東京オリンピック競技大会・東京パラリンピック競技大
会推進本部事務局が作成した「ユニバーサルデザイン2020行動計画」
(平成29年2月)には，次のような記述があります。

> 　我々は，障害の有無にかかわらず，女性も男性も，高齢者も若
> 者も，すべての人がお互いの人権や尊厳を大切にし支え合い，誰
> もが生き生きとした人生を享受することのできる共生社会を実現
> することを目指している。(中略)
> 　世界中から障害のある人も含めあらゆる人が集い，そして，障
> 害のある選手たちが繰り広げる圧倒的なパフォーマンスを直に目
> にすることのできる2020年パラリンピック競技大会は，この共生
> 社会の実現に向けて社会の在り方を大きく変える絶好の機会であ
> る。

　共生社会を実現するために，あなたは子どもにどのような資質や
能力を育むことが大切だと考えますか。最も大切だと考える資質や
能力を，これまでの経験に基づき，理由とともに記述しなさい。
　次に，その資質や能力を育むために，あなたはどのような教育活
動を行いますか。4月から学級担任をすると想定し，具体的に記述し
なさい。

## ●方針と分析

(方針)

　教育を通して共生社会を実現することの重要性を述べ，そのために子供たちに身に付けさせなければならない資質・能力を示す。そのうえで，そうした資質・能力を育成するための具体的な方策についてこれまでの経験を基に述べる。

(分析)

　平成24年7月の『中央教育審議会初等中等教育分科会報告』の中で，「共生社会の形成に向けて，インクルーシブ教育システムの理念が重要であり，その構築のため，特別支援教育を着実に進めていく必要がある」と述べられた。平成26年1月には『障害者の権利に関する条約』が批准され，教育にかかわる障害者の権利が認められた。また，平成28年4月から「障害者差別解消法」が施行されたことにより，障害者に対する不当な差別が禁止されるとともに，「合理的配慮」を提供することが義務付けられた。この流れの基本が，教育の機会均等を確保するために障害者を包容する教育制度(inclusive education system)を確保することである。

　この考え方は新学習指導要領にも受け継がれ，学習指導要領の改訂に向けた平成28年12月の答申で「教育課程全体を通じたインクルーシブ教育システムの構築」という考え方が打ち出された。これは，障害のある子供が，十分に教育を受けられるための合理的配慮及びその基礎となる環境整備を行うことに他ならない。教育環境の整備はもちろん，教育内容を含めてインクルーシブ教育の考え方に立った教育課程を編成し，共生社会を実現するための教育を進めていかなければならない。こうしたインクルーシブ教育を通して，障害及び障害者に対する知識と理解，互いの人格と個性を尊重し合う姿勢，助け合い協力する態度などが必要である。

## ●作成のポイント

　序論，本論，結論の三段構成で論じるとよいだろう。

　序論では，教育を通して共生社会を実現することの重要性を述べ，そのためのインクルーシブ教育とはどのような教育なのか，簡潔に整理して述べる。そのうえで，インクルーシブ教育を通して子供たちに身に付けさせなければならない資質能力を示す。

　本論では，インクルーシブ教育の考え方に立った教育を推進するためにどのように取り組んでいくか，具体的な方策を2〜3つに整理して論述する。具体的な視点としては，「個に応じた教育の充実」「個別の教育支援計画や個別の指導計画の活用」「障害の有無にかかわらず共に学ぶことの重要性の指導」などが考えられる。具体的な教育活動としては，「授業内容や方法の工夫・改善」「家庭や地域との連携」「障害のある人との協力活動」といった取組みが考えられる。

　最後は，あらゆる人々が共生できる社会の実現を目指し，インクルーシブ教育の考え方に基づいた教育を推進する固い決意を表明して論作文をまとめる。


【特別選考(国際貢献活動経験者)(全ての校種・教科)・1次試験】　60分・601字以上800字以内

## ●テーマ

「小学校(中学校)学習指導要領(平成29年3月告示)第1章　第2の2の(2)」には，現代的な諸課題に対応して求められる資質・能力に関して，次のように示しています。

　各学校においては，児童(生徒)や学校，地域の実態及び児童(生徒)の発達の段階を考慮し，豊かな人生の実現や災害等を乗り越えて次代の社会を形成することに向けた現代的な諸課題に対応して求められる資質・能力を，教科等横断的な視点で育成していくことができるよう，各学校の特色を生かした教育課程の編成を図る

> ものとする。

　あなたが，次代を生きる児童(生徒)に育成したい資質・能力は何ですか。育成したい資質・能力を挙げ，その理由を，国際貢献活動の経験に基づき，具体的に記述しなさい。

　次に，その資質・能力を育成するために，どのような教育活動を行いますか。4月から学校に赴任すると想定し，具体的に記述しなさい。

## ●方針と分析

(方針)

　グローバル化が進む変化の激しいこれからの社会を生きる子供たちに，現代的な課題を解決するための資質と能力を育成することの重要性を述べ，そのために身に付けさせなければならない資質・能力を示す。そのうえで，そうした資質能力を育成するための具体的な方策についてこれまでの国際貢献活動の経験を基に述べる。

(分析)

　新学習指導要領では新たに設けられた前文で，「これからの学校には，一人一人の児童が，自分のよさや可能性を認識するとともに，あらゆる他者を価値のある存在として尊重し，多様な人々と協働しながら様々な社会的変化を乗り越え，豊かな人生を切り拓き，持続可能な社会の創り手となることができるようにすることが求められる。そのために，それぞれの学校において，必要な学習内容をどのように学び，どのような資質・能力を身に付けられるようにするのかを教育課程において明確にする」ことの重要性を強調している。それが，設問の「次代を生きる児童(生徒)に育成したい資質・能力」の基本的な考え方である。

　これは，現行学習指導要領の基本的理念となっている「生きる力」に通じるものである。新学習指導要領解説の総則では，「生きる力」を育成するための資質・能力を次の三つの柱に整理している。

①何を理解しているか，何ができるか(生きて働く「知識・技能」の習得)

②理解していること，できることをどう使うか(未知の状況にも対応できる「思考力・判断力・表現力等」の育成)

③どのように社会・世界と関わり，よりよい人生を送るか(学びを人生や社会に生かそうとする「学びに向かう力・人間性等」の涵養)

　問題に示された「次代を生きる児童(生徒)に育成したい資質能力」は，この三つをバランスよく育むことであり，特に③の資質・能力と大きく関わっている。③の資質・能力について中央教育審議会の答申では，「主体的に学習に取り組む態度も含めた学びに向かう力」「自らの思考の過程等を客観的に捉える力」「自己の感情や行動を統制する力や，よりよい生活や人間関係を自主的に形成する態度」等を育むことと整理している。

## ●作成のポイント

　序論，本論，結論の三段構成で論じるとよいだろう。

　序論では，グローバル化の進展や科学技術の進歩などを踏まえ，「次代を生きる児童(生徒)に育成したい資質・能力」のポイントを述べる。そのうえで，そうした力を育むために，子供たちに学校での学びと社会との関わりを意識させること，学んだことを社会で生かしていくことのできる力を育成することなどの重要性について，社会的背景や中央教育審議会での論議内容との関係などを踏まえて論述する。その際，単なる解説に終わらないようにするため，これまでの国際貢献活動の経験を基に述べることが大切である。

　本論では，その「次代を生きる児童(生徒)に育成したい資質・能力」を身に付けさせるための具体的な方策について，あなたの受験する校種や教科に即して2つ程度に整理して論述する。そのポイントは，学校での学びと自分の生活や自分が生きる社会とどう結びつけるかである。

　結論では，すべての教育活動を通して「次代を生きる児童(生徒)に

育成したい資質・能力」を育成することの重要性と決意述べて，論作文をまとめる。

【特別選考(養護教員)・1次試験】　60分・601字以上800字以内

## ●テーマ

　文部科学省「現代的健康課題を抱える子供たちへの支援〜養護教諭の役割を中心として〜」(平成29年3月)では，現代的な健康課題に関わる養護教諭の役割について，次のように示しています。

> 　現在の児童生徒には，肥満・痩身，生活習慣の乱れ，メンタルヘルスの問題，アレルギー疾患の増加，性に関する問題など，多様な課題が生じている。また，身体的な不調の背景には，いじめ，児童虐待，不登校，貧困などの問題が関わっていることもある。
>
> 　(中略)
>
> 　また，これらの現代的な健康課題に関わる養護教諭の役割としては，児童生徒の健康課題を的確に早期発見し，課題に応じた支援を行うことのみならず，全ての児童生徒が生涯にわたって健康な生活を送るために必要な力を育成するための取組を，他の教職員と連携しつつ日常的に行うことが重要である。

　児童生徒が生涯にわたって健康な生活を送るために，あなたは，児童生徒にどのような資質や能力を育成する必要があると考えますか。これまでの教職経験に基づき，理由とともに記述しなさい。

　次に，そのような資質や能力を育成するために，養護教諭としてどのような取組を行いますか。具体的に記述しなさい。

## ●方針と分析

（方針）

　健康・安全に関して，自らの健康・安全は自分で守るという自己管理能力の育成が重要であることを述べ，そのために必要となる児童(生徒)の資質・能力のポイントを述べる。そのうえで，そうした資質・能力を身に付けさせるための具体的な方策を整理して述べる。

（分析）

　新学習指導要領においては，学校における体育・健康に関する指導を，児童生徒の発達の段階を考慮して，学校の教育活動全体を通じて適切に行うことにより，健康で安全な生活と豊かなスポーツライフの実現を目指した教育の充実に努めることが重要であるとしている。

　出題の「生涯にわたって健康な生活を送る」ための指導について，学習指導要領解説の総則編では「健康に関する指導については，児童生徒が身近な生活における健康に関する知識を身に付けることや，必要な情報を自ら収集し，適切な意思決定や行動選択を行い，積極的に健康な生活を実践することのできる資質・能力を育成することが大切である」と示されている。つまり，健康で安全な生活を送るために，子供たちには「自分の健康や安全は自分で守る」という自己管理能力を育むことが重要なのである。

　新学習指導要領の基本的方向性を示した中央教育審議会では「子供が自らの力を育み，自ら能力を引き出し，主体的に判断し行動するまでには必ずしも十分に達しているとは言えない状況にある」と指摘している。そのうえで，「『生きる力』を育むという理念について，各学校の教育課程への……浸透や具体化が十分ではなかったところに原因の一つがあると考えられる」としている。つまり，「自己管理能力の育成」は，子供たちに生きる力をどのように育んでいくのかということに他ならない。

## ●作成のポイント

　序論，本論，結論の三段構成で論じるとよいだろう。

　序論では，健康・安全に関して，自らの健康・安全は自分で守るという自己管理能力の育成が重要であることを述べる。そのうえで，そのために必要となる児童生徒に育成したい資質・能力」のポイントを述べる。その際，単なる解説に終わらないようにするため，これまでの教職経験を基に述べることが大切である。

　本論では，児童生徒に育成したい資質・能力を身に付けさせるための具体的な方策について，あなたの受験する校種や教科に即して2つ程度に整理して論述する。養護教諭としてどのように関わっていくのか，具体的な取組を述べる。

　結論では，本論で述べられなかった方策，自分自身の研修課題などを含めて，子供に自己管理能力を育んでいくために不断の努力を続けていくという決意を述べてまとめとする。

【高校(教職経験者)・1次試験】　60分

## ●テーマ

　あなたはホームルーム担任になった時，どのようなホームルームを作りたいか，理由とともに第1段落で述べなさい。また，そのためにホームルームにおいてどのような指導をするか，第2段落以降で具体的に述べなさい。これまでの教職経験を踏まえて，800字以内で書きなさい。

## ●方針と分析

(方針)

　あなたが求める理想のホームルームについて，整理して述べたうえで，そうしたホームルームを作るためにどのような教育活動を行っていくか，これまでの教職経験を基に論じる。

(分析)

　新学習指導要領の総則では「学習や生活の基盤として，教師と生徒との信頼関係及び生徒相互のよりよい人間関係を育てるため，日頃からホームルーム経営の充実を図ること」と示されている。このことについて，同解説・総則編では「ホームルームは，生徒にとって学習や学校生活の基盤であり，ホームルーム担任の教師の営みは重要である。ホームルーム担任の教師は，学校，学年，課程や学科などの経営を踏まえて，調和のとれたホームルーム経営の目標を設定し，指導の方向及び内容をホームルーム経営案として整えるなど，ホームルーム経営の全体的な構想を立てるようにする必要がある。」としたうえで，「ホームルーム経営を行う上で最も重要なことはホームルームの生徒一人一人の実態を把握すること，すなわち確かな生徒理解である」「ホームルームを一人一人の生徒にとって存在感を実感できる場としてつくりあげることが大切である」「生徒の規範意識を育成するため，必要な場面では，ホームルーム担任の教師が毅然とした対応を行いつつ，相互理解と協調に努める」「一人一人の生徒が安心して自分の力を発揮できるよう，日頃から，生徒に自己存在感や意思決定の場を与え，その時その場で何が正しいかを判断し，自ら責任をもって行動できる能力を培うこと」と，ホームルーム経営を行ううえでの留意点を具体的に示している。

　こうした考え方を基に，あなたが進めようと考える理想ホームルームについて論じる。

## ●作成のポイント

　設問に従って，2段落構成で論じる。

　第1段落では，高等学校教育におけるホームルーム活動の重要性について，新学習指導要領の記述などを踏まえて述べる。そのうえで，あなたが作りたい理想のホームルームについて，整理して述べる。

　第2段落では，そうしたホームルームを作っていくためにどのような指導を行っていくか，これまでの教職経験を基に述べる。その指導は，多様な方法が考えられることから，一つは生徒指導の視点から，

　もう一つは学習指導の視点から述べるとよいだろう。生徒指導の視点
からは規律あるホームルーム作り，生徒の規範意識の育成などが重要
となる。学習指導では，一人一人の能力の発揮，協働した学びの充実
などがポイントとなる。

　最後は，ホームルーム活動を充実させることによって，一人一人の
生徒の資質能力を最大限に伸ばしていくという決意を述べて論作文を
まとめる。

**【高校(障害者特別選考)・1次試験】　60分**

## ●テーマ

　共生社会を実現するために，あなたは生徒にどのような資質や能
力を育むことが大切だと考えますか。最も大切だと考える資質や能
力を，これまでの経験に基づき，理由とともに記述しなさい。また，
その資質や能力を育むために，あなたは具体的にどのような教育活
動を行いますか。4月からホームルーム担任をすると想定し，800字
以内で記述しなさい。

**【高校(国際貢献活動経験者)・1次試験】　60分**

## ●テーマ

　生徒が将来，言語や文化が異なる人々と協力して課題を解決して
いくために，あなたが生徒に最も身に付けさせたい力はどのような
力か，理由とともに第1段落で述べなさい。また，その力を身に付け
させるために，あなたは学校教育の中でどのような指導をするか，
第2段落以降で具体的に述べなさい。これまでの国際貢献活動の経験
を踏まえて，800字以内で書きなさい。

【高校・(ネイティブ英語教員)・1次試験】　60分

## ●テーマ

日本の高校生が将来，グローバルな社会で活躍するために，あなたが生徒に最も身に付けさせたい力はどのような力であると考えますか，理由とともに書きなさい。

また，その力を身に付けさせるために，あなたは学校教育の中でどのような指導をしたいですか，具体的に書きなさい。

これまでの日本での教職経験を踏まえ，800字以内の日本語または44行以内の英語で書くこと。

【高校(博士号取得者)・1次試験】　60分

## ●テーマ

「理科が役に立つ」と生徒に実感させるためには，どのようなことが必要だと考えるか，理由とともに第1段落で述べなさい。また，そのためにあなたは理科の授業でどのような指導をするか，第2段落以降で具体的に述べなさい。これまでの研究の経験を踏まえて，800字以内で書きなさい。

【高校(民間企業等勤務経験者)・1次試験】　60分

## ●テーマ

> 　今後，科学技術の更なる発展により，これまでの仕事がなくなったり，新たな仕事が生まれたりすることが予想される。そのような社会で仕事をしていく上で，あなたが生徒に最も身に付けさせたい力はどのような力か，理由とともに第1段落で述べなさい。また，その力を身に付けさせるために，あなたは学校教育の中でどのような指導をするか，第2段落以降で具体的に述べなさい。これまでの勤務経験を踏まえて，800字以内で書きなさい。

【高校(医療機関等勤務経験者)・1次試験】　60分

## ●テーマ

> 　生徒が将来，地域社会の福祉の発展に貢献するために，あなたが生徒に最も身に付けさせたい力はどのような力か，理由とともに第1段落で述べなさい。また，その力を身に付けさせるために，あなたは学校教育の中でどのような指導をするか，第2段落以降で具体的に述べなさい。これまでの医療機関等の勤務経験を踏まえて，800字以内で書きなさい。

【高校(商船等勤務経験者)・1次試験】　60分

## ●テーマ

　　現在日本では船員不足が問題となっているが，「船員になりたい」と生徒に感じさせるために必要なことは何であると考えるか，理由とともに第1段落で述べなさい。また，そのために，あなたは学校教育の中でどのような指導をするか，第2段落以降で具体的に述べなさい。これまでの乗船経験を踏まえて，800字以内で書きなさい。

【特別支援学級(教職経験者)・1次試験】　60分・800字以内

## ●テーマ

　　特別支援学校では，二人以上の教員がチームを組んで行うティーム・ティーチングの形態での指導(学習)が広く行われています。あなたが考えるティーム・ティーチングの有効性を3点述べなさい。
　　また，あなたが考えたティーム・ティーチングの有効性とこれまでの教職経験を踏まえ，幼児児童生徒の資質・能力を伸ばすためのティーム・ティーチングでの取組を一つ述べなさい。
〈作成上の留意点〉
　　幼児児童生徒の資質・能力を伸ばすための取組を述べるにあたっては，障害種，学部，各教科等を示し，4つの段階(①指導計画の立案，②必要な教材・教具の準備，③指導の実施，④評価と改善)に分けて具体的に記述すること。

# ●方針と分析

(方針)

　まず，設問に答えて，ティーム・ティーチングの有効性を3点に整理して述べる。そのうえで，幼児児童生徒の資質・能力を伸ばすためのティーム・ティーチングの取組について，これまでの教職経験を基に述べる。

(分析)

　ティーム・ティーチングとは，授業場面において，2人以上の教職員が連携・協力を通して一人一人の子供および集団の指導の展開をはかり，責任をもつ指導方法および形態である。学級内における教師間の協力はもとより，学習形態の工夫を図る観点から，学級集団にとらわれずに適宜移動して学習集団を柔軟に編成するところに，すなわち，学習内容，興味・関心，達成度などに応じて柔軟な学習集団の編成を可能とするところに，ティーム・ティーチングの特徴がある。ティーム・ティーチングの有効性としては，次のように整理することができる。

①他の教師の良い指導法が学べるなど指導力を高め合うことができる
②子供の理解を深めることができる
③教員の特性を生かして幅のある対応ができる
④個に応じた指導を向上させることができる
⑤多様な活動を実現することができる
⑥大規模な活動を実現することができる
⑦十分な準備をすることができる
⑧緊急時の対応ができる

　一人一人の教育的ニーズに応えて社会的自立を図るという特別支援教育の趣旨からは，②の子供理解，③の幅のある対応，④の個に応じた指導などが，ティーム・ティーチングの有効性として効果が高いと考えられる。

　実際の指導に当たっては，綿密な事前の打ち合わせ，役割分担，ティーム・ティーチングの特性を生かした指導計画の作成，教材の準備

などが必要となる。それらが整って，初めてティーム・ティーチング
の効果が高まるのである。

## ●作成のポイント

　序論，本論，結論の三段構成で論じるとよいだろう。

　序論では，一人一人の教育的ニーズに応えて社会的自立を図るとい
う特別支援教育の趣旨を述べ，そのためのティーム・ティーチングで
あることを強調する。そのうえで，特別支援教育におけるティーム・
ティーチングの有効性について，整理して述べる。子供理解，幅のあ
る対応，個に応じた指導などがその内容となる。

　本論では，幼児児童生徒の資質・能力を伸ばすためにどのような工
夫をしてティーム・ティーチングに取組んでいくか具体的に述べるこ
とになる。まず，設問の指示に従って，障害種別，学部，教科等を特
定する。次に，設問で示された「①指導計画の立案　②教材教具の準
備　③実際の指導　④評価と改善」という順序で，どのようなことに
配慮していくのかを具体的に述べていく。

　結論では，ティーム・ティーチングを効果的に活用することによっ
て，幼児児童生徒の資質・能力を確実に伸ばしていくという決意を力
強く述べて，論文をまとめる。

【特別支援学級(看護師経験者)1次試験】　60分・601字以上800字以内

## ●テーマ

　　学校に在籍する医療的ケアを必要とする幼児児童生徒数は年々増加するとともに，人工呼吸器管理等の高度な医療的ケアを必要とする幼児児童生徒が学校に通うようになるなど，医療的ケアの重要性が高まっています。

　　そこで，あなたが考える「看護師資格を持つ者が教員として学校に配置されることで向上が見込まれる幼児児童生徒への教育的効果」について，以下の視点を考慮に入れて述べなさい。

　　　　安全・安心　　　社会性　　　専門性

　　また，その教育的効果を最大限に引き出すために大切であると考えることを，以下の点に留意して述べなさい。

　　・あなたが大切であると考えることを二つあげること。

　　・あなたのこれまでの看護師としての経験を踏まえて述べること。

## ●方針と分析

(方針)

　　看護師経験を持つ者が学校に配置されることによって期待される教育的効果を述べたうえで，その教育効果を最大限に高めるために大切だと考えることを，これまでの看護師経験などを踏まえて述べる。

(分析)

　　養護教諭の仕事は，救急処置をはじめ健康診断，疾病予防などの保健管理，保健教育，健康相談活動，保健室経営，保健組織活動など多岐にわたる。幼児児童生徒のケガや病気の手当や保健教育など，より医療の専門性をもつ看護師資格をもった養護教諭が学校現場で求められている。

　　特に，医学の進歩を背景として，NICU等に長期入院した後，引き続き人工呼吸器や胃ろう等を使用し，たんの吸引等の医療的ケアが日

常的に必要な児童生徒の数は18,000人を超え，その数は年々増加している。このような医療的ケアの必要な児童生徒やその家族への支援は，医療，福祉，保健，子育て支援，教育等の多職種連携が必要不可欠である。そうした児童生徒の教育を保障するためには，学校において日常的に医療的ケアができる体制を整えなければならない。

こうした医療行為は，基本的に医師免許や看護師等の免許を持たない者は行うことができなかった。国は，医療的ケアの必要な児童生徒等の増加を受け，平成24年度に制度を改正し，看護師等の免許を有しない者も，医療行為のうち，たんの吸引等の5つの特定行為に限り，研修を修了し，都道府県知事に認定された場合には，「認定特定行為業務従事者」として一定の条件の下で制度上実施できることとなった。しかし，医療の専門性を持つ看護師資格を持った養護教諭が求められていることは変わっていない。

そうした状況を踏まえ，看護師経験を持つ者が学校に配置されることによる教育的効果について論じる。

## ●作成のポイント

序論，本論，結論の三段構成で論じるとよいだろう。

序論では，養護教諭の職務の特性などを基に，医療の専門性を持つ看護師経験のある看護師資格を持った養護教諭が求められる背景，期待される教育的効果を整理して述べる。特に，人工呼吸器や胃ろう等を使用し，たんの吸引等の医療的ケアが日常的に必要な児童生徒の数が増加していることを押さえる必要がある。その際，設問で指定された「安心・安全」「社会性」「専門性」に触れて論じなければならない。

本論では，看護師経験を持つ者が学校に配置されることによる教育的効果を最大限に高めるために何を大切にしていくか，2つに整理して論じる。これまでの看護師経験を基に，具体的に述べなければならない。看護師としての専門性を生かすこと，専門機関との連携・協力体制を整えること，医療的ケアの必要な児童生徒の気持ちに寄り添うことなどが考えられる。

　結論では，看護師としての経験を最大限に生かし，全ての児童生徒の教育を保障していくという決意を述べて，論文をまとめる。

## 【高校・2次試験】　60分

## ●テーマ

　あなたは，高校1年生の生徒から，「何のために勉強するのか分からないから勉強する気が起きない。」と相談された場合，その生徒に対してどのような話をしますか。「何のために勉強するのか。」に対するあなたの考えを含め，800字以内で述べなさい。

## ●方針と分析
(方針)

　まず，諸学力調査の結果やあなたの経験などを踏まえ，生徒に学ぶ意欲を持たせるためには，一人一人の生徒に学ぶ目的を持たせることが重要であることを述べる。そのうえで，「何のために勉強するのか分からない」という生徒の質問にどのように答えるか，具体的な場面を想定して述べていく。

(分析)

　児童生徒の学習意欲を喚起することは，確かな学力を身に付けさせるための基本であり，極めて重要である。それは，その学習に対する児童生徒の目的意識に大きく左右される。学習に対する意欲がわかないのは，児童生徒にとって，「その学習が自分にとって必要ないか，または自分にとって関係がない」と感じた場合に起こる。つまり，児童生徒の学習意欲の低下は，こうした児童生徒の内面での「内的必要感」「学習する目的」の欠如に原因がある。また，その根底には，教材と児童生徒の内面との「内的関係性」の薄さにも原因があると考えられる。

　しかし，学習する目的は，様々なレベルで考えることができる。「自分がやりたい仕事がある」「自分の夢を実現したい」という将来の目的から，「・・・について知りたい」という具体的な目的，「今度のテストの成績をよくしたい」という極めて現実的な目的もある。あるいは，「考える力」「考える力の基礎となる知識」を高めたいという抽象的な目的もある。教育基本法第1条に掲げられた教育の目的を挙げることもできるだろう。いずれにしても，教育の目的を考える時は，そのレベルを考えることが必要なのである。

　したがって，生徒の相談に答える時は，どのレベルで悩んでいるのかという問題意識を把握することが必要となる。生徒の問題意識とずれていれば，どのような話をしても生徒の心に響くことはないと認識しなければならない。

## ●作成のポイント

　最初に，生徒に学ぶ意欲を持たせるためには，一人一人の生徒に学ぶ目的を持たせることが重要であることを述べる。その際，諸学力調査の結果やあなたの経験などを踏まえるとともに，あなた自身が考える「勉強する目的」を示す。

　次に，どのような話をどのようにしていくのかを，「まず」「次に」「そして」といった接続詞を使って手順を追って具体的に述べていく。その際，一方的に話をして自分の考えを押し付けるのではなく，生徒の話を聞きながらその問題意識を探り，その問題意識に応えるような話しをしていくことの重要性を指摘する。最終的には，あなた自身が考える「勉強する目的」を伝えることを述べる。

　最後は，生徒の現在の気持ちを肯定的に捉え，励ますことの重要性を指摘して論作文をまとめる。

## 静岡市

**【教職経験者(小・中学校教員)・1次試験】　60分**

　静岡県の小・中学校教員(教職経験者特別選考)と同じ。

**【教職経験者(養護教員)・1次試験】　60分**

　静岡県の養護教員(特別選考)と同じ。

**特別選考試験】**

## ●テーマ

次の事例を読んで，後の問いに答えなさい。

【事例】

　　C教諭が担任する小学校2年3組の子どもたちはとても無邪気で，年度当初からニックネームを呼び合いながら仲良く遊んでいます。

　　6月のある日の昼休みのことです。数人の子どもたちが教室で遊んでいました。毎日一緒に登下校するほど仲良しのA君とB君も，いつものように戦隊ごっこをしていました。活発なA君は大好きな主人公の真似をして，B君の頭巾背中を小突いたり，B君に馬乗りになったりするなど，とても楽しそうです。おっとりしたB君も，にこにこしながらA君に付き合っていました。

　　他の子どもたちも，その様子を面白そうに眺めていました。

　　しばらくすると，突然，B君が泣き出して，「A君にいじめられた。」と，C教諭に訴えてきました。

【問い】　あなたがC教諭なら，これまでの2か月の学級経営の分析を踏まえた上で，どのように対応しますか。また，この後の学級経営をどのように進めますか。601字以上800字以内で，具体的に述べなさい。

## 浜松市

【小・中学校教員・発達支援推進教員・養護教員・2次試験】

## ●テーマ

第3次浜松市教育総合計画「はままつ人づくり未来プラン」では，「未来創造への人づくり」「市民協働による人づくり」の2つの理念を掲げ，この理念に基づいて3つの重点「コミュニティ・スクール」「キャリア教育」「教育の情報化」を推進します。

これら3つの重点の中から1つを選び，その重点を推進する意義についてあなたの考えを述べなさい。また，具体的にどのような取組をしていきたいか書きなさい。】

選んだ重点に〇をつける。
【　　】コミュニティ・スクール　　【　　】キャリア教育
【　　】教育の情報化

## ●方針と分析

(方針)

コミュニティ・スクール，キャリア教育，教育の情報化のうち一つを選び，それを推進する意義について説明する。

(分析)

本設問は，浜松市や文部科学省の教育上の重点施策について，受験者がどれだけ理解しているかを試す意図があると思われる。まず，コミュニティ・スクールとは，学校と地域住民等が学校運営について話し合う「学校運営協議会」を設置している学校のことである。学校運営に地域の声を積極的に生かし，地域と一体となって「市民協働による未来創造への人づくり」と特色ある学校づくりを進める仕組みで，

学校と家庭・地域等が，力を合わせて子供たちの豊かな成長を支える
ものである。キャリア教育とは，子供一人一人の社会的・職業的自立
に向け，必要な力を育てることを通して，社会の中で自分の役割を果
たしながら自分らしい生き方を実現していくための教育のことであ
る。教育の情報化とは，子供の情報活用能力育成のため，ICT機器(実
物投影装置やパソコン等)を整備し，各教科等の目標を達成できるよう
効果的に活用することである。ICT機器の環境整備と効果的な活用に
より子供の情報活用能力を育成していくことを目指す。受験者は，自
信を持って説明できるトピックを選び，意義を説明するとよいだろう。

## ●作成のポイント

　論文形式のレポートであり，序論・本論・結論の三段構成を意識し
たい。コミュニティ・スクールであれば，地域の力を生かし，挨拶と
見守り，防災，地域文化の創造，規範意識の醸成，共助と公共性の育
成，伝統・文化の伝承，芸術の発掘・振興などがある。これは，学校
を地域の協働センターとみなし，NPO等との協働により，学校の教員
だけでは限界のあることを実現していくことに意義がある点を述べて
いこう。キャリア教育であれば，社会人基礎力の育成をテーマにして
みよう。浜松に特化するなら，「前に踏み出す力(やらまいか)～一歩前
に踏み出し，失敗しても粘り強く取り組む力」と関わらせ，主体性や
実行力を養成することに意義を見出してみる。このほか，「考え抜く
力(シンキング)～疑問を持ち，考え抜く力～」として，課題発見力や
創造力に触れるのもよい。教育の情報化は，情報活用能力の養成であ
る。すなわち，必要な情報を主体的に収集・判断・処理・編集・創
造・表現・発信・伝達できる能力等「生きる力」に資するものが養わ
れることなどを述べていこう。

## 2019年度　論作文実施問題

### 静岡県

※静岡市・浜松市の特別選考による課題作文は静岡県と同一です。

【特別選考(小・中学校教員)・1次試験】60分・601字以上800字以内

## ●テーマ

　本年度より小学校が，来年度より中学校が全面実施となる「特別の教科　道徳」(以下「道徳科」という。)では，「小学校(中学校)学習指導要領解説　特別の教科　道徳編(平成29年7月)」に，道徳科の目標と指導について，次のように示しています。

---

道徳科の目標

　よりよく生きるための基盤となる道徳性を養うため，道徳的諸価値についての理解を基に，自己を見つめ，物事を多面的・多角的に考え，自己の生き方(人間としての生き方)についての考えを深める学習を通して，道徳的な判断力，心情，実践意欲と態度を育てる。

---

道徳科の指導

　道徳科に生かす指導方法には多様なものがある。ねらいを達成するためには，児童(生徒)の感性や知的な興味などに訴え，児童(生徒)が問題意識をもち，主体的に考え，話し合うことができるように，ねらい，児童(生徒)の実態，教材や学習指導過程などに応じて，最も適切な指導方法を選択し，工夫して生かしていくことが必要である。

---

〈(　　　)は，中学校〉

　あなたが担任する学級で，「思いやり(相手の気持ちや立場を自分の
ことに置き換えて推し量り，相手に対してよかれと思う気持ちを相
手に向けること)」の内容項目について授業を行います。あなたは，
道徳科の目標にある「多面的・多角的」に考える授業を行うために，
日頃の子どものどのような表れを捉えて授業を行いますか。その表
れと，その表れを捉えた意図を，具体的に説明しなさい。

　次に，道徳科の指導において，児童(生徒)が問題意識をもち，主体
的に考え，話し合うことができるように，どのような工夫をします
か。これまでの教職経験に基づき，具体的に記述しなさい。

## ●方針と分析

(方針)

　道徳科の目標「多面的・多角的」に考える授業を行うために，子ど
ものどのような表れを捉えて授業を行うか。その表れの内容とその内
容を挙げた意図を具体的に説明し，児童生徒が問題意識をもち，主体
的に考え，話し合うことができるようにするための工夫として，何が
必要かについて，教職経験を踏まえて具体的に述べる。

(分析)

　多面的に考えるとは，1つの事柄について見る立場を変え，多くの
人の見方を生かして，相互に比較し，深め，掘り下げることを指す。
これは，国語学習の課題文や道徳科の教材に登場する人物の心情を捉
えることである。多角的に考えるとは，1つの事柄について，自己の
考え方の主張や生き方の選択肢を他の人と対立させ，議論し合うなど
して，より明確にすることを指す。これは，自分自身の考えや意図を，
他者や自分に明確になるようにすることである。つまり，「多面的・
多角的」とは，あらゆる可能性を想定して総合的に考えていくことで
ある。

　例えば，教室内で，子ども同士が，LINEなどのSNSのチャット機能を使ってメッセージを送ったにもかかわらず相手の返信が1日以上遅かった，あるいは全くなかったという会話をしていたのを聞いたとしよう。このとき，特定の子どもが相手を非難したり，責めたりすることを，「表れ」として説明できる。では，この「表れ」を道徳科の授業で生かせる理由は何か。メッセージを送った側の心情だけではなく，受けた側の心情や置かれた状況を考えることを通じて，1つの事柄について，多種多様な考え方を学べるからである。こうした内容を述べながら，「思いやり」をポイントに，児童生徒に主体的な学びを促す問いかけの工夫などを含め具体的な授業実践を説明するとよいであろう。

## ●作成のポイント

　序論・本論・結論の三段構成でまとめるとよい。また，出題の指示内容を落とさないように，内容ごとに，段落分けをするとよい。

　序論では，表れの内容とその内容を挙げた意図を具体的に説明する。ここでは，受験者がこれまでに経験した児童生徒同士の考えが対立した場面を思い出そう。

　本論では，児童生徒が「思いやり」について問題意識をもち，主体的に考え，話し合うことができるようにするための工夫として，何が必要かを説明する。ここでは，教員側が自分の見解を押しつけたり，すぐに正解を伝えたりするのではなく，発話としての問いかけを多用する工夫などを挙げて，児童生徒に，多種多様な考えを比較させるような授業をする必要性を述べる。このとき，過去の成功例を挙げてもよい。

　結論では，主体的な学びの具現化に尽力する決意を示してまとめる。

【特別選考(身体障害者)・1次試験】　60分・601字以上800字以内

## ●テーマ

　内閣府「平成29年版子供・若者白書」(平成29年6月)では，若者にとっての人とのつながりについて，次のように示しています。

> 　若者の中には，学校や職場などの集団の中での人間関係がうまく築けなかったり，維持できなかったりしたことをきっかけとして，不登校，ひきこもりなどの状況にある者や，目立った困難さを抱えているようには見えない若者であっても，周囲と十分なコミュニケーションが取れずに孤立し，または，心を開いて悩みなどを相談できる相手がいないなどといった状況にある者もおり，これらの者は，自分ひとりで悩みを抱え込む状況が続くことにより，様々な問題を複合的に抱えた状態に陥ることが懸念される。

　白書には，19歳から29歳までの若者を対象に，居場所を，自分の部屋・家庭・学校・職場・地域・インターネット空間と六つの場に分け，「それぞれを自分の居場所であると思うか」をたずねた次のような調査結果があります。

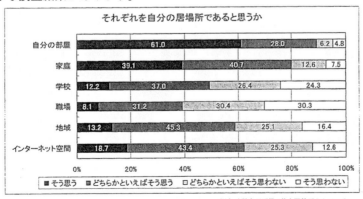

（注）小数点以下第二位を四捨五入している。

　初めに，若者にとっての人とのつながりが懸念されている中で，

「学校を自分の居場所であると思うか」の調査結果を，あなたはどのように考えるか，理由とともに記述しなさい。
　次に，教員として「学校を自分の居場所であると思う」という若者を増やすために，あなたの学級ではどのような取組をしていくか，あなたの経験に基づいて具体的に記述しなさい。

## ●方針と分析

(方針)

　教員として，「学校を自分の居場所であると思う」という若者を増やすために，学級では具体的にどういう取組をするか。自分の経験を踏まえ具体的に述べる。

(分析)

　本設問は，「子供・若者白書」の内容を踏まえたものである。図表を読み取ると，自分の居場所であると思うところとして，自分の部屋，家庭を挙げる者はそれぞれ，8割を超えている。一方，学校を挙げる者は，半分に届かない。学校は小さな社会といわれるように，必ずしも，自分と考え方や価値観が合う人ばかりとは限らず，我慢を強いられ，他者との対立を生むこともある。しかし，こうした中で，若者の精神的な発達と社会的な人間関係を促すのも学校の重要な役割である。新学習指導要領で指摘されるように，他者と協働して勉強や仕事をすることがますます重要になるなか，学校の大切さをすべての若者が認識するように努め，学校での手厚い支援や指導を充実させることが教員の役目として重要となる。学校を居場所と思えない若者は，他者とのつながりが比較的弱くなりやすく，暮らし向きや生活の充実度，他者との交流についても自己評価が低くなっている。このような状況に陥らないように，学校の中で，若者を孤立から守りその成長を支援する居場所とつながりを作り出す取組が求められる。主体的に人とつながることができるような力をつけさせる授業や教育活動なども期待されている。

## ●作成のポイント

　序論・本論・結論の三段構成でまとめるとよい。

　序論では，図表から読み取れる内容を簡単に記し，そもそも学校は小さな社会であること，必ずしも自分にとって快適な環境ばかりではない中で，人格を陶冶する必要があることなどを述べる。

　本論では，新学習指導要領を踏まえて，他者と協働して勉強や仕事をすることがますます重要になること，学校の大切さをすべての若者が認識し，学校での手厚い支援や指導を充実させることの重要性を述べる。その上で，受験者自身の受けた教育や人生経験を振り返りながら，グループ学習やプレゼンテーションの場を活用し，他者と協力していくこと，他者の良い点を積極的に見つけていく習慣をつけることなどを指導していくという展開を考える。

　結論では，他者との交流について，若者が自信を高めるような指導を志し，学校が自分の居場所であると思う若者を増やすため努力する旨を述べまとめる。

【特別選考(国際貢献活動経験者)・1次試験】　60分・601字以上800字以内

## ●テーマ

　文部科学省中央教育審議会答申「幼稚園，小学校，中学校，高等学校及び特別支援学校の学習指導要領等の改善及び必要な方策等について」(平成28年12月)には，次のような文章があります。

　2020年に開催される東京オリンピック・パラリンピック競技大会の開催を，スポーツへの関心を高めることはもちろん，多様な国や地域の文化の理解を通じて，多様性の尊重や国際平和に寄与する態度や，多様な人々が共に生きる社会の実現に不可欠な他者への共感や思いやりを子供たちに培っていくことを契機ともしていかなく

てはならない。

　初めに，あなたの国際貢献活動の経験に基づきながら，子どもが多様な国や地域の文化について理解することの大切さを，記述しなさい。

　次に，子どもが多様な国や地域について理解を深め，その大切さを考えるために，あなたはどのような教育活動を行うか，4月から学校に赴任すると想定し，具体的に記述しなさい。

## ●方針と分析

(方針)

　受験者自身の活動経験に基づき，児童生徒が多様な文化について理解することの大切さを説明する。さらに，児童生徒が文化について理解し，その大切さを考えられるような教育活動を，自身が教員としてどのように行うかを述べる。

(分析)

　異文化理解，人権，国際協力，環境，多文化共生など世界が抱える今日的な課題に取り組むことを通して，「知り」「考え」「行動する」力を育む国際理解教育の内容を踏まえた出題である。静岡県教育振興基本計画では，我が国が世界の一員として積極的な役割を果たしていくために，多様性を理解し，豊かな国際感覚とコミュニケーション能力を身に付けた国際社会に貢献できるグローバル人材の育成が必要であることが述べられている。具体的には，静岡県の魅力を的確に伝えることができるプレゼンテーション能力，外国の文化や歴史等を理解し受け入れることができる姿勢等を，児童生徒に身に付けさせることである。こうした内容は，人生経験が乏しく，日本国内でしか生活経験がない児童生徒にとって，社会科の講義形式だけでは，漠然としたものになってしまう可能性が大きい。そこで，児童生徒の関心の高い食育やスポーツ，地域内の観光産業と連携した職業体験などを利用し，具体的かつ切実な問題として，認識させていくことが重要だと思われる。

## ●作成のポイント

　序論・本論・結論の三段構成でまとめるとよい。

　序論では，一例として，郷土を愛するとともに，価値観の多様性を理解し，豊かな国際感覚とコミュニケーション能力を身に付けることの重要性に触れたい。

　本論では，多様な国の文化や地域について，授業でどのような指導をするか，これまでの活動経験も踏まえて具体的に説明する。例えば，小学校であれば，給食の時間に受験者の滞在した国の食文化を話題にしたり，栄養教諭と協働して，食文化を考える授業やグループでの発表などの工夫ができるだろう。中学校以上であれば，滞在国の環境や人権，地理，気候などをテーマにグループ討議や発表を伴う時間を設ける工夫，県内の観光産業と連携した体験授業の組み立てもよいであろう。

　結論では，社会人経験のある自分自身と，まだ経験の浅い児童生徒とのギャップを踏まえ，児童生徒に理解しやすい指導の工夫に努める決意を示しまとめる。

【特別選考(養護教員)・1次試験】　60分・601字以上800字以内

## ●テーマ

　文部科学省　教育相談等に関する調査研究協力者会議「児童生徒の教育相談の充実について〜学校の教育力を高める組織的な教育相談体制づくり〜(報告)」(平成29年1月)では，学校における教育相談体制に係る養護教諭の職務について，次のように示しています。

　養護教諭は，全児童生徒を対象として，入学時から経年的に児童生徒の成長・発達に関わっており，また，いじめや虐待が疑われる児童生徒，不登校傾向である児童生徒，学習面や行動面で何らかの

困難を示す児童生徒，障害のある児童生徒等の課題を抱えている児童生徒と関わる機会が多いため，健康相談等を通じ，課題の早期発見及び対応に努めることが重要である。

あなたの学校に，教室に入れずに保健室等の別室で過ごす不登校傾向の子どもがいる場合，そのような子どもに，あなたは養護教諭としてどのように対応しますか。理由とともに記述しなさい。

次に，不登校傾向の子どもがもつ心身の健康課題の早期発見及び対応に向けて，あなたは学校内外との連携において，どのような取組を行いますか。これまでの経験に基づいて，具体的に記述しなさい。

## ●方針と分析

(方針)

保健室等の別室で過ごす不登校傾向の子どもに対し，どのように対応するか，その理由と共に説明する。次に，そうした子どものもつ諸問題の早期発見・対応に向け，学内外の連携の中でどのような取組をするのか，経験に基づいて具体的に述べる。

(分析)

養護教諭の職務の特質は，全校の子どもを対象として，入学時から経年的に児童生徒の成長・発達を見ることができる点にある。また，活動の中心となる保健室は，誰でもいつでも利用でき安心して話ができるところである。子どもは，いじめや虐待によって受けた心の傷を言葉に表すことが難しく，身体症状として現れやすい。養護教諭は，そうした問題を早期に発見しやすい立場にある。また，保健室頻回来室者や不登校傾向者は，非行や性に関する悩みなど，深刻な問題を抱えていることも多い。また，養護教諭の職務の多くは学級担任をはじめとする教職員，学校医等，保護者，地域の医療・福祉機関等との協働の下に遂行されるものもある。以上のような職務の特質は，学校生活においても，生活習慣の乱れ，学習のつまずき，いじめ，不登校と

いった問題や性の問題行動など，困難な問題を解決する専門家としての期待が大きい。つまり，養護教諭はチーム学校，地域連携の中核を担う役目を持っていると言える。この点に関して，受験者の理解を試す出題である。

## ●作成のポイント

　序論・本論・結論の三段構成でまとめるとよい。

　序論では，養護教諭の職務の特質について説明し，チーム学校，地域連携の一員として，現代的な課題に対処していくことへの期待が大きいことを理由として述べる。

　本論では，不登校傾向のある児童生徒の心身の健康，学習や人間関係における問題の発見や対応に当たることを述べる。そして，内容に応じて，学級担任，学校医，スクールカウンセラー等との学校内における連携，また自身の経験を生かして，医療関係者や福祉関係者など地域の関係機関との連携を推進することが必要となっている点を述べる。その際，養護教諭は，コーディネーターの役割を担う必要があることも加える。

　結論では，信頼を獲得するために，児童生徒の現代的な健康課題に適切に対応していくこと。常に新たな知識や技能などを習得，学習していく必要があること，それに向けて自分が努力する決意を述べてまとめる。

### 静岡市

※小・中学校教員は静岡県と同一問題
※養護教諭は静岡県と同一問題

【特別選考・教職経験者】　60分・601字以上800字以内

## ●テーマ

次の事例を読んで，後の問いに答えなさい。

【事例】

初任者のS教諭は，小学校5年3組の学級担任になりました。

S教諭は，4月当初は子どもたちと楽しく生活し，思いどおりに学級経営をすることができていました。しかし，ゴールデン・ウィークが明けたころから，国語や算数の時間になると，A男を中心とする3，4人の子どもたちが「つまらない。」「やる気がしない。」などと言って授業とは関係のない話をしたり，真剣に発表する子どもを茶化したりするようになってきました。S教諭がA男たちにきちんと学習するように注意しても，子どもたちは素直に受け入れません。A男たちは逆に，ますます授業の邪魔をするようになりました。

やがて，このような行為が他の教科にも及ぶばかりか，これまで真剣に取り組んでいた子どもの中にも，私語や離席など勝手な行動をとる子どもが出てきて，授業が成立しない状況が続くようになりました。

【問い】　このような状況になるには，様々な要因が考えられます。あなたがS教諭の立場だったら，この先，どのように対応していきますか。その対応について601字以上800字以内で，具体的に述べなさい。

## ●方針と分析

(方針)

受け持ちのクラスの一部児童に，授業中の勝手な言動が見られるようになり，他の級友にも影響を及ぼし，授業が成立しなくなった状況が生まれた。その理由を説明し，教員としてどのような対応をするのか，具体的に述べる。

(分析)

本設問は，児童の表面的な言動の表れと内面の相違を把握すること

の難しさ，教員の児童に対する見方の浅さについて，受験者の理解を試そうとする出題と思われる。事例は，国語や算数の授業における一部の児童の授業妨害がクラス全体に広まり，学級崩壊に近い状況を述べたものである。高学年になると，国語の課題文で要求される語彙力や読解力，算数の文章題で要求される条件把握力などは，一気に高度なものになる。こうした変化についていけない児童がいる状況を，新任教員は十分把握しにくい。本設問では，教員側が平均的な学力水準を勝手に想定し，児童の現状(考えや気持ちをも含む)を考慮せず，表面的な言動を見ているだけで授業を進行した結果，生じたものという捉え方ができる。そこで，児童の不満がたまり，教員に直接言えない代わりの行為として，各種の妨害行為を招いたという想像をすることは可能である。以上の点を振り返りながら，授業を見直し，児童との関係を再構築する内容を述べる。

## ●作成のポイント

　　序論・本論・結論の三段構成で述べるとよい。

　　序論では，問題行動を広めるきっかけをつくった児童を一方的に叱ること，クラス全体に見られる真剣みのなさを咎めることは有効でない。小学5年生という平均的な児童イメージを，クラスの中で一方的に押し付けるような教科指導を行ってしまった点を反省し，振り返る内容から始めたい。

　　本論では，児童の不満や意見を，率直かつ真剣に聞く姿勢を示し，関係構築をし直す内容にしたい。また，国語や算数など，学力差や置き去りを生みやすい教科の指導のあり方を見直して，遅れている児童へのフォローをするなどを具体例として挙げて述べる。また，小学4年次の担任の教員からも聞き取りを行い，児童一人一人の特徴・特長を把握しなおすこと等の内容を加えてもよいだろう。

　　結論では，このような事態になった際，新任教員として先輩教員にアドバイスをもらうなどの方法もとり，担任として努力していく旨を述べまとめる。

## 浜松市

【小・中学校教員・2次試験】

## ●テーマ

> 第3次浜松市教育総合計画「はままつ人づくり未来プラン」では，「未来創造への人づくり」「市民協働による人づくり」の2つを教育理念として掲げています。
>
> あなたは，「はままつ人づくり未来プラン」における「目指す子供の姿」を実現するために，小中学校の教員として，どのように家庭や地域と連携・協働していきますか。

## ●方針と分析

(方針)

「はままつ人づくり未来プラン」の「目指す子供の姿」を実現するために，教員としてどのように家庭や地域と連携・協働していくのか。具体的な取り組みや実践を述べる。

(分析)

「はままつ人づくり未来プラン」では「目指す子供の姿」として，「夢と希望を持ち続ける子供」，「これからの社会を生き抜くための資質や能力をはぐくむ子供」，「自分らしさを大切にする子供」の3つが挙げられている。それらをはぐくむためにはどうすればよいのか。本プランでは，市民協働による人づくりを目指しており，1つは，子供の育ちの基盤を築く家庭を目指すことである。これは，家庭や地域で大人から愛情を受けた子供は，自分への自信を育むことが容易になるという考えが基本になっている。もう1つは，子供の育ちを支える地域である。これは地域社会の「ひと・もの・こと」と接する中で，多

様な価値観に触れ，自分とは異なる他者への寛容性を身に付けていくことを目指すことである。こうした家庭や地域づくりの具体的な取り組みとしては，「心の教育推進協議会」の開催がある。有識者や保護者代表，校長代表などが「中学校区心の教育推進事業」を受けて，「心の耕し」をキーワードに推進するはままつの人づくりの方向性について協議するものである。その協議を踏まえて，子育て支援などに取り組む地域の市民活動団体と協働して，乳幼児やその母親と交流する中で，人への愛情の心を育てる教育を実施している。こうした取り組みについて，理解しているかどうかが試されている。

## ●作成のポイント

　序論・本論・結論の三段階構成で述べると，テーマや関心を拡散させずに済むだろう。

　序論では，保護者や地域のいろいろな大人を市民と捉え，市民協働による人づくりを目指していることを押さえる。

　本論では，子供の育ちの基盤を築く家庭，子供の育ちを支える地域をつくるための具体的取り組みについて説明する。分析で挙げたように，「心の教育推進協議会」を示してもよいし，他の施策でもよいが，必ず浜松市特有のものを選ぶようにしたい。その中で，教員として，児童生徒の教育のために，様々な大人の特技などを生かしていけるように，コーディネーターとして努力することを述べる。

　結論では，教員の努力を，夢と希望，これからの社会を生き抜く資質や能力，自分らしさを大切にできる気持ちを持った子供を育てることに繋げていく必要性を述べる。

【養護教諭・2次試験】 31行

## ●テーマ

> 第3次浜松市教育総合計画「はままつ人づくり未来プラン」では，「未来創造への人づくり」「市民協働による人づくり」の2つを教育理念として掲げています。
>
> あなたは，「はままつ人づくり未来プラン」における「目指す子供の姿」を実現するために，養護教員として，どのように家庭や地域と連携・協働していきますか。

## ●方針と分析

(方針)

　「はままつ人づくり未来プラン」の「目指す子供の姿」を実現するために，養護教員として，どのように家庭や地域と連携・協働していくのか。具体的な取り組みや実践を述べる。

(分析)

　夢と希望，これからの社会を生き抜く資質や能力，自分らしさを大切にできる気持ちを持った子供を育てるためにはどうするか。「はままつ人づくり未来プラン」では，市民協働による人づくりを目指している。1つは，子供の育ちの基盤を築く家庭を目指すことである。これは，家庭や地域で大人から愛情を受けた子供は，自分への自信を育むことが容易になるという考えが基本になっている。もう1つは，子供の育ちを支える地域である。これは地域社会の「ひと・もの・こと」と接する中で，多様な価値観に触れ，自分とは異なる他者への寛容性を身に付けていくことを目指す。こうした家庭や地域づくりの具体的な取り組みとしては，「心の教育推進協議会」の開催がある。有識者や保護者代表，校長代表などが「中学校区心の教育推進事業」を受けて，「心の耕し」をキーワードに推進する，浜松の人づくりの方向性

について協議するものである。その協議を踏まえて，医療・福祉の専門施設や子育て支援などに取り組む地域の市民活動団体と協働して，通常学級で学ぶ児童生徒が，心身のハンディを持った人への愛情の心を育てる教育を実施することがある。こうした取り組みについて，理解しているかどうかが試されている。

## ●作成のポイント

　序論・本論・結論の三段階構成で述べると，テーマや関心を拡散させずに済むだろう。

　序論では，保護者や地域のいろいろな大人を市民と捉え，市民協働による人づくりを目指していることを押さえる。

　本論では，子供の育ちの基盤を築く家庭，子供の育ちを支える地域をつくるための具体的取り組みについて説明する。分析で挙げたように，「心の教育推進協議会」を示してもよいし，他の施策でもよいが，必ず浜松市特有のものを選ぶようにしたい。その中で，養護教員として，児童生徒の心身の健康のために，様々な専門家や経験者の知恵を生かしていけるように，コーディネーターとして努力することを述べる。

　結論では，教員の努力を，夢と希望，これからの社会を生き抜く資質や能力，自分らしさを大切にできる気持ちを持った子供を育てることに繋げていく必要性を述べる。

# 2018年度　論作文実施問題

## 静岡県

**【特別選考(小・中学校教員)・1次試験】60分・601字以上800字以内**

※静岡市・浜松市の特別選考による課題作文は静岡県と同一です。

## ●テーマ

次の課題について，601字以上800字以内で書きなさい。

文部科学省中央教育審議会答申「幼稚園，小学校，中学校，高等学校及び特別支援学校の学習指導要領等の改善及び必要な方策等について」(平成28年12月)では，特別な支援を必要とする子どもの指導について，次のように示しています。

特別支援教育の対象となる子供たちは増加傾向にあり，通常の学級において，知的発達に遅れはないものの学習面又は行動面での著しい困難を示す児童生徒が6.5%程度在籍しているという調査結果もある。全ての学校や学級に，発達障害を含めた障害のある子供たちが在籍する可能性があることを前提に，子供たち一人一人の障害の状況や発達の段階に応じて，その力を伸ばしていくことが課題となっている。

あなたの学級に学習面や行動面で著しい困難を示す子どもがいる場合，それら子どもの表れをどのように捉えるか，あなたの捉え方とその理由を記述しなさい。

次に，そのような子どもの力や可能性を伸ばすために，日々の授業や学級づくりにおいてどのような指導・支援を行うか，これまでの教職経験に基づき，具体的な取り組みを記述しなさい。

# ●方針と分析

(方針)

　担当学級の，学習面，行動面で著しい困難を示す子どもに対する受験者自身の捉え方とそのように捉えた理由を説明し，その子どもの力や可能性を伸ばすために，日々の授業や学級づくりにおいてどのような指導や支援を行うのか，教職経験に基づき，具体的に述べる。

(分析)

　学習面，行動面で著しい困難を示すという文言から，その子どもが，発達障害や情緒障害を抱えている状況が想定できる。このような子どもは，通常学級に平均で6.5%在籍するといわれている。例えば，座学中心の読み書きを伴う授業で，周囲の児童生徒のように，教員の話を聞いて理解し黒板の板書をノートに写すことができない。1つの物事について頭の中で組み立てていく授業に興味関心を持てない。などである。また，クラス全体が授業に集中している場面で，場にそぐわない言動を取って周りに影響を与えるという事態もありうる。教員としては，こういった事態に迷惑・不満を訴えた児童生徒の思いを受け止めなくてはならない。その上で，児童生徒たちが，障害を抱えた子どもを排除の対象とみなすきっかけをつくらないように気を付けながら，その子どもの抱える障害について説明する必要もある。同時に，クラス全体としては，自分とは異なる環境に生きている人と共に生きていくことの大切さを学ぶ貴重な機会として捉え，障害を抱えた子どもに向き合うことを教える必要もある。

# ●作成のポイント

　序論・本論・結論の三段構成，あるいは前半・後半の二段落構成でまとめるとよい。

　以下には，前半・後半の形でまとめたものを挙げる。

　前半では，発達障害や情緒障害を抱えている子どもの状況を示す。その理由として，学習面，行動面での著しい困難について説明し，クラス全体が授業に集中している場面で，場にそぐわない言動を取って，

周りが迷惑を被るというような事態などを例に挙げ，具体的に述べる。

　後半では，周囲の児童生徒の不満が高じていじめが生じたりしないように，教員として，障害の特徴を説明する努力をすることを述べる。このとき，自分の好きなことに落ち着いて取り組める力を長所として持っていることなどを述べるのもよい。そうして，周囲の児童生徒の理解をはかりながら，この子どもの才能を伸ばすための取組を述べる。学習面におけるタブレット端末の使用許可，行動面における個別指導の導入などを挙げてみよう。注意点として，安易に，特別支援学級への転属を勧めることがないように注意するなどを添える。最後に教職経験を基に学級づくりなどに尽力する旨を述べまとめる。

【特別選考(養護教員)・1次試験】60分・601字以上800字以内

## ●テーマ

　次の課題について，601字以上800字以内で書きなさい。

　文部科学省「養護教諭のための児童虐待対応の手引き」(平成19年10月)には，次のような記述があります。

　日常的に子どもにかかわる学校や教職員は，虐待を発見しやすい立場にあり，「児童虐待の防止等に関する法律」においても，学校・教職員が児童の福祉に業務上関係のある他の団体・職と同様，虐待防止等に関する一定の役割を担うこととしている。また，虐待を受けた子どもの年齢構成をみると，「学齢期(小学校，中学校，高等学校等)」に発見されているものも多く，学齢期に至るまで発見されていないケースもあるという問題も含んでいる。

　このような状況の中，児童虐待の早期発見，早期対応において学校が果たす役割への期待もより大きくなっており，学校における児童虐待への対応の充実を図ることが重要となっている。

　あなたは養護教諭として，どのように虐待を早期発見していくの
か，日頃の教育活動と関連付けて具体的な取り組みを記述しなさい。
　次に，あなたが養護教諭として，虐待を受けていると思われる子
どもに初めて状況を確認する際，どのようなことに配慮するかを書
き，その理由も記述しなさい。

# ●方針と分析

(方針)

　受験者が養護教諭として，どのように虐待を早期発見していくのか，
日頃の教育活動と関連付けて，具体的な取組を説明し，虐待を受けて
いると思われる子どもに初めて状況を確認する際，どのようなことに
配慮するか，理由とともに述べる。

(分析)

　養護教諭は，職務上の特質から児童虐待を発見しやすい立場にある。
この点について，受験者がどれだけ理解しているのかを，職務内容の
理解とともに問う意図がある。例えば，健康診断では身長や体重測定，
内科検診，歯科検診を通して子どもの健康状況を見ることで，外傷の
有無やネグレクト状態であるかどうかなどを観察できる。救急処置で
は，不自然な外傷から身体的な虐待を発見しやすい。また体の不調を
訴えて頻繁に来室する子ども，不登校傾向の子どもの中には，虐待を
受けているケースもある。養護教諭は，このような様々な問題を持つ
子どもと日常的に保健室でかかわる機会が多いため，そのような機会
や健康相談活動を通して，児童虐待があるかもしれないという視点を
常に持つ必要がある。そして，早期発見，早期対応に努めていく必要
がある。「養護教員のための児童虐待対応の手引」(文部科学省)などを
参照しておくとよい。

# ●作成のポイント

　序論・本論・結論の三段構成，あるいは前半・後半の二段落構成で

まとめるとよい。

　以下には，前半・後半の形でまとめたものを挙げる。

　まずは，保健室等での子どもへの対応について，しっかり述べる。子どもの訴えに耳を傾け，子どもが発するサインを見逃さないようにすること，明らかになった情報を総合的に判断し，「虐待の疑い」の早期発見に努めることが大切である。身体的なあざや不自然な骨折以外にも，頻繁な保健室来室，頭痛，腹痛，倦怠感等の不定愁訴を繰り返すこと，不自然な言動などにも注意していく必要性を述べる。

　次に，初めての状況確認のときの留意点である。子どもがカッとなりやすい，暴力を振るう，弱い者いじめをする，家に帰りたがらない，教職員に対して反抗的な態度をとる，反対に異常なほど甘えるといった，一見，本人の問題行動のみとされがちな現象がある。こうした問題から，虐待の発見が遅れたり，見当違いな指導によって子どもを追い込む危険があることなどを理由として述べよう。保護者の話を避けるなどの言動をとらえ，子どもに寄り添いながら，早期発見，早期対応をする決意を表明する。

## 【高校学校(教職経験者)・1次試験】60分・800字以内

## ●テーマ

> 　学校教育において言語活動の充実が重要とされる理由は何ですか。また，言語活動を充実させるために，あなたは授業の中で具体的にどのような指導をしますか。これまでの教職経験を踏まえて，800字以内で書きなさい。

## ●方針と分析

（方針）

　学校教育において言語活動の充実が重要である理由を説明し，その

ために必要な具体的な指導とは何かについて，教職経験を踏まえて述べる。

(分析)

　文部科学省のホームページで，言語活動の充実に関する基本的な考え方が示されている〔言語活動の充実に関する指導事例集(小学校編)平成23年10月　○学習指導要領「生きる力」　第1章　言語活動の充実に関する基本的な考え方　参照〕。そこでは，言語は知的活動(論理や思考)の基盤であるとともに，コミュニケーションや感性・情緒の基盤でもあり，豊かな心を育む上でも，言語に関する能力を高めていくことが重要であるという。例えば，国語科においては，これらの言語の果たす役割を踏まえて，的確に理解し，論理的に思考し表現する能力，互いの立場や考えを尊重して伝え合う能力を育成することや我が国の言語文化に触れて感性や情緒を育むことが重要である。そのためには，「話すこと・聞くこと」や「書くこと」，「読むこと」に関する基本的な国語の力を定着させるだけでなく，記録，要約，説明，論述といった言語活動を行う能力を培う必要がある。本問では，こうした取り組みや授業改善の具体例を提示した上で，大学進学や就職を控えた年代の生徒にふさわしい，思考力，判断力，表現力を養うことを目指すという内容の答案を作成していく。

## ●作成のポイント

　前半・後半の二段落構成，または，序論・本論・結論の三段構成でまとめるとよい。

以下は二段落構成の例である。

　前半では，言語活動の充実の必要性について，その理由を，具体例を挙げて説明する。例えば，生徒が生きる力を育むために，教員として創意工夫を生かした教育活動を展開し，基礎的・基本的な知識及び技能を確実に習得させること，さらにこれらを活用して課題を解決するために必要な思考力，判断力，表現力その他の能力を身に付けるよう指導すること，生徒が主体的に学習に取り組む態度を養えるよう指

導し，個性を生かす教育の充実を目指すこと。こういった内容について説明できれば十分である。

　後半では，「話すこと・聞くこと」や「書くこと」，「読むこと」に関する基本的な国語の力を定着させるだけでなく，記録，要約，説明，論述といった具体的な言語活動を行う能力を養うためにはどうするのかを，教職経験を踏まえて述べる。例えば，情報を分析・評価し，論述するのであれば，文章や資料を読んだ上で，自分の知識や経験に照らし，自分なりの考え・意見をまとめたり，自国や他国の歴史・文化・社会について調べ，分析し論述したりするなどである。事実を正確に理解し伝達するのであれば，地域の公共施設の見学の結果を記述・報告することなどを挙げるとよいであろう。最後に，教員として尽力したい旨を述べ，まとめる。

## 【高等学校(民間企業等勤務経験者)・1次試験】60分・800字以内

## ●テーマ

> 　社会で活躍する人材を育てるために，高校教育において生徒に身に付けさせたい力とはどのような力ですか。また，その力を育てるために，あなたは授業の中で具体的にどのような指導をしますか。これまでの民間企業等での勤務経験を踏まえて，800字以内で書きなさい。

## ●方針と分析

(方針)

　社会で活躍する人材を育てるために，高校教育で生徒に身に付けさせたい力とはどのようなものなのかを説明し，その力を育てるために，授業で実践したいことを，実務経験を踏まえながら具体的に述べる。

(分析)

　平成30年3月に静岡県教育委員会が発表した「ふじのくに魅力ある学校づくり推進計画(静岡県立高等学校第三次長期計画)」では，「経済のグローバル化の進展，技術革新，高度化・複合化に伴う産業構造の変化など，社会の変化が急速になっている。また，本県においても，人口減少・少子高齢化が進展しており，生産年齢人口の割合が縮小することが推測されている。このような中，高等学校教育には，グローバルな社会・経済で活躍することができる人材の育成及び本県産業の持続的発展を支える人材の育成が求められている。」としている。基本は，激しい変化にも対応できる力を生徒に身に付けるようにすることである。

　従来の学習の過程は，ともすると知識の量のみを重視する傾向があり，物を知っている生徒を高く評価することがままあったが，今後は，問題を粘り強く解決する力，意見の異なる他者との共存を目指すコミュニケーション力，困難を乗り越える力といった，変化の激しい時代を生き抜くための力が重要になる。教育はこうした要請に応えていく責務がある。「何を学んだのか」ということだけにとどまらず，「それをどう生かすのか」「それによって何ができるのか」をより重視し，課題を解決する力，他者とともに学び高め合う力の育成が大切になる。こうした力の必要性を切実に感じているのは，社会人としての責任を果たした実務経験者であろう。

## ●作成のポイント

　前半・後半の二段落構成，または，序論・本論・結論の三段構成でまとめるとよい。
以下は二段落構成の例である。
　前半では，学習過程において，生徒一人一人の，社会や経済の当事者としての主権者意識を育み，その責任を果たす能力・技能としての思考力，判断力，表現力を身に付けさせる必要性があることを示す。その際，地歴公民の分野を例とするなら，主権者としての意識を高め，社会参画をしていくきっかけを教えることの重要性などを述べるとよい。

　後半は，主体的な社会の一員になるべく，自らの課題を発見し解決する力，他者と協働するためのコミュニケーション能力を育成するための具体的な方法論を示す。一例として，レポートや小論文形式の課題を設定し，自主的な事前学習を前提に授業を進めること，授業中にICT機器などを用いてインターネット上の情報の信用性を検討しながら，情報の取捨選択をする力を養う授業を実施すること，などを述べるとよい。最後に，生徒の力を育てるために教師として尽力することを添えてまとめる。

## 【特別支援学級(教職経験者)】60分・601字以上800字以内

## ●テーマ

　幼児児童生徒の「主体的な学びの姿」を引き出すためにあなたが大切にしていることとその理由を述べなさい。また学校生活(授業場面，学級活動，行事等)において「主体的な学びの姿」を引き出すための取組と成果(期待される幼児児童生徒の姿)を，具体例を挙げて記述しなさい。

## ●方針と分析

(方針)

　幼児児童生徒の「主体的な学びの姿」を引き出すためには，受験者自身が大切にしていることとその理由を説明する。次に，学校生活において「主体的な学びの姿」を引き出すための取組と成果(期待される幼児児童生徒の姿)を，具体例を挙げて述べる。

(分析)

　主体的な学びとはそもそもどういうものかという，正解が1つに決まらないことに対して，自ら問いを設定し，立てた問いに対して理由を説明しながら，説得力のある意見を，他者に発表して意見を聞き修

正する，というものが好例である。こういう学びの姿勢は，多様な価値観をもつ者が併存し合い，価値観自体の変化が激しい社会にあっては必須のものとされる。主体的な学びのためには，以下のような力を育てることが必要になる。1つは「思考力・判断力・表現力」を身に付けることである。もう1つは，「主体性をもって多様な人々と協働する態度あるいは意欲」を身に付けることである。これらの力に通底するのは，自らが抱いた問いを出発点としながら目的意識をもって何かを追究するような学びの姿勢である。その姿勢は，基礎的な知識を修得するにとどまらず，何かを体得した経験によって，自分は何者で何をしたいのかという問いに対して自信をもって答えられる域を目指すような学びでもある。

## ●作成のポイント

　　序論・本論。結論の三段構成でまとめるとよい。

　　序論では，最初のポイントの，なぜ今の各校の教育において主体的な学びが必要なのかを説明する。このとき，受験者自身が大切にしていることとして，正解が1つに決まらないことに対して自ら問いを設定し，立てた問いに対して主張と根拠を説明させる指導などを挙げてみよう。その指導を重視する理由として，分析でも示したように，多様な価値観をもつ者が併存し合い，価値観自体の変化が激しい社会にあっては必須のものであることを挙げてみる。

　　本論では，学校生活において「主体的な学びの姿」を引き出すための取組と成果(期待される幼児児童生徒の姿)の説明である。ここでは，学校種にかかわらず，子どもたちが「なぜそうなるのか。そうなる理由や背景を明らかにしたい」という追究の軸となる思いを自ら引き出すことを説明するとよい。このとき，子どもたちの思考が連続して流れるような授業を構成してきた経験，そこから上がった成果を示す。その際，理科の実験レポートの作成，社会科での論作文の作成や集団討論を例にとってもよい。これまでの教職経験を踏まえた内容に関わらせて論じたい。

結論では，先に述べたことを簡単にまとめ，それにつなげて教員としての意欲・抱負などを入れて締めくくる。

## 【高等学校・2次試験】60分・800字以内

## ●テーマ

> 変化が激しく，予想困難なこれからの時代に，未来の創り手となる生徒に対して，どのような教育をしたいと思いますか。具体例を挙げながら800字以内で書きなさい。

## ●方針と分析

(方針)

変化が激しく，予測困難なこれからの時代に，未来の創り手となる生徒に対して，どのような教育をしたいと思うか。身につけるべきであると考える能力，姿勢などについて，具体的に述べる。

(分析)

平成28年の中教審答申，改訂される学習指導要領のポイント，および，これについての文部科学大臣の所感を踏まえた出題である。知識と思考力の双方をバランスよく確実に育むという基本を押さえて，学習内容の削減を行うことはしないというものである。受験者は，「アクティブ・ラーニング」の視点を重視した教育を志向するものとして理解すべきであろう。生徒にとって，知識が生きて働くものとして習得され，必要な力が身に付くことを目指すにはどうするのか。ここでは知識の量を削減せず，質の高い理解を図るための学習過程の質的改善を行うために必要なことを考察する。ここで，受験者は，①主体的・②対話的で③深い学びの3つを「アクティブ・ラーニング」として重視し，特に「深い学び」が質の高い理解に不可欠であることを述べていくとよいだろう。

## ●作成のポイント

　序論・本論・結論の三段構成でまとめるとよい。

　序論では，高校生の主体的な学びの定義について述べ，なぜ今の高校教育で必要なのかを説明する。

　本論では，まず，主体的な学びの本質について説明する。一例として，次のような説明ができるだろう。主体的な学びとは，ある1つの物事に対して，「なぜそうなるのか。そうなる理由や背景を明らかにしたい。」という追究の軸となる思いを引き出すものである。次に，主体的な学びの姿勢を，具体的にどのように育てていくのか，自分なりの方策を示す。自らが抱いた問いを出発点とすることで，追究の過程において，教員の意図的な働き掛けを通して，生徒の思考が連続して流れるような授業を構成することを目指す。理科の実験の観察記録や検証レポートの作成，外国語の授業時における異文化理解に関する集団討論を例にとってもよい。

　結論では，静岡県の高校教員として，主体的な学びに携わる自身の意気込み，主体的な学びの理想的な姿の展望について，簡潔にまとめる。

【その他のテーマ】

【特別選考(身体障害者)・1次試験】60分・601字以上800字以内

## ●テーマ

> 　次の課題について，601字以上800字以内で書きなさい。
>
> 　文部科学省「生徒指導提要」(平成22年3月)には，次のような記述があります。
>
>> 　学級・ホームルームでの児童生徒相互の人間関係の在り方は，児童生徒の健全な成長と深くかかわっています。学級集団・ホームルーム集団には多様な個性が存在し，様々な人間関係があ

り，時に軋轢が生じることも多々あります。それを乗り越えて，より深い人間関係も築かれていくでしょう。しかし逆に，他者を無視したり否定したりするような人間関係の中では，いじめなどの人間関係のゆがみが生まれることが多々あります。こうした排他的な集団や人間関係の中では，児童生徒の健全な成長発達は期待できません。

学級経営・ホームルーム経営では，多様な個性や様々な人間関係を見すえながら，望ましい集団・人間関係づくりを進めていく学級担任・ホームルーム担任の適切な指導が求められます。

初めに，あなたが学級担任・ホームルーム担任をしていると想定して，児童生徒の望ましい集団・人間関係づくりを進めていく上で最も大切にしたいことを，あなたのこれまでの経験に基づいて記述しなさい。

次に，あなたが担任する学級・ホームルームにおいて，望ましい集団・人間関係づくりをどのように進めていくか，具体的に記述しなさい。

【特別選考(国際貢献活動経験者)・1次試験】60分・601字以上800字以内

## ●テーマ

次の課題について，601字以上800字以内で書きなさい。

文部科学省中央教育審議会答申「幼稚園，小学校，中学校，高等学校及び特別支援学校の学習指導要領等の改善及び必要な方策等について」(平成28年12月)では，これからの社会について次のように述べています。

情報技術の飛躍的な進化等を背景として，経済や文化など社会の

あらゆる分野でのつながりが国境や地域を越えて活性化し，多様な人々や地域同士のつながりはますます緊密さを増してきている。こうしたグローバル化が進展する社会の中では，多様な主体が速いスピードで相互に影響し合い，一つの出来事が広範囲かつ複雑に伝播し，先を見通すことがますます難しくなってきている。

　初めに，グローバル化が進展する社会を生きる子どもたちに身に付けてほしいことを，国際貢献活動の経験に関連付けて記述しなさい。
　次に，それら身に付けてほしいことを育むために，どのような教育活動を行うか，4月から学校に赴任すると想定し，具体的に記述しなさい。

【高等学校(博士号取得者)・1次試験】60分・800字以内

## ●テーマ

　科学の発展に寄与する人材を育てるために，高校教育において生徒に身に付けさせたい力とはどのような力ですか。また，その力を育てるために，あなたは授業の中で具体的にどのような指導をしますか。これまでの研究体験を踏まえて，800字以内で書きなさい。

【高等学校(医療機関等勤務経験者)・1次試験】60分・800字以内

## ●テーマ

　医療・福祉に携わる人間に求められる力とはどのような力ですか。また，その力を育てるために，あなたは授業の中で具体的にどのような指導をしますか。これまでの医療機関等の勤務経験を踏まえて，800字以内で書きなさい。

**【高校(国際貢献活動経験者)・1次試験】60分・800字以内**

## ●テーマ

世界における日本の役割について，どのように考えますか。また，その役割を担う生徒を育てるために，あなたは授業の中で具体的にどのような指導をしますか。これまでの国際貢献活動を踏まえて，800字以内で書きなさい。

**【高校(身体障害者特別選考)・1次試験】60分・800字以内**

## ●テーマ

あなたが学級担任として想定して，生徒の望ましい集団・人間関係づくりを進めていく上で最も大切にしたいことは何ですか。また，あなたが担任する学級において，望ましい集団・人間関係づくりを具体的にどのようにすすめていきますか。あなたのこれまでの経験を踏まえて，800字以内で書きなさい。

### 浜松市

**【小・中学校教員・2次試験】**

## ●テーマ

平成29年度版　第3次浜松市教育総合計画「はままつ人づくり未来プラン」において，目指す子供の姿に迫るために「キャリア教育の推進」を本年度も重点目標の1つとし，さらなる充実を目指しています。

キャリア教育を進めていくためには，
・子供たち一人一人を大切にする
・子供たちと社会とのつながりを大切にする
・みんなが子供の「夢と希望」「資質や能力」「自分らしさ」の育成
　を意識することが大切です。

　あなたは，小中学校教員として日々の様々な教育活動において，
それぞれどのような取り組みをしますか？

## ●方針と分析

(方針)

　キャリア教育を進めていくために大切な3つのことについて，教員
として日々の様々な教育活動において，それぞれどのような取り組み
をするかを述べる。

(分析)

　本設問は，キャリア教育イコール，職業体験やボランティア活動と
いうように単純化してしまわないことが重要である。そもそも，キャ
リア教育とは，一人一人の社会的・職業的自立に向け，必要な基盤と
なる能力や態度を育てることを通して，キャリア発達を促す教育を指
す。一人一人のキャリア発達を支援し，それぞれにふさわしいキャリ
アを形成していくために必要な能力や態度を育てることを目指すもの
である。浜松市の重視する「子供たち一人一人を大切にする」という
部分は，前述の方向性を共有している。また「社会とのつながりを大
切にする」というのは，単に職業選択や職業意識を高めるだけではな
く，自分が自分として生き，他者の存在も意識できる社会性を育てる
ことを目指している。子供の夢・希望，資質・能力，自分らしさの育
成を意識するというのは，人間関係形成能力，情報活用能力，将来設
計能力，意思決定能力を育成することに関わる。すなわち子供が，
様々な役割の関係や価値を自ら判断し，取捨選択や創造を重ねながら

その役割に取り組むことを通して，他者や社会にかかわることに対して，教員がその実現を支援する必要性を述べる。

## ●作成のポイント

　字数の指定はないが，できるだけ最後の行まで埋めることを目指す。3つの項目はそれぞれ270字程度(9行)の回答スペースである。その文字量で過不足なく答える必要がある。さらに，3つの項目で整合がとれた内容を記述しないと，高評価を狙うことはできないと考えたい。また，教員が，子供あるいは児童生徒という安易な括りをしてしまうのではなく，一人一人の特性の違いを意識しながら，人間関係形成能力，情報活用能力，将来設計能力，意思決定能力の養成をしていくこと，また，職業体験や校外体験の成果を日常の人間関係構築に生かすことなどの重要性を述べるとよい。最後に，小・中学校という義務教育の年代を教える教員を志望するのであるから，本問では，職業選択や将来の夢のことよりも，一人の人間として自立できる能力を育てることに，重点を置く方がよいと思われる。

【養護教員・2次試験】

## ●テーマ

　平成29年度版　第3次浜松市教育総合計画「はままつ人づくり未来プラン」において，目指す子供の姿に迫るために「キャリア教育の推進」を本年度も重点目標の1つとし，さらなる充実を目指しています。キャリア教育を進めていくためには，

・子供たち一人一人を大切にする

・子供たちと社会とのつながりを大切にする

・みんなが子供の「夢と希望」「資質や能力」，「自分らしさ」の育成を意識することが大切です。

> あなたは，**養護教員として日々の様々な教育活動において，それ
> ぞれどのような取り組みをしますか？**

# ●方針と分析

(方針)

　キャリア教育を進めていくために大切な3つのことについて，養護
教員として日々の様々な教育活動において，それぞれどのような取り
組みをするかを述べる。

(分析)

　養護教員は，担任の教員に比べても，保健室での個別指導を通じ，
きめ細かく児童生徒の実態や特性を把握できる面がある。それだけに，
本設問では，児童生徒の人生相談をするというように単純化してしま
わないことが重要である。そもそも，キャリア教育とは，一人一人の
社会的・職業的自立に向け，必要な基盤となる能力や態度を育てるこ
とを通して，キャリア発達を促す教育を指す。一人一人のキャリア発
達を支援し，それぞれにふさわしいキャリアを形成していくために必
要な能力や態度を育てることを目指すものである。浜松市の重視する
「子供たち一人一人を大切にする」という部分は，前述の方向性を共
有している。また「社会とのつながりを大切にする」というのは，単
に職業選択や職業意識を高めるだけではなく，自分が自分として生き，
他者の存在も意識できる社会性を育てることを目指している。子供の
夢・希望，資質・能力，自分らしさの育成を意識するというのは，人
間関係形成能力，情報活用能力，将来設計能力，意思決定能力を育成
することに関わる。すなわち子供が，様々な役割の関係や価値を自ら
判断し，取捨選択や創造を重ねながらその役割に取り組むことを通し
て，他者や社会にかかわることに対して，教員がその実現を支援する
必要性を述べる。

## ●作成のポイント

　字数の指定はないが，できるだけ最後の行まで埋めることを目指す。3つの項目はそれぞれ270字程度(9行分)の回答スペースである。その文字量で過不足なく答える必要がある。さらに，3つの項目で整合がとれた内容を記述しないと，高評価を狙うことはできないと考えたい。また，教員は，子供あるいは児童生徒という安易な括りをしてしまうのではなく，一人一人の特性の違いを意識しながら，人間関係形成能力，情報活用能力，将来設計能力，意思決定能力の養成をしていくこと，また，職業体験や校外体験の成果を日常の人間関係構築に生かすことなどの重要性を述べるとよい。最後に，小・中学校という義務教育の年代を教える教員を志望するのであるから，本問では，職業選択や将来の夢のことよりも，一人の人間として自立できる能力を育てることに重点を置く方がよいと思われる。

## 2017年度　論作文実施問題

### 静岡県

【特別選考(小・中学校教員)・1次試験】60分・601字以上800字以内
　※静岡市・浜松市の特別選考による課題作文は静岡県と同一です。

## ●テーマ

　平成26年7月に静岡県教育委員会が発行した「平成26年度静岡県人権教育の手引き　子どもたちの笑顔のために」では，静岡県が目指す基本的な方向として，「人権に対する正しい理解を深めること」「人権感覚を高めること」「自尊感情を育てること」の3つを挙げています。
　そのうち，「人権感覚を高めること」について，次の内容が示されています。

> 　人権感覚とは，自他の人権が擁護され，実現している状態を感知し，それを望ましいものと感じ，人権が侵害されていることを許せないとする感覚のこと

○　人間の尊厳や自己・他者の価値を感知する感覚，人権感覚に満ちた社会の実現に向かって活動する意欲や態度を身に付けること，さらに，その意欲や態度を実のあるものにするために，コミュニケーション技能や偏見・差別を見極める技能，相違を認め受容できる技能等を高めていくことが大切です。

　初めに，子どもたちの人権感覚を高めるために，あなたが最も大切にしたいことを書き，その理由も記述しなさい。
　次に，あなたは，子どもたちの人権感覚を高めるために，どのよ

うなことを日々の授業の中で取り組んでいきたいと考えますか。これまでの教職経験に基づいて，具体的な取組を一つ記述しなさい。

## ●方針と分析

(方針)

　書くべきことは，①子どもたちの人権感覚を高めるために最も大切にしたいことは何か，②その理由は何か，③子どもたちの人権感覚を高めるため取り組むべきことは何か，の3点をこれまでの教職経験を踏まえて示す。

(分析)

　問題文の「人権感覚を高めること」に記載されている内容は「人権教育の指導方法等の在り方について［第三次とりまとめ］」を踏まえたものと思われるため，当該資料に目を通した受験生は「静岡県人権教育の手引き」を読まなくとも回答できたであろうが，こういった資料は受験する自治体のものを入手し，学習しておきたい。

　静岡県のホームページでは「静岡県人権教育の手引き」を部分的にしか閲覧できないが，「静岡県の人権教育の基本方針」が示されているので，少なくとも参照しておこう。ただし，本問は自身の教職経験がもとになるので，無理してまで自治体の方針に沿う必要はないだろう。

## ●作成のポイント

　課題作文なのであまり形式にこだわる必要性はないが，本問は小論文でも出題される内容なので，起承転結や序論・本論・結論の3段落構成で論じることも考えられる。書くべき項目は方針にある①〜③であり，序論で自身の教職経験を述べ，本論で①〜③まで順に述べるといった流れが自然だろう。注意すべき点は文字数では③が最も字数を使うと思われるため，序論，本論の②まではできるだけ整理して書くこと。回答のきっかけとなった教職経験も具体性が必要なので，文字

数をやや必要とすることを踏まえて，事前に文字数の調整をすることが求められるだろう。

結論は人権教育の必要性・重要性，および自身の人権教育に関する決意などを簡記し，文章を締めるとよいだろう。

## 【特別選考(養護教員)・1次試験】60分・601字以上800字以内

## ●テーマ

食物アレルギーを有する児童が，学校給食終了後にアナフィラキシーショックの疑いにより亡くなるという痛ましい事故が発生しました。

こうした事故を二度と起こさないよう，文部科学省は，平成27年3月に「学校給食における食物アレルギー対応指針」を作成しました。その中には，次のような記述があります。

> 学校給食における食物アレルギー対応の基本的な考え方は，全ての児童生徒が給食時間を安全に，かつ，楽しんで過ごせるようにすることです。

また，同指針には，「学校が取るべき対応」について次のような記述があります。

> 緊急時の適切な対応ができるように，各教職員の役割を明確にし，各教員がそれを理解し習熟していなければなりません。そのための方策(研修やシミュレーション)を考え，実践します。

このような記述内容を踏まえ，初めに，あなたが養護教諭として，全ての児童生徒が給食時間を安全に，かつ，楽しんで過ごせるよう

> 次に，あなたが食物アレルギーの緊急時対応について，自校で校内研修を企画する場合，どのような内容の研修を行うか，今までの教職経験を基に具体的に述べなさい。

## ●方針と分析

(方針)

書くポイントは①給食時間を安全・楽しんで過ごすために大切なこと，②その理由，③食物アレルギーの緊急時対応に関する校内研修内容を自身の教職経験を踏まえて述べる。

(分析)

「学校給食における食物アレルギー対応指針」によると，食物アレルギー対応の大原則として「食物アレルギーを有する児童生徒にも，給食を提供する。そのためにも，安全性を最優先とする」「『学校のアレルギー疾患に対する取り組みガイドライン』に基づき，医師の診断による『学校生活管理指導表』の提出を必須とする」「安全性確保のため，原因食物の完全除去対応(提供するかしないか)を原則とする」等が示されている。養護教諭の立場では学校生活管理指導表の管理，栄養教諭との連携による使用食材の管理などが考えられる。

一方，「学校のアレルギー疾患に対する取り組みガイドライン」(日本学校保健会)によると，学校給食で発症した食物アレルギー症状の約60％は新規であり，小学生以降に初めて食物アレルギーを発症することは稀ではなく，学校給食における食物アレルギーの発症を100％防ぐことはできない，としている。したがって，食物アレルギーについては予防だけでなく，緊急時対応も考慮しなければならない。

以上の点や自身の教職経験を踏まえ，文章を作成するとよいだろう。

## ●作成のポイント

課題作文なのであまり形式にこだわることはないが，問題は小論文としても使われるものなので，起承転結や「序論・本論・結論」の三段

構成でまとめるのもよいだろう。示したいポイントは方針の通りであり，①，②を序論，③を本論，①～③の内容を結論でまとめるといった構成が考えられる。

　問題をみると①，②については自身の教職経験を求められていないが，きちんとした理論が必要なので，上記資料などを根拠に明確に書く必要がある。したがって，ここでは自身の知識が問われているとみてよい。一方，③は自身の経験に基づいて述べる必要がある。校内研修の経験があるものは問題となりそうな箇所，経験で改善する余地がある箇所などを指摘し，その対策を述べるとよい。校内研修の経験がない者は，類似の経験から研修のシミュレーションを行うこと。他の人の経験をもとに書くと，面接等で聞かれた際に返答に詰まる可能性があるので十分に注意したい。

【高等学校(教職経験者)・1次試験】60分・800字以内

## ●テーマ

> 　高校生のコミュニケーション能力の育成が重要とされている理由は何ですか。また，生徒がその能力を身につけていくために，あなたは具体的にどのような指導をしますか。これまでの教職経験を踏まえて，800字以内で書きなさい。

## ●方針と分析

(方針)

　まず，高校生のコミュニケーション能力の育成が重要とされている理由を述べる。その後に自身の教職経験を踏まえ，コミュニケーション能力を身につけるための指導法を自身の教職経験を踏まえて述べる。

(分析)

　コミュニケーション能力向上は特別活動の学習内容の一つとして示されている。「高等学校学習指導要領解説 特別活動編」(以下，解説)によると，人間関係において必要な能力として「他者の言葉や意見に耳を傾け，自分の考えや思いを適切に表現する力」「様々な集団において望ましい人間関係を築く力」が必要であり，指導にあたっては「望ましい人間関係のあり方」「豊かな人間関係づくりと自己の成長」「自己表現とコミュニケーション能力」といった題材のもと，ロールプレイングなどの形式を通してコミュニケーション能力の育成や人間関係の確立につとめるものとしている。

　コミュニケーション能力の育成が重要である背景として，解説では「情報化の進展など社会の急速な変化の中で，青少年の人間関係の希薄さや他人に共感して思いやる心の弱さ」等を指摘している。青少年の人間関係の希薄さについては，インターネットによるコミュニケーションツールの普及で，相手と対面することなくある程度のコミュニケーションができるようになったことから，対人コミュニケーションの必要性が希薄化し，逆に煩わしさを感じるようになったことが考えられる。思春期独特の心の不安定さ等もあるだろう。

　以上を踏まえ，自身の教職経験を含めて記述すること。

## ●作成のポイント

　課題作文なのであまり形式にこだわることはないが，問題は小論文としても使われるものなので，起承転結や「序論・本論・結論」の三段構成でまとめるのもよいだろう。

　まずはコミュニケーション能力必要性について自身の考えを述べ，次に自身の教職経験を踏まえコミュニケーション能力向上のための指導法を述べる。後者は具体性が求められているため，その分文字数も必要となることから前者200字，後者600字が目安になると思われる。ただし，意見を述べるにも，具体事例を示すにも文章が冗長になると，文字数も不足気味になり，また内容も希薄なものとなる。そのため，主張点を整理してから，文章を書くとよい。50分という短い時間なの

で，自身の教職経験で題材になり得る事項について，試験前にまとめておいたほうがよいだろう。


【高等学校(民間企業等勤務経験者)・1次試験】60分・800字以内

## ●テーマ

　高校での学びは，社会とどのようにつながり，生かされていると考えますか。また，生徒がそのことを理解するために，あなたは具体的にどのような指導をしますか。これまでの民間企業等での勤務経験を踏まえて，800字以内で書きなさい。


## ●方針と分析

(方針)

　高校での学習は，社会でどう活用できるか。生徒にそのことを理解させるため，具体的にどのような指導をするか民間企業等での勤務経験を踏まえて述べる。

(分析)

　まず，「高校での学び」とは，具体的に何を指すのかを考えてみたい。例えば，本問は高校工業の教員を志望している受験生なので，「工業の学習内容を社会にどう生かすか」という非常に狭い視点で考えれば，回答はイメージしやすいだろう。しかし，「高校での学び」は工業科だけでなく，他教科や特別活動などの学習，部活動なども含まれる。そして，学習指導要領では現代社会を「知識基盤社会」と位置づけ，児童生徒に「生きる力」を育むことで，知識基盤社会を生き抜くことをねらいとしている。以上から，高校生活で学習したことを社会でどうつなげるか，どう活用するかを検討しなければならないと考えるのが妥当であろう。

　以上のことを踏まえ，自身の経験をもとに考えるとよい。なお，前

京都大学総長の松本紘氏は「高校で学んだ教養は一生の基盤になる。教養とは人間として蓄えたほうがよい常識，知識であり，社会の中でうまく生活していくための知恵である」「社会では知識の広さが重要であり，社会人になったときに高校までの知識が広くカバーしてくれる」といっていることも参考にするとよいだろう。

## ●作成のポイント

　課題作文なのであまり形式にこだわることはないが，問題は小論文としても使われるものなので，起承転結や「序論・本論・結論」の三段構成でまとめるのもよいだろう。示したいポイントは①「高校生の学び」とは何か，②「高校での学び」は社会にどのようにつながり生かされているか，③そのことを生徒にどう伝えるかであり，これらを勤務経験を踏まえて述べる。以上を踏まえると，①，②の内容を序論，③を本論，①～③の内容を結論でまとめるといった構成が考えられる。

　学びがどのように生かされるかを知れば，生徒の学校生活にも影響を与えると思われる。実現可能な方法を考えていきたい。

【特別支援学校(教職経験者)・1次試験】60分・601字以上800字以内

## ●テーマ

　障害者の権利に関する条約第24条では，「インクルーシブ教育システム」について示されており，その中で，個人に必要な「合理的配慮」が提供されることが必要であるとされている。
　学校生活(授業場面を含む)において，一人一人の子どもの持つ力を発揮できるようにするために考えられる「合理的配慮」について，その提供による効果(幼児児童生徒の姿)を含めて，異なる2つの具体例を述べなさい。

【作文作成上の留意点】

※具体例を述べるにあたっては，それぞれ以下の項目を盛り込むようにすること。

　・対象幼児児童生徒の在籍する学校種(幼稚園，小学校，中学校，高等学校，特別支援学校等)

　・対象幼児児童生徒の実態(学年，障害種，発達段階，特性等)

　・「合理的配慮」を提供する場面

※また，記述する具体例は，あなたがこれまでに実践したものでもよい。

# ●方針と分析

(方針)

　「合理的配慮」について，提供効果を含めて2例示す。各例については対象となる子どもの学校種，実態(学年，障害種，発達段階，特性等)，「合理的配慮」を提供する場面も明らかにする。

(分析)

　まず，障害者権利条約から教育に関する条文を見てみたい。第24条第1項では「締約国は，教育についての障害者の権利を認める。締約国は，この権利を差別なしに，かつ，機会の均等を基礎として実現するため，障害者を包容するあらゆる段階の教育制度及び生涯学習を確保する」と教育を受ける権利を認めており，第2項で個人に必要な合理的配慮の提供を示している。この合理的配慮については，第2条で「障害者が他の者との平等を基礎として全ての人権及び基本的自由を享有し，又は行使することを確保するための必要かつ適当な変更及び調整であって，特定の場合において必要とされるものであり，かつ，均衡を失した又は過度の負担を課さないもの」としている。言い換えると，障害者が教育を受ける権利を享受する際，障害となる事柄をできるだけ除去しようとすること，と考えられる。つまり，合理的配慮は個人の障害の程度によって変わるという性格を持つ。

　問題では具体例について，自身が実践したものでもよい，とされている。つまり実践経験のある者は実践例または学習内容から，実践経験のない者は学習内容から述べることになる。ただし，具体例は実践内容を取りあげるほうが，より具体的になることから，採点者の印象が良くなることは否めないだろう。具体事例を学習する場合は，文部科学省のホームページや各自治体等で紹介されているので，知識として蓄積しておくとよい。

## ●作成のポイント

　問題では2つの具体例と詳細な条件があるので，文章形式にこだわることなく，いきなり事例から入ってもよい。文字量は各事例300字以上400字以内を目安とするが，実践例(具体例)に多く配分すること。記載事項が詳細に示されているので，少なくとも当該事項をすべて示すことを最優先に考えたい。

　書くときは，最初に子どもの学校種や実態など，データをできるだけ簡記するとよい。最初にデータが示されていれば採点者も後の展開が読みやすくなるからである。全体的には限られた文字数の中で，どれだけわかりやすく情報を詰め込むかが問われているため，文章が冗長にならないよう，細心の注意を払いたい。余裕があれば，実践例での反省点や改善方法なども示すとよいだろう。

【高等学校・2次試験】60分・800字以内

## ●テーマ

　将来，積極的に社会に参画する生徒をはぐくむために，教員には何が求められていると考えますか。あなたの考えを具体的に800字以内で書きなさい。

# ●方針と分析

(方針)

　将来，積極的に社会に参画する生徒をはぐくむために，教員には何が求められているかを述べる。

(分析)

　本題は平成27年の公職選挙法改正により，18歳から選挙権を有するようになったことを受けて，出題されたものと思われる。教育が社会に参画する生徒の育成を目指していることは，教育基本法第1条「教育は，人格の完成を目指し，平和で民主的な国家及び社会の形成者として必要な資質を備えた心身ともに健康な国民の育成を期して行われなければならない」や同法第2条第3項「…公共の精神に基づき，主体的に社会の形成に参画し，その発展に寄与する態度を養うこと」などからうかがえる。

　高等学校における社会参画に関する学習は公民科および特別活動が考えられるが，本問の性格を考慮すると特別活動の内容が軸になると思われる。特別活動では「社会生活における役割の自覚と自己責任」で，「社会生活上のルールやモラルの意義やそれらを遵守することの意味について考えさせて公共の精神や規範意識及び倫理観などの道徳性の涵養を図る」「自律・自制の心などの大切さについて理解させたりするとともに，社会の一員として，経済生活や職業生活，あるいは家庭や地域などの生活において果たすべき役割や責任について自覚を深めさせる」といったことが「高等学校学習指導要領解説 特別活動編」で示されている。

　さて，本問は授業内容というより，教員の「社会の一員」としてのあり方が問われていると考えられる。要は集団活動に参画しない教員が生徒に「集団活動には積極的に参画しなさい」と言っても説得力がない，ということである。さらにやみくもに参加するのではなく，教員としての立場，集団の性格などを考慮し，最も効果的な集団への貢献を考え，実践することが理想となるだろう。「生徒は教師の鏡」という言葉をよく耳にするが，本問はその一面を指すものと思われる。

以上を踏まえて，論文を構築するとよいだろう。

## ●作成のポイント

本問は1次試験と異なり小論文なので，起承転結，または「序論・本論・結論」の論述形式に則って示す方法がよいだろう。ここでは「序論・本論・結論」で説明する。

序論では本問に関して，教員に求められる内容とその理由を述べる。分析に則って考えるのであれば，教員に求められるのは自覚と実践力であり，その根拠を教育論や法令に求めるといった方法がある。文字数は200字を目安とする。

本論では序論の内容を受けて，具体的行動について述べる。例えば，学校行事なども「どうせやるなら，積極的に参加したほうが楽しい」といったことを行動で見せることが考えられる。さらに，校内活動だけでなく，地域ボランティアへの参画なども考えられる。本気で楽しんでいる姿を見せることができれば，参画に消極的な生徒の心を動かすこともあるだろう。文字数は400字を目安とする。

結論では，序論・本論の内容をまとめる。先述の通り，本問は教育者としての実践のありかたを中心に問うていると思われる。そのことについて，自身の主張をまとめるのもよいだろう。文字数は200字を目安とする。

【その他のテーマ】

【特別選考(身体障害者)・1次試験】60分・601字以上800字以内

## ●テーマ

中央教育審議会(答申)「これからの学校教育を担う教員の資質能力の向上について～学び合い，高め合う教員育成コミュニティの構築に向けて～　(平成27年12月21日)」では，

> 　子供たち一人一人がそれぞれの夢や目標の実現に向けて，自らの人生を切り開くことができるよう，これからの時代に生きる子供たちをどう育成すべきかについての目標を組織として共有し，その育成のために確固たる信念をもって取り組んでいく姿勢が必要である。

と述べられています。
　また，静岡県教育委員会の発行した「平成28年度初任者研修資料」(第1章，第4節「学級経営」)において，

> 　学級担任は，望ましい学級になるよう子どもの実態を踏まえ，一人一人の子どもを大切にした学級経営を行うために，(中略)「学級担任が願う学級の姿」や「学級担任として心掛けたいこと」等を明確にする必要がある。

とあり，教師が信念を持ち，明確なビジョンを持つことの必要性が述べられています。
　4月から学級担任をすると想定し，初めに，あなたのこれまでの経験を踏まえ，1年間の学級経営で最も大切にしたいことを書き，その理由も記述しなさい。
　次に，あなたが学級経営で最も大切にしたいことを具現化するために，あなたの強みやあなたらしさを生かして，1年間，どのような取組をしていくか，その内容を具体的に記述しなさい。

**【特別選考(国際貢献活動経験者)・1次試験】** 60分・601字以上800字以内

# ●テーマ

　平成28年3月11日報道発表資料(法務省ホームページ)によると，平成27年末現在における日本の在留外国人数は223万2,189人となり，前年末に比べ，11万358人(約5.2%)増加しています。

　また，「平成28年度要約版　海外在留邦人数調査統計」(外務省領事局政策課)によると，平成27年10月1日現在における海外在留邦人数は131万7,078人であり，前年より2万6,903人(約2.1%)増加しています。

　このようなデータから，日本の子どもたちには，今後ますます，異なる文化を持った人々と共に生きていく力が求められると考えられます。

　初めに，あなたの国際貢献活動の経験を基に，子どもたちが異なる文化的背景を持った人々と共に生きていくために最も大切だと思う資質・能力を書き，その理由も述べなさい。

　次に，あなたが4月から学級担任をすると想定し，その資質・能力を子どもたちに育むためにどのような活動を構想するのか，具体的に記述しなさい。

**【高等学校(博士号取得者)・1次試験】** 60分・800字以内

# ●テーマ

　「理科好きの生徒」を育成するためにあなたが必要だと思うことは何ですか。また，そのような生徒を育成するために，理科の授業において具体的にどのような指導をしますか。これまでの研究体験を踏まえて，800字以内で書きなさい。

【高等学校(医療機関等勤務経験者)・1次試験】60分・800字以内

## ●テーマ

> あなたが考える，高校生に認識させたい「人間の尊厳」とは何ですか。また，生徒がそれを認識するために，あなたは具体的にどのような指導をしますか。これまでの医療機関等の勤務経験を踏まえて，800字以内で書きなさい。

【高等学校(国際貢献活動経験者)・1次試験】60分・800字以内

## ●テーマ

> 国際化が進む中，異なる文化と触れ合う機会が増えています。他の文化と向き合うにはどのような考え方が必要になりますか。また，その考え方を生徒に伝えていくために，あなたは具体的にどのような指導をしますか。あなたの国際貢献活動の経験を踏まえて，800字以内で書きなさい。

【高等学校(身体障害者特別選考)・1次試験】60分・800字以内

## ●テーマ

> 4月から学級担任をすると想定し，あなたのこれまでの経験を踏まえ，1年間の学級経営で最も大切にしたいことを述べなさい。また，それらを具現化するために，あなたの強みやあなたらしさを生かして，どのような取組をしていくか，その内容を具体的に800字以内で書きなさい。

## 浜松市

【小・中学校教員・2次試験】

## ●テーマ

> 浜松市では，第3次浜松市教育総合計画「はままつ人づくり未来プラン」において，目指す教職員の姿として「愛情と情熱を持ち続ける教職員」「専門性と指導力を磨き続ける教職員」の二つを示しています。
>
> はままつの目指す教職員の姿はどのような姿と考えるか，あなたの考えを記述しなさい。また，その姿に近付くために，初任者としてどのような努力をしていきたいか述べなさい。

## ●方針と分析

(方針)

　浜松の目指す教職員の姿はどのようなものかを説明し，それを具現化するために，初任者としてどのような努力をしたいのかを述べる。

(分析)

　教員に求められる資質や能力に関する出題である。とりわけ，教育活動全般における教員の指導力について問われたものである。文部科学省によれば指導力は，以下のように分けられる。授業力は，魅力ある授業を実践し「確かな学力」を育成する力を指す。また，生徒指導力は，児童・生徒の表れを的確に理解しながら健やかな心身の成長を支援し，社会性とモラル，望ましい職業観・勤労観等を育成する力を指す。マネジメント力は，得意分野で力を発揮しながら組織の一員として学校運営に参画する意識と，保護者や地域等との連携を含めて学年，学級，授業に関わる企画・運営の力を指す。ここでは，こうした力を自らにつけるために努力する教員像を示すべきである。さらに，

浜松の目指す教職員の姿では，愛情と情熱が挙がっており，意欲・使命感・誇りなどを関わらせるとよい。以上の内容について触れながらまとめる。

## ●作成のポイント

　字数の指定はないが，できるだけ最後の行まで埋めることを目指す。内容については，目指す姿に関しては，「はままつ人づくり未来プラン」に示された事柄を参考に，自身の指導力の養成に努力する姿をアピールしたい。授業力であれば確かな学力と人間性を陶冶すること，マネジメント力であれば，自分の学生時代や社会人経験を振り返りながら，多様な他者との協働について書くとよいだろう。最後に，書き方である。序論・本論・結論の構成は必須ではないが，例示と一般的な説明の区別を明確にすると論理的で分かりやすい文章になる。

【養護教員・2次試験】

## ●テーマ

　浜松市では，第3次浜松市教育総合計画「はままつ人づくり未来プラン」において，目指す教職員の姿として「愛情と情熱を持ち続ける教職員」「専門性と指導力を磨き続ける教職員」の二つを示しています。

　はままつの目指す教職員の姿はどのような姿と考えるか，あなたの考えを記述しなさい。また，その姿に近付くために，初任者(初任の養護教員)としてどのような努力をしていきたいか述べなさい。

## ●方針と分析

（方針）

　浜松の目指す教職員の姿はどのようなものかを説明し，それを具現

化するために，初任の養護教員としてどのような努力をしたいのかを説明する。

(分析)

　教員に求められる資質や能力に関する出題である。とりわけ，教員の指導力について問われたものである。養護教諭の場合，主に保健室における個別指導と，保健指導などの集団における指導場面を想定し，生徒指導力に力点を置いて述べるとよい。養護教諭の指導力は，児童生徒の心身の表れを的確に理解しながら健やかな心身の成長を支援し，社会性とモラル，望ましい職業観・勤労観等を育成する力を指す。マネジメント力は，自身の専門性を発揮しながら組織の一員として学校運営に参画する意識と，保護者や地域等との連携を含めて学年，学級，授業に関わる企画・運営の力を指す。こうした力を自らにつけるために努力する養護教員像を示すべきである。さらに，浜松の目指す教職員の姿では，愛情と情熱が挙がっており，意欲・使命感・誇りも関わらせるとよいであろう。以上の内容に触れまとめる。

## ●作成のポイント

　字数の指定はないが，できるだけ最後の行まで埋めることを目指す。内容については，目指す姿に関しては，「はままつ人づくり未来プラン」に示された事柄を参考に，自身の指導力の養成に努力する姿をアピールしたい。努力については，指導力であれば，児童生徒の心身の健康の実現，自己有用感や自己肯定感の育成に尽力すること，マネジメント力であれば，心身の健康に関する多様な専門家との協働について書くとよいだろう。最後に，書き方である。序論・本論・結論の構成は必須ではないが，例示と一般的な説明の区別を明確にすると論理的で分かりやすい文章になる。

# 2016年度　論作文実施問題

## 静岡県

【小・中学校教員(教職経験者特別選考)・1次試験】60分

## ●テーマ

次の課題について，601字以上800字以内で書きなさい。

　いじめを背景として子どもの生命や心身に危険が生じる重大な事案が，全国各地で後を絶ちません。いじめの問題は，安全・安心な社会をいかにしてつくるかという，学校を含めた社会全体に対する国民的な課題です。平成25年9月には，社会総がかりでいじめの問題に対峙するため，「いじめ防止対策推進法」が施行されました。

　静岡県は，平成26年3月「静岡県いじめの防止等のための基本的な方針」を策定しました。そこでは「基本的な考え方」として，次のように説明しています。

　いじめは，どのような理由があろうとも絶対に許されない行為です。しかしどの子どもにも，どこでも起こりうることを踏まえ，すべての子どもに向けた対応が求められます。

　いじめられた子どもは心身ともに傷ついています。その大きさや深さは，本人でなければ実感できません。いじめた子どもや周りの子どもが，そのことに気づいたり，理解しようとしたりすることが大切です。いじめが重篤になればなるほど，状況は深刻さを増し，その対応は難しくなります。そのため，いじめを未然に防止することが最も重要です。

初めに，いじめの未然防止のために，あなたが最も大切にしたいことはどのようなことか，そのように考える理由とともに記述しなさい。

次に，あなたは，いじめの未然防止のために，どのようなことを日常的に取り組んで行きたいと考えますか。これまでの教職経験に基づいて，具体的な取り組みを1つ記述しなさい。

※小学校教諭，中学校教諭のいずれかの立場を選び，記述する。

## ●方針と分析

(方針)

まず，いじめの未然防止のために，最も大切にしたいことはどのようなことか，理由とともに記述する。次に，これまでの教職経験に基づいて，いじめの未然防止のために日常的に取り組んで行きたいことを具体的に1つあげて論述する。

(分析)

いじめの未然防止のための取り組みに関する論述は頻出である。受験する地方自治体のいじめ防止等のための対策に関する資料は必ず読み込んでおくこと。「静岡県いじめの防止等のための基本的な方針」では，いじめの未然防止の基本的な考え方の第一に「いじめが起こりにくい人間関係をつくり上げていくこと」をあげ，社会総がかりでいじめの未然防止に取り組むとしている。加えて，学校が実施すべきいじめの防止等のための対策として，いじめの未然防止(道徳教育等の推進，子どもの自主的活動の場の設定，保護者や地域への啓発など)，いじめの早期発見・早期対応(子どもの実態把握，相談体制の整備など)，関係機関等との連携を示している。以上のことを下敷きとして，これまでの教職経験で培った視点から具体的な取組を論述していく必要がある。

深刻化するいじめに対して，どんなささいな予兆も見逃さず対処するという早期発見・早期対応の姿勢は，確かに大切である。しかし，

いじめ行為は，見えやすい形で特定の児童生徒を傷つけることのみではない。被害者を特定の者としていたとしても，加害行為が目に見えにくいものであったり，インターネットを媒介としたりするものもある。また，被害者も加害者も短期間に大きく入れ替わるタイプも多い。そして，いじめ行為に直接加わらないとしても，見て見ぬふりをしたり，周りからはやし立てて楽しむ行為も見過ごせない。前述の静岡県の方針でもこの点に言及しており，これらのことを考えれば，早期発見・早期対応だけでは限界がある。これを克服するのに有効とされるのが，未然防止という発想である。同級生の失敗や変わった振る舞いを笑ったりするなどのささいな行為が深刻ないじめへと発展しないような風土，教員や保護者などの大人が見ていないところで同級生などの心身を傷つける行為をしない風土をつくりだすことが重要なのである。

　具体的な対策としては，授業や行事の中で，すべての子どもたちが落ち着ける場所をつくりだす「居場所づくり」の考え方の有効性がいわれている。これは，子どもたちが安心でき，自己存在感や充実感を感じられるような場所を提供できる授業づくりや集団づくりを指す。同時に，子ども一人一人の自分を大切に思う気持ちを高め，きまりを守ろうとする意識や互いを尊重する感覚をじっくりと育てる場とすることが大切である。

## ●作成のポイント

　本問の論述は，いじめの被害者，加害者，傍観者のあらゆる立場を貫く内容にまとめる必要がある。

　段落構成は，全体を3段落に分けて考える。1段目は，いじめの未然防止のために，最も大切にしたいことについて理由とともに述べる。これまでの教職経験でどのような視点を培ってきたかが問われるため，わかりやすく簡潔に述べることをこころがけたい。

　2段目は，いじめの未然防止についてのこれまでの教職経験や自らの活動・研究実績を，必要に応じて簡単に記しながら，日常の授業や

活動で挑戦したいことを説明する。たとえば，授業中の失敗を笑うことは他者の人格の否定につながることを教えた経験や，授業についていけなかったり行事に参加できないで別なことをしていたりする子どもをみんなでフォローした経験などを生かしたいとする。そこから，自分とは異なる他者を受け入れることを学ぶことにつなげる指導をしたいと述べていけばよい。

　3段目は，ここまでで述べた内容をまとめながら，いじめの未然防止に取り組む静岡県の教職員としての決意を述べておきたい。


**【高等学校教員(教職経験者)・1次試験】60分**

## ●テーマ

> 　高校生の主体的に学ぶ力を育むためには，どのような教育活動が有効だと思いますか。また，あなたは具体的にどのような指導をしますか。これまでの教職経験を踏まえて，800字以内で書きなさい。


## ●方針と分析

(方針)

　高校生の主体的に学ぶ力を育むためにはどのような教育活動が有効で，その教育活動のためにどのような指導をするか，これまでの教職経験を踏まえて具体的に論述する。

(分析)

　本問のキーワードは，「高校生の主体的に学ぶ力」である。高校生が身につけるべき主体的に学ぶ力とはどのようなものなのか。文部科学省の資料では，高校と大学で力を入れるべき学びの形態としての「アクティブラーニング」として説明されている。静岡県教育委員会は「平成27年度教育行政の基本方針と教育予算「有徳の人」づくりアクション2015」(平成27年4月)の中で，主体的な学習活動を，様々な知

識や技術等を身に付け，これからの社会を支えようとするため，いつでも，誰でも，どこでも学び続ける生涯学習社会の形成に向けた施策を推進する1つとして重視している。

　主体的な学習活動のためには，以下のような力が必要になる。1つは「思考力・判断力・表現力」を身に付けることである。もう1つは，「主体性をもって多様な人々と協働する態度あるいは意欲」を身に付けることである。これらの力に通底するのは，自らが抱いた問いを出発点としながら目的意識を持って何かを追究するような学びの姿勢である。

## ●作成のポイント

　構成は，全体を4段落程度に分けて考えればよいだろう。1段目は，高校生の主体的な学びの定義について述べ，なぜ今の高校教育で必要なのかを説明する。これまでの教職経験でどのような視点を培ってきたかが問われるため，わかりやすく簡潔に述べることをこころがけたい。

　2段目は，主体的な学びの本質について説明する。一例として，次のような説明ができるだろう。主体的な学びとは，ある1つの物事に対して「なぜそうなるのか。そうなる理由や背景を明らかにしたい」という追究の軸となる思いを引き出すことである。または，主体的な学びが必要になった背景分析をしながら，高校生がこれから巣立っていく社会の変化に触れてもよい。250字前後を目安としたい。

　3段目は，主体的な学びの姿勢を，具体的にどのように育てていくのか，自分なりの方策を示す。自らが抱いた問いを出発点とすることで，追究の過程において，教員の意図的な働き掛けを通して，生徒の思考が連続して流れるような授業を構成することを目指す。理科の実験レポートの作成，社会科学上の論作文の作成や集団討論を例にとってもよい。これまでの教職経験に関わらせた内容として具体性を持たせて論じたい。文字数は，250〜300字程度でまとめる。

　4段目は結論である。静岡県の高校教員として，主体的な学びに携わる自身の意気込み，主体的な学びの理想的な姿の展望について，簡

潔にまとめればよい。

## 【高等学校教員(民間企業等経験者)・1次試験】60分

## ●テーマ

> 高校生に働くことの意義を伝えるためには，どのような教育活動が有効だと思いますか。また，あなたは具体的にどのような指導をしますか。これまでの勤務経験を踏まえて，800字以内で書きなさい。

## ●方針と分析

(方針)

高校生に働くことの意義を伝えるためにはどのような教育活動が有効で，そのためにどのような指導をするか，これまでの勤務経験を踏まえて具体的に論じる。

(分析)

本問は，受験者がキャリア教育をどう捉え，高校生に対するキャリア教育の実践に民間企業等勤務経験をどのように生かしていくかを問うものである。文部科学省の「今後の学校におけるキャリア教育・職業教育の在り方について(答申)」(平成23年1月)によると，キャリア教育とは「一人一人の社会的・職業的自立に向け，必要な基盤となる能力や態度を育てることを通して，キャリア発達を促す教育」である。そして，キャリア教育の実施において重要な点として「社会や職業にかかわる様々な現場における体験的な学習活動の機会を設け，それらの体験を通して，子ども・若者に自己と社会の双方についての多様な気付きや発見を得させること」をあげている。また，静岡県総合教育センターの「高等学校におけるキャリア教育の在り方に関する調査研究」報告書においても，仕事を具体的に捉え，適切な職業選択を指導する必要性が言われている。以上のことより，民間企業等勤務経験者

の教員は，キャリア教育・職業教育において経験に基づいた指導を行うことが期待されていることを念頭に置いておきたい。

## ●作成のポイント

　構成は，全体を3段落程度に分けて考えればよいだろう。1段目は，働くことの意義について述べ，なぜ今の高校教育で，それを教える必要があるのかを説明する。これを踏まえて，キャリア教育の活動の説明をする。字数は250〜300字程度を目安にしたい。

　2段目は，教育活動の具体的な方法について，350字程度で述べる。先述の静岡県総合教育センターの報告書では，インターンシップなどのように生徒が仕事を実際に体験する活動，働く保護者に密着して働く様子や職場の雰囲気などを観察するジョブ・ウォッチングなどをあげている。民間企業等勤務経験者として，現実的でかつ効果の高いと思うものを例示するとよいだろう。

　3段目は，2段目で述べた職業教育について，生徒の事後的な指導の重要性，有効な指導法を述べる。そして，静岡県の高校教員として，キャリア教育にどのように取り組むかという決意を示してまとめとする。

【養護教員(特別選考)・1次試験】60分

## ●テーマ

　次の課題について，601字以上800字以内で書きなさい。

　児童生徒は，思春期に入ると，心身の成長とともに性に関する多くの課題に直面し，不安や悩みを持つことが少なくありません。
　平成20年1月の中央教育審議会答申「幼稚園，小学校，中学校，高等学校及び特別支援学校の学習指導要領等の改善について」では，「心身の成長発達についての正しい理解」について，次のように述べています。

学校教育においては，何よりも子供たちの心身の調和的発達を重視する必要があり，そのためには，子供たちが心身の成長発達について正しく理解することが不可欠である。しかし，近年，性情報の氾濫など，子供たちを取り巻く社会環境が大きく変化してきている。このため，特に，子供たちが性に関して適切に理解し，行動することができるようにすることが課題となっている。また，若年層のエイズ及び性感染症や人工妊娠中絶も問題となっている。

答申を踏まえ，文部科学省でも平成24年度には「『生きる力』を育む小学校保健教育の手引き」を作成し(平成25年度に同中学校版，平成26年度に同高等学校版も発行)，その中で子供たちが性に関して適切に理解し，行動できるようにすることを求めています。

あなたは，「子供たちが性に関して適切に理解し行動できるようにする」ために，養護教諭として性に関する指導について，どのようなことに取り組みたいですか。

初めに，小学校養護教諭・中学校養護教諭・高等学校養護教諭・特別支援学校養護教諭のいずれかの立場を選びなさい。

次に，あなたが選んだ学校の児童生徒が卒業するまでに，どのような力を身につけさせたいと考えるか，理由も含めて記述しなさい。

最後に，前段で述べたことを児童生徒に身に付けさせるために，養護教諭として，どのような取組を進めたいと考えるか，今までの教職経験を基に，「個別指導」と「集団指導」の両方の視点から，具体的に記述しなさい。

## ●方針と分析

(方針)

「子供たちが性に関して適切に理解し行動できるようにする」ために，養護教諭として性に関する指導において，選んだ学校の児童生徒が卒業するまでにどのような力を身に付けさせたいと考えるか，理由も含めて記述する。また，その力を児童生徒に身に付けさせるために養護教諭としてどのような取組を進めたいと考えるか，今までの教職

経験を基に，「個別指導」と「集団指導」の両方の視点から具体的に論述する。

(分析)

　まず，児童生徒が卒業するまでに身に付けさせたい力については，各校種の現行の学習指導要領を参照したい。たとえば，小学校学習指導要領(平成20年3月告示)であれば，体育科保健領域の第5学年で取り扱う指導内容である「心の発達及び不安，悩みへの対処について理解する」が性に関する指導の範疇となる。校種によって児童生徒の発達段階の特性は異なってくるため，自分が設定しようとする校種の児童生徒については正しく把握しておきたい。

　養護教諭としての性に関する指導へのかかわり方としては，児童生徒への集団及び個別指導を積極的に行い，学級担任とのティームティーチング等に参加することにより，性に関する指導の充実と推進を図ることが期待される。また，留意すべき事項として，性に関する指導は集団指導だけでは対応できないということがある。特に，個人の身体的・精神的な発育の差異も大きい思春期以降の年代では，個別指導が必要な場面が増える。性行為体験による望まない妊娠や性感染症が疑われるケースを典型例として，プライバシーにかかわる要素が増える。このため個々の児童生徒の将来をも見据え，どのタイミングで誰と情報を共有して指導していくかが問題解決のポイントになる。

## ●作成のポイント

　全体を3段落に分けて考える。注意すべきは，性的関係の相談や個人の異性観を述べるにとどまる内容，具体的な避妊方法の指導等の記述のみでは，高い評価を得ることはできないということである。

　1段目は，児童生徒が卒業するまでに身に付けるべき力の内容を明らかにする。特別支援学校では，児童・生徒の障害の状態や程度に応じて障害を克服し，ともに生きる社会の一員としての自覚を高め，社会的自立を促すようにする。人間関係についての理解やコミュニケーション能力の育成を前提とした内容でまとめるべきであろう。人間関

係についての理解やコミュニケーション能力の育成を前提とした指導は，心身の機能の発達に関する理解や性感染症等の予防の知識などの科学的知識を理解させるだけでなく，理性より行動を制御する力を養い，自分や他者の価値を尊重し相手を思いやる心を醸成することができるからである。

　2段目と3段目は，1段目で明らかにした力を身に付けるため具体的にどのように指導していくのか，その方法について述べる。集団指導が有効である内容を2段目で述べ，個別指導が有効である内容を3段目で述べればよいだろう。その際，必要に応じて自身の教職における現場の経験や研究実績に触れながら具体的に述べたい。一般的な知識を理解させるためには，養護教諭自身が講師になったり，医療・福祉の専門家を招いたりして講話を行うなどの集団指導が有効である。一方，特定の児童生徒の支援，ことに信頼される人間関係の構築によって初めて打ち明けられる悩みへの支援に関しては，継続的な個別指導が重要である。

　字数に余裕があれば，4段目としてこれまでの内容をまとめ，これと関連付けて静岡県の養護教員となる決意を述べればよいだろう。ただし，決意を述べるために具体的な取組の記述をおざなりにしてしまっては本末転倒である。3段目までで内容のある記述を完成させること。

【高等学校教員・2次試験】60分

## ●テーマ

> 「高校におけるグローバル教育」をテーマとして，あなたの考えを800字以内で書きなさい。

## ●方針と分析

(方針)

　キーワードは「高校教育」と「グローバル教育」である。両方を関わらせながら自分の考えを論述する。

(分析)

　静岡県教育委員会の「平成27年度教育行政の基本方針と教育予算「有徳の人」づくりアクション2015」(平成27年4月)では，高校生のグローバル教育の推進について「経済社会のグローバル化が加速する時代において，語学力の向上や異文化体験などにより，世界の一員であることを認識させ，生徒の国際感覚を高める必要がある」と述べている。このことからも，語学教育と異文化体験の両軸で論述することが求められる。

　文部科学省では高校教育におけるグローバル教育の一環として，スーパーグローバルハイスクール事業や，国際バカロレア認定校等を2018年度までに200校まで増加させるなどの政策を行っている。これらのことからは，高校におけるグローバル教育では，一人一人の考える力，課題発見・課題解決力，そして他者を尊重したり，共感できる能力を持つ人材を育成目指すという方針がうかがえる。SGH事業も国際バカロレア認定の政策も，生徒の課題発見・課題解決型の学習を重視し，異文化に生きる人や自分とは異なる価値観を持つ他者への共感力を大切にするという方向性は同じである。これらについて，グローバル教育と言わなくても，各高校で育成したい人材像と見ることも可能である。各高校で行いたい教育であるとすると，考えやすいだろう。

## ●作成のポイント

　構成は，全体を4段落程度に分けて考えればよいだろう。一例として，異文化理解力や語学力の向上，自分とは異なる価値観を持った他者との共生の必要性などを具体例としながら，高校における理想的なグローバル教育の実現について論じるとよいだろう。1段目は，グローバル教育の定義について述べ，なぜ今の高校教育で必要なのかを説

明する。文字数は150字程度を目安とする。

2段目は，グローバル教育の本質について説明する。個々の考える力，課題発見・課題解決力，他者を尊重できる力の重要性を，生徒に認識させることが必要である点などに触れるとよい。文字数は250字前後を目安とする。

3段目は，2段目で述べたことを，具体的にどのように実現していくのか，自分なりの方策を示す。たとえば，語学教育を通して日本人以外の価値観を持つ人々の接する機会を作ることなどが考えられる。その際，生徒の課題発見・課題解決型の学習を重視し，異文化に生きる人や自分とは異なる価値観を持つ他者への共感力をどう育むのかという点に関わらせることが重要である。文字数は，250〜300字程度でまとめる。

4段目は結論である。静岡県の高校教員としてグローバル教育に携わる自身の意気込みや，静岡県のグローバル教育の今後のあるべき姿の展望について，簡潔にまとめればよい。

【その他のテーマ】

【小・中・高等学校教員(身体障害者特別選考対象)・1次試験】　60分

## ●テーマ

次の課題について，601字以上800字以内で書きなさい。

文部科学省では，小学校，中学校等における障害のある子どもと障害のない子どもとの交流及び共同学習が積極的に取り組まれるように，「交流及び共同学習ガイド」を作成しました。その第1章「よりよい交流及び共同学習を進めるために」の「1　交流及び共同学習の意義」の冒頭には，次のような記載があります。

　　我が国は，障害の有無にかかわらず，誰もが相互に人格と個性を尊重し合える共生社会の実現を目指しています。そのためには，障害のある人と障害のない人が互いに理解し合うことが不可欠であり，障害のある子どもたちと障害のない子どもたち，あるいは，地域社会の人たちとが，ふれ合い，ともに活動する機会を設けることが大切です。

　　特別支援学校と地域の学校(通常の学級)の同学年で地域の行事についての共同学習を企画しました。事前の合同打ち合わせの場において，特にどのようなことを確認したいと思いますか。理由とともに記述しなさい。
　　また，担任している学級の児童生徒に対して，どのような事前指導をしたいと考えますか。交流及び共同学習の意義を踏まえ，具体的に記述しなさい。
※小学校教諭，中学校教諭，高等学校教諭，特別支援学校教諭のいずれかの立場を選び，記述する。

【小・中学校教員(国際貢献活動経験者対象)・1次試験】60分

●テーマ

　　次の課題について，601字以上800字以内で書きなさい。

　　国際貢献活動の経験を踏まえて，あなたが子どもたちに最も伝えたいことを，その理由とともに記述しなさい。
　　また，それが子どもたちに効果的に伝わるような学級での活動を構想し，具体的に記述しなさい。

【高等学校教員理科(物理，化学，生物，地学)(博士号取得者)・1次試験】
60分

## ●テーマ

高校生の科学的に探究する能力や態度を育むためには，どのような教育活動が有効だと思いますか。また，理科の授業においてあなたは具体的にどのような指導をしますか。これまでの研究の体験を踏まえて，800字以内で書きなさい。

【高等学校教員(国際貢献活動経験者)・1次試験】60分

## ●テーマ

国際社会に生きる日本人として，どのような心構えや振る舞いが大切だと考えますか。また，生徒にそれらを学ばせるために，あなたは具体的にどのような指導をしますか。あなたの国際貢献活動の経験を踏まえて，800字以内で書きなさい。

〈高等学校教員(医療機関等勤務経験者)〉60分

## ●テーマ

高校生に「命の大切さ」を伝えるためには，どのような教育活動が有効だと思いますか。また，あなたは具体的にどのような指導をしますか。これまでの医療機関等での勤務経験を踏まえて，800字以内で書きなさい。

## 静岡市

【教職経験者(小・中学校教員・養護教員)・1次試験】　60分

## ●テーマ

次の事例を読んで，問いに答えなさい。

　あなたが6年生の担任になり，2ヶ月がたちます。4月に比べて，給食の食べ残しがかなり増えてきました。おかわりする友達をからかったり，配膳された給食を勝手に食缶に戻してしまったりする子も目立つようになっています。
　あなたが「給食を残さず食べましょう」と子どもたちに呼びかけても，なかなか改善しません。

　上の事例について，あなたはどのようにとらえ，どのように対応しますか。
　601字以上800字以内で，具体的に述べなさい。

## ●方針と分析

(方針)

　提示された事例について状況をとらえ，どのような問題があるかを明らかにし，それをどのように改善していくのかを具体的に論述する。

(分析)

　給食指導の趣旨の中には，栄養教諭・栄養職員の立てた計画に基づくバランスのとれた栄養豊かな食事により，健康の増進，体力の向上を図ることが含まれる。静岡県の「食に関する指導」学習指導案によれば，偏食や食べ残しを克服してバランスのとれた栄養豊かな食生活を心がけることは，小学校低学年・中学年までの間に教えるのが好ましいとされている。

　小学校高学年になると，コンビニやファストフード店などで自分で好きな物を買って食べる習慣がついている児童も少なくない。学校給食の時間を必ずしも嬉しく思わなくなってくる上に，食べ物の好き嫌いを，他人が介入すべきではない本人の価値観の問題であるという考えも生まれてくる。このため，好き嫌いはよくないといった単純で一面的な指導の繰り返しでは限界がある。さらに，食べ残しを，児童の好き嫌いとしてのみ捉えることも問題があるだろう。なぜなら，高学年になると，人間関係が複雑化しストレスを抱えている場合もあるからである。

　設問の事例は，一定数の児童が給食を残すことを当たり前のように考えて行動している状況，おかわりをするほど美味しく食べている友達をからかうことで，食事中のクラスの雰囲気を壊している状況が見られる。以上の点より，担任の教員の給食指導がうまくいっていないという問題を把握できる。また，担任がリーダーシップを発揮して個々に食べられる量を配膳するといった工夫や偏食是正の取り組みも不十分，あるいは取り組んでいたとしても効果がないことが推察される。担任の教員は，こうした状況にどう対応するのか。確かに，小学校低学年・中学年までの間にされるのが好ましいとされている給食指導の内容を，今一度繰り返すことは重要である。しかし，問題のありかを配膳の仕方や偏食にのみ見出すのは，問題解決に繋がらない。設問文にあるように，友達をからかう状況が見られるなど，学級内の人間関係の悪化に繋がりかねない状況もあるからである。

## ●作成のポイント

　論文では3段ないし4段落に分けて考えたい。留意すべきは，食べ残しの是非に終始したり，児童の食べ物の好き嫌いのみに注目する答案にならないようにすることである。高学年の児童にみられる問題に関わらせて述べることが重要である。

　1段目は，事例から読み取れる問題点を述べる。児童に対する給食指導がうまくいっていない状況とその原因に触れながら，課題を設定

205

する。高学年の児童にみられる問題に関わらせて説明する。文字数は150〜200字程度を目安とする。

　次の段落では，課題の中身をくわしく説明する。偏食や食べ残しをしないで，健康の増進や体力の向上につなげる対策が，改めて必要であることを述べる。しかし，それだけでは限界がある。給食指導は，児童が望ましい食習慣を身につけるというだけでなく，好ましい人間関係を育てるなど，高学年の児童にとって切実な内容にからめてなされることが重要である。この点に触れるとよいだろう。給食の場は，食事中，楽しい雰囲気を形成する訓練の場でもあることを伝える。給食の場を食事のマナーの習得の場ととらえ，他人と楽しく会食することの大切さに繋げてもよい。250〜400字程度を目安に考え，ここで字数を多めにとるなら，段落を2つに分けるとよいだろう。

　最後の段落では，好ましい給食指導のあり方を説明しよう。原材料の生産者や給食を調理した人への感謝の気持ちを育むための授業が必要であることをあげてもよい。また，児童の抱える人間関係のストレスがないかどうかを調べ，もしあれば，給食指導と同時に問題解決にあたる必要性に触れてもよいだろう。文字数は，250字程度を目安にしながら，全体で指定字数に収めるように工夫したい。

## 浜松市

※教職経験者は静岡県と同一問題

【小・中学校教員・養護教員・2次試験】　60分

## ●テーマ

浜松市では，未来を担っていく子どもを育むために，「はままつの人づくり」として第3次浜松市教育総合計画において「未来創造への人づくり」と「市民協働による人づくり」の実現を目指しています。
その中で，「目指す子どもの姿」を示しています。
○　夢と希望を持ち続ける子ども
○　これからの社会を生き抜くための資質や能力を育む子ども
○　自分らしさを大切にする子ども

〈小・中学校〉
3つの「目指す子どもの姿」の中から1つを選び，その「姿」を具体的に記述しなさい。また，あなたの選んだ子どもの姿にするために，学校において，どのような場で，どのような手立てを行うかを説明しなさい。

〈養護教諭〉
3つの「目指す子どもの姿」の中から1つを選び，その「姿」を具体的に記述しなさい。また，あなたの選んだ子どもの姿にするために，学校において，養護教諭として，どのような場で，どのような手立てを行うかを説明しなさい。

## ●方針と分析

（方針）
第3次浜松市教育総合計画の中の「目指す子どもの姿」のうち1つを

選び，具体的に説明する。また，選んだ「姿」の実現のために，どのような場で，どのような手立てを行うかを，受験校種・職種の立場から説明する。

(分析)

　第3次浜松市教育総合計画では，子どもは，学校や地域社会の中での学びや育ちを何度も繰り返しながら，未来を想像できる「人」に成長していくと捉えている。そのような子どもたちを，小・中学校教員として，あるいは養護教諭として，どのような場において支援し，導いていくのか。そして，そのために具体的にどういう手段をとるのか。3つの「姿」のどれを選んだとしても，目標とする子どもの姿を現実のものとするための，教員として，あるいは養護教諭としての具体策に言及することが重要だろう。

　「夢と希望を持ち続ける子ども」を選択した場合，長期の夢や希望を見据えながらも，短期的な希望・目標の実現のために子どもをどう支援・指導したらよいのか。この点から考えると，まとめやすいだろう。「これからの社会を生き抜くための資質や能力を育む子ども」を選択した場合，3つの力を，ふだんの授業や学校生活の中でどのように育て，引き出していくのかを述べるとよいだろう。「自分らしさを大切にする子ども」を選択した場合も，ふだんの授業や学校生活の中でどのように育てていくのかという視点から考えていこう。すなわち，自分を振り返り，かつ，他人を思いやる姿勢をどのように育てていくのかを述べるとよいだろう。

## ●作成のポイント

　字数の指定はないが，具体的な「姿」については300字程度，場と手立てについては600字程度の記述が必要だろう。よって，考えついたことを簡潔にまとめ，かつ設問に的確に答えた内容に整えて，提示することを求められている。それぞれの設問につき，できるだけ最後の行まで埋めることが好ましい。

　具体的な「姿」については，まず，子どもの「夢や希望」，「資質や

能力」,「自分らしさ」の中身を明らかにするとよい。その上で, 子どものどういうところを伸ばすべきか, ひとつに絞ってみると書きやすい。「夢と希望を持ち続ける子ども」の姿とは, 長期・短期の目標を問わず, 様々なことに本気で関わり, 困難や失敗を乗り越え, これからの社会を生き抜くために必要な資質や能力を育む意欲を持った子どもである。「これからの社会を生き抜くための資質や能力を育む子ども」であれば, 自分の可能性を高め, さらに自分を向上させたい, 他者や社会のために役に立ちたいという新たな夢や希望を持つ子どもの姿である。「自分らしさを大切にする子ども」であれば, 夢と希望に向かって一生懸命に生き, 自分が持つ資質や能力を育む姿, このような学びや育ちを何度も繰り返しながら, 未来を創造できる人に成長していく姿である。

　具体的な姿を描いたら, 次はどのような場で, それを具現化するのか, 手立て・方策を説明する。留意すべきは, 自分なりの手立てを, 選んだ「姿」と関わらせてみることである。小・中学校教員の受験者であれば, 学校の日々の授業の場面を想定してみるとよい。また, 職業体験の授業や校外活動で出会う地域の大人との協力関係とを関わらせながら論じてみることも可能である。養護教諭の受験者であれば, 一例として, 保健室を学級・家庭以外の居場所と捉え, 子どもたちの相談相手になるという方向から論じることも可能である。また, 養護教諭の専門である心身の健康を維持することに焦点をあて, 医療や福祉の専門家と協力した学びの機会をつくることも考えられる。

## 2015年度 | 論作文実施問題

### 静岡県

【小・中学校教員(教職経験者特別選考)・1次試験】　60分

## ●テーマ

次の課題について、601字以上800字以内で書きなさい。

平成25年11月29日に文部科学省が制定した「平成26年度全国学力・学習状況調査に関する実施要綱」には、「全国的な児童生徒の学力や学習状況を把握・分析し、教育施策の成果と課題を検証し、その改善を図るとともに、学校における児童生徒への教育指導の充実や学習状況の改善等に役立てる。」という目的(一部省略)が示されています。また、静岡県・政令市・市町教育委員会代表者会は、平成25年度全国学力・学習状況調査の結果を基に静岡県の児童生徒の学力や学習状況を把握・分析し、「静岡県の子どもの学力向上のための提言」をまとめました。5つある提言の1つに、次の内容が示されています。

子どもが主体的に家庭学習に取り組む環境を大切にします

学校は、家庭と連携して、子どものがんばりや努力している姿を積極的に認め励ますなど、子どもが主体的に家庭学習に取り組む環境を大切にします。

初めに、この提言から、あなたが最も大切だと考えている部分を抜き出すとともに、その理由を記述しなさい。次に、今までの教職経験に基づいて、家庭学習を充実させるための取組を1つあげ、期待される効果も含めて具体的に説明しなさい。

※小学校教諭、中学校教諭のいずれかの立場を選んで記述する。

## ●方針と分析

(方針)

　全国学力・学習状況調査の結果を基にまとめられた提言の1つ,「子どもが主体的に家庭学習に取り組む環境を大切にします。学校は,家庭と連携して,子どものがんばりや努力している姿を積極的に認め励ますなど,子どもが主体的に家庭学習に取り組む環境を大切にします。」から,自分が最も大切だと考えている部分とその理由を述べる。また,今までの教職経験に基づいて,家庭学習を充実させるための取組を1つあげ,期待される効果を述べる。

(分析)

　本問では「提言で最も大切な部分を抜き出す」「抜き出した理由を述べる」「家庭学習を充実させるための取組を期待される効果を含めて1つ述べる」の3つが要求されている。「静岡県の子ども学力向上のための提言」には,問題にある項目のほか「学習指導要領が求める学力をより明確にして,授業改善に努めます」「教員の指導力向上に努めます」「『全国学力・学習状況調査』の問題や結果を活用します」「子どもの学びを支える取組を支援します」があげられる。

　問題の提言における,主なキーワードとしては「主体的」「家庭学習」などがあげられるだろう。例えば,「主体的」な学習については学習指導要領でも重視されており,小学校学習指導要領解説総則編では「児童がこれらを支える知的好奇心や探究心をもって主体的に学習に取り組む態度を養うことは極めて重要」と位置づけており,その方法として「体験的な学習や基礎的・基本的な知識・技能を活用した問題解決的な学習を充実する必要がある」としている。一方,家庭学習については,小学校学習指導要領解説総則編では「低・中学年において学習習慣を確立することは極めて重要であり,家庭との連携を図りながら,宿題や予習・復習など家庭での学習課題を適切に課すなど家庭学習も視野に入れた指導を行う必要がある」としている。

## ●作成のポイント

　本問は教職経験者を対象としているので，内容としては知識と経験の両面をバランスよく執筆することが求められると思われる。課題作文なので，自身の意見に関する裏付け等は論文以上には必要としないし，序論・本論・結論といった形式にこだわる必要もあまりないと思われる。自身の学習したこと，感じたことを順序よく述べればよい。ただし，分析で述べた3つの要求を踏まえる必要があるので，事前に内容と文字数を大まかに決めておくと，作成しやすいだろう。

【高等学校教員(教職経験者)・1次試験】　60分

## ●テーマ

　高校生活の中で悩みを抱えている生徒をどのように把握しますか。また，生徒が悩みを抱えていることがわかった時，その生徒に対してどのような指導あるいは援助を行いますか。具体的な状況を設定し，これまでの教職経験を踏まえて，800字以内で書きなさい。

## ●方針と分析

(方針)

　悩みを抱えている生徒の把握方法と，その生徒に対する指導・援助法について，具体的な状況を設定し，これまでの教職経験を踏まえて述べる。

(分析)

　これまで培った教職経験を活かした問題対応力と解決力を試す趣旨の出題になっている。高校生活における悩みとしては卒業後の進路や友人関係，家庭内の問題などさまざま考えられるが，そうした問題に生徒が悩んでいると「気づく」ための姿勢や心構え，取り組みを説示したい。いわゆる「声がけ」であったとしても，その実践によって得

られた知見や教訓を説明し，その妥当性を採点官に感得させることができれば高い評価が得られるだろう。また，指導・援助についても，個々の生徒のケースに即応したきめ細かい指導・援助が求められる。以上のことを踏まえると，具体的な状況の設定を詳細に行う必要があるだろう。これまでの教職経験に裏打ちされた状況把握力・改善解決力をアピールしたい。

## ●作成のポイント

　課題作文なので，序論・本論といった形式にこだわる必要もないし，自身の考えたことを文章にすればよいだろう。ただし，問題の中で2つの指示があるので，その指示に従う必要がある。自身の体験を述べられるのであれば問題ないが，教職経験が少ない受験生にとっては，テーマのような経験がなく，迷うかもしれない。その場合は知見したことや学習したことを踏まえ，自身なりに指導法を考えるとよい。

【養護教員(特別選考)・1次試験】　60分

## ●テーマ

　次の課題について，601字以上800字以内で書きなさい。

　ヒートアイランド現象や地球温暖化による影響のひとつとして，熱ストレスの増大が指摘されています。一般環境における熱ストレスの増大は，日常生活における熱中症発症のリスクを高めるとされています。従来，熱中症は，高温環境下での労働や運動活動で発生していましたが，近年では日常生活においても発生が増加している状況にあり，学校においても適切な予防対策が求められています。

　環境省が作成した「熱中症環境保健マニュアル(平成23年改訂版)」には，「熱中症の症状は一様ではなく，症状が重くなると生命に危険が及ぶことがあります。しかし，適切な予防法を知っていれば，熱中症を防ぐことができます。」と示されています。

あなたが養護教諭として勤務する学校の学校保健計画における6月の指導の重点は、「熱中症予防」です。それを踏まえ、「自校から熱中症を出さない。」ことを全職員で確認しました。そして、気温が上昇してくる5月末の全校集会で、「熱中症を予防しよう！～自分の命は自分で守る～」をテーマに15分程度の講話をすることになりました。室内外を問わず、子どもたちが熱中症予防を意識し、健康、安全に夏場の学校生活を送ることができるようにすることがねらいです。

あなたは養護教諭として、子どもたちどのような講話をしますか。初めに、講話内容の概略を記述しなさい。次に、講話後に取り組んでいきたいことを具体的に記述しなさい。

※小学校養護教諭、中学校養護教諭のいずれかの立場を選び、指定した解答欄に丸を付けてから記述する。

## ●方針と分析

(方針)

「室内外を問わず、子どもたちが熱中症予防を意識し、健康、安全に夏場の学校生活を送ることができるようにすること」をねらいとして、全校集会で15分程度、熱中症予防に関する講話をする際の講話の概要と、講和後に取り組んでいきたい内容を述べる。

(分析)

消防庁の統計によると、平成26年5月19日から5日までに熱中症で救急搬送された人数は全国で約41,500人、静岡県は1,026人でそのうち「少年」は約17％となっている。

まず、本問では熱中症予防をテーマにした講話内容の概略、講話後に取り組んでいきたい具体的活動についての2点が求められていることを確認したい。講話内容については、全校集会であることを考慮すると最低学年(小学校1年、中学校1年)が理解できる内容にする必要がある。特に、小学校を選択した場合は、箇条書きのようにポイントを

絞って簡潔に述べるといった工夫が必要になるだろう。児童生徒は，熱中症という言葉は知っていても，軽度のめまいや嘔吐，けいれん，重篤な場合は生命を落としかねない場合があることを知らなかったり，屋内にいれば熱中症の危険はないといった誤解をしたりしていることがある。こうした認識を変え，熱中症にならないための具体的な対策と熱中症になってしまった場合の対応を指導する必要があるだろう。一方，講話後の取り組みはさまざまあるが，例えば，熱中症に関する事故ニュースを定期的に学校の掲示板へ貼り出す，学校集会の講話のおさらいとフォローアップを学級会などで行う，といったことが考えられる。講話という「点」から，継続的な意識啓発活動という「線」へ繋げていくような取り組みを示そう。

## ●作成のポイント

　課題作文なので，序論・本論といった形式にこだわる必要もないし，自身の感じたことを文章にすればよいだろう。ただし，問題の中で「初めに」「次に」といった順番が指定されているので，その指示に従う必要がある。分析でも述べたとおり，ここでは講話という「点」から，継続的な意識啓発活動という「線」へ繋げていく必要がある。その意識を持って作文を構築していけばよいだろう。

【高等学校教員・2次試験】　　60分

## ●テーマ

　「教員に求められる人権意識」をテーマとして，あなたが考えることを，800字以内で書きなさい。

## ●方針と分析

(方針)

　「教員に求められる人権意識」について，自分の考えを述べる。

(分析)

　平成12(2000)年に「人権教育及び人権啓発の推進に関する法律」が制定され，学校や地域，家庭などにおいても人権尊重の理念に対する理解を深め，体得できるよう教育・啓発が行われるようになった。文部科学省では学校における人権教育の指導方法等の在り方について三次にわたってとりまとめを行っており，平成20年3月の「人権教育の指導方法等の在り方について［第三次とりまとめ］」では，人権意識を，自他の人権が尊重されていることの妥当性を肯定し，逆にそれが侵害されることの問題性を認識して，人権侵害を解決せずにはいられないとする意識であるとしている。「教員に求められる人権意識」とはこの意識のことであろう。これを踏まえ，静岡県の教育がめざす「有徳の人」(「自らの資質・能力を伸長し，個人として自立した人」「多様な生き方や価値観を認め，人とのかかわり合いを大切にする人」「社会の一員として，よりよい社会づくりに参画し，行動する人」)の育成，特に「多様な生き方や価値観を認め，人とのかかわり合いを大切にする人」の育成と関連付けながら論述できればよいだろう。

## ●作成のポイント

　小論文なので，序論・本論・結論をはっきりさせ，序論ないし結論で自分が考える「教員に求められる人権意識」を明確に示す必要がある。演繹的論理展開としては，序論で自らが「人権意識」を意識した経験を述べ，これを踏まえて本論で文部科学省での定義やその他一般的な人権意識論を裏付けにしながら自身の人権意識についてまとめていき，結論で「教員に求められる人権意識」を示すという方法があるだろう。帰納的論理展開としては，序論で「教員に求められる人権意識」を示し，本論でその根拠(自身の経験や一般的な人権意識論など)をあげ，結論でもう一度序論の内容に触れてまとめるという方法があ

るだろう。

　自身に「人権意識」を意識した経験がない場合でも，いじめや体罰，児童虐待などの子どもに関わる深刻な問題や，近年問題となっているSNS上での誹謗中傷や個人情報流出などの人権侵害を取り上げ，論を展開することもできる。また，結論の中で，実際に教員となったとき，学校教育全体の中で人権意識について教育・啓発していきたい旨を述べることができれば，まとめとして望ましいだろう。

【その他のテーマ】

【小・中学校教員(国際貢献活動経験者対象)・1次試験】　60分

## ●テーマ

　次の課題について，2点合わせて601字以上800字以内で書きなさい。
1　あなたが，教職を志望した理由を国際貢献活動から学んだことを踏まえて記述しなさい。
2　平成25年度より，文部科学省は留学促進広報戦略本部を立ち上げ，「トビタテ！留学JAPAN」という留学促進キャンペーンを開始しました。広い世界の中で自己研さんを積み，日本と世界で活躍できる人が，求められています。
　あなたは，学年集会において，海外での経験を話すことになりました。広く海外に目を向けることの大切さを子どもたちに伝えることがねらいです。
　国際貢献活動の経験を基に，講話内容を記述しなさい。
※学年集会の対象学年を小学校6年生，中学校3年生のいずれかから選び，記述する。

【小・中・高等学校教員(身体障害者特別選考対象)・1次試験】　60分

## ●テーマ

　次の課題について，601字以上800字以内で書きなさい。
　あなたが担任している学級で，なかなか学級に溶け込めない児童
(生徒)がいる場合，どのような指導をしたいと考えるか，共生社会形
成の観点から具体的に記述しなさい。
※想定する場が小学校の場合は児童，中学校・高等学校の場合は生
徒として記述する。

【高等学校教員理科(物理，化学，生物，地学)(博士号取得者)・1次試験】
60分

## ●テーマ

　学校生活を通じて，高校生に科学的な見方や考え方を身に付けさ
せるためには，どのようなことが必要だと考えますか。これまでの
研究を通して体験したことを踏まえ，理科の授業における具体的な
指導例を挙げながら，あなたの考えを800字以内で書きなさい。

【高等学校教員(国際貢献活動経験者)・1次試験】　60分

## ●テーマ

　あなたは国際貢献活動の中で，どのような「カルチャーショック」
を体験し，対処しましたか。また，その体験を学校教育の中で具体
的にどのように生かしたいと考えていますか。あなたの国際貢献活
動の経験を踏まえて800字以内で書きなさい。

## 静岡市

**【教職経験者(小・中学校教員)・1次試験】　60分**
　静岡県の小・中学校教員(教職経験者特別選考)と同じ。

**【教職経験者(養護教員)・1次試験】　60分**
　静岡県の養護教員(特別選考)と同じ。

## 浜松市

**【教職経験者(小・中学校教員)・1次試験】　60分**
　静岡県の小・中学校教員(教職経験者特別選考)と同じ。

**【教職経験者(養護教員)・1次試験】　60分**
　静岡県の養護教員(特別選考)と同じ。

**【国際貢献活動経験者対象(小・中学校教員)・1次試験】　60分**
　静岡県の小・中学校教員(国際貢献活動経験者対象)と同じ。

【小・中学校教員・2次試験】　　60分(学校教育に関するレポート課題)

## ●テーマ

　浜松市では，命の大切さについてあらゆる教育活動を通して児童生徒に指導するように努めています。あなたは，命の大切さについてどのように指導しますか。「はままつの教育」に触れながら考えを書きなさい。

※用紙は自由に使える。(用紙の向き，どのような項目を起こすか，枠の有無や枠の形なども自由。ただし，裏面は使用しない。)

※鉛筆又は，シャープペンシルを使用し，色ペンは使用しない。

※図表等は，適宜使用してもよい。

## ●方針と分析

(方針)

　命の大切さについて教育活動を通して児童生徒にどのように指導するか，「はままつの教育」に触れながら自分の考えを述べる。

(分析)

　「はままつの教育」は，重要な教育施策への理解と協力を求めるため，市民や保護者向けに毎年発行されているリーフレットである。その中で浜松市の人づくりのキーワードとして「心の耕し」が掲げられ，その根底に「いのちの尊厳」があることが示されている。教員は一人ひとりの子どもを大切にし，愛情あるかかわりをもちながら，自己肯定感と他の人も大切にする心を育むなど，個に応じた支援に取り組むことが求められる。また，浜松市では2014年3月に浜松市動物愛護教育センターを開設し，動物とのふれあいを通して「いのち」を大切にする心を育む教室を開催していることなども事前に知識として有していれば，大きなアドバンテージとなるだろう。

## ●作成のポイント

　図表等も使用できる自由度の高い課題レポートなので，形式張らずに自身の学習したこと，感じたことを順序よく述べればよい。ただし，「はままつの教育」の内容に触れる必要があることを忘れてはならない。事前に内容と文字数を大まかに決めておくと，作成しやすいだろう。文字数に制限はないが，解答用紙はB4判で32行が示されていたので，図表等を使用しない場合は900〜1,000字程度までの記述ができる。「はままつの教育」の内容や，そこから自分が見出した命の大切さを伝える指導案などを効果的に図示しながら，600〜800字程度の簡潔なレポートとしたい。

【養護教員・2次試験】　60分(学校教育に関するレポート課題)

## ●テーマ

---

　養護教諭であるあなたは，中学校1年生担当から，「学級活動の時間に，性に関する指導の一環として『生命の誕生』を扱うので，養護教諭にも指導に入ってほしい。」との依頼を受けました。

　浜松市ではあらゆる教育活動を通して命の大切さについて指導するよう努めていることを踏まえ，あなたは，養護教諭としてどのような指導をしますか。次の点について記述しなさい。

① 「生命の誕生」というテーマのもとで，生徒にどのようなことを伝えますか。

② ①を伝えるために，どのような手立てを考えますか。

※用紙は自由に使える。(用紙の向き，どのような項目を起こすか，枠の有無や枠の形なども自由。ただし，裏面は使用しない。)

※鉛筆又は，シャープペンシルを使用し，色ペンは使用しない。

※図表等は，適宜使用してもよい。

---

## ●方針と分析

（方針）

　養護教諭として「生命の誕生」というテーマで指導を行うにあたり，①生徒にどのようなことを伝え，②そのためにどのような手立てを考えるか，浜松市の教育方針を踏まえながら具体的に述べる。

（分析）

　テーマ自体は，小・中学校の課題レポートと同じ「命の大切さ」ではあるものの，養護教諭としての指導案を提示するため，より具体的な条件設定がなされている。

　答案作成にあたっては，考慮検討すべきポイントがいくつかある。まず，指導の対象は「中学1年生」，指導の趣旨は「性に関する指導」，テーマは「生命の誕生」であり，各要素のバランスや折り合いをどうまとめるかを考える必要がある。仮に「性に関する指導」という趣旨に重きを置いてしまうとその内容は性教育に傾きがちになり，中学1年生に対してどの程度の内容を伝えるべきか見極めが難しくなる。そうした事態を避けるためにも，本題である「生命の誕生」に主眼を置き，新生児の誕生を取り上げてその尊さを伝えつつ，間接的に性に関する基礎知識も伝えていくという指針を定めて指導内容を具体化していくとよいだろう。また，この場合の伝える手立てとしては，多くの出産現場に立ち会い，生命の誕生の神秘さ，大切さを深く理解している産科の医師や助産師などの講話や著書の活用などが考えられるだろう。

## ●作成のポイント

　図表等も使用できる自由度の高い課題レポートなので，形式張らずに自身の学習したこと，感じたことを順序よく述べればよい。事前に内容と文字数を大まかに決めておくと，作成しやすいだろう。文字数に制限はないが，解答用紙はB4判で32行が示されていたので，図表等を使用しない場合は900～1,000字程度までの記述ができる。指導の目的，授業の流れ，手立ての活用などを含めた指導案の概要をフローチ

ャートで示すなど図表を効果的に使用しながら，600〜800字程度の簡潔なレポートとしたい。また，答案の序盤では「命の大切さ」を児童生徒に指導することの意義を確認し，そうした教育が疎かであれば「心の耕し」はできず，ひいては浜松市が目指す人づくりも実現できない，など浜松市が標榜している教育理念と関係させてその意義を端的に確かめておくとよいだろう。そして，終盤においては，再度「命の大切さ」を指導する意義を確認し，養護教諭という仕事を通じて，児童生徒に教え伝えていく志を示すなどして締めくくるとよい。

## 面接試験 実施問題

### 2024年度　静岡県

◆個人面接(1・2次試験)

※個人面接は，1次試験と2次試験の計2回実施する。

▼小学校教諭・中学校教諭・養護教諭

【質問内容例】

□あなたが，教員になろうと決めた一番の理由は何ですか。

□あなたが自分を高めるために努力をしていることは何ですか。

□○○の授業で，一番大切にしたいと思うことは何ですか。それは，なぜですか。

□みんなと協力して何かやり遂げたという経験はありますか。その時の経験を話してください。

□4月から教員として採用された場合，どのようなことにチャレンジしていきたいですか。

□働きやすい学校とは，どのような職場だと考えますか。そのような職場にしていくために，あなたはどのように関わっていきたいですか。

□教育公務員と他の公務員との違いは，どのような点にあると考えますか。

□あなたは，どんな学級づくりを理想としていますか。そのために，どんな取り組みをしますか。

▼中学保体

【質問内容】

〈1次面接〉

□昨日はよく眠れたか。

□日々の学習で気にかけていることは。

□教師の魅力とは。

□なぜグループディスカッションを授業に取り入れるのか。

□前職の経験が学校生活に意味はあったのか。

□学校の仕事で難しいことは。

▼高校教諭

【質問内容例】

〈1次面接〉

□今朝は何時頃に起きましたか。

□今日はどのようにしてこの会場まで来ましたか。

□昨夜はよく眠れましたか。

□面接を待っている間にどのようなことを考えましたか。

□あなたが高校の教師になろうと決めた一番の動機は何ですか。

□高校の教師として大切にしていきたいと思っていることを話してく
　ださい。

□教師になったとしたら，生徒にどのようなことを教えたいと考えて
　いますか。

□あなたが専門の教科を決めた理由について話してください。

□あなたが自分を高めるために努力していることは何ですか。

□学生生活の中で，特に努力したこと，苦労したことはどんなことが
　ありますか。

□学生時代の学校行事や部活動等で集団をまとめた経験について話し
　てください。

□教師が生徒や保護者から求められているものは何だと考えますか。

□他の職業にはない，教師という職業の魅力は何だと考えますか。

□生徒を指導するうえで，最も重要であることは何だと考えますか。
　(留意すべきこと)

□最近の高校生について，良いと思う点は何ですか。(改善すべき点)

□最近の教育問題で，どのようなことに関心を持っていますか。また，
　それについてどのように考えますか。

□高校時代における部活動の意義とは何であると思いますか。

□教師の「倫理観」の重要性が叫ばれています。あなたは,「倫理観」についてどのように考えますか。また,どのようにして「倫理観」を高めようと思いますか。

□大震災などの緊急事態に際し,生徒の命を守るために,教師としてできることは何だと考えますか。

□人と人とのつきあいの中で,あなたが大切にしてきたことはどのようなことですか。

□仕事をしやすい学校とはどのような学校だと考えますか。

□自分の個性や長所はどのようなところだと思いますか。また,それを活かすことができたと思われる経験について話してください。

□あなたの性格のどのような点が教師に向いていると思いますか。

□ボランティア活動の意義についてどのように思いますか。また,その活動の経験があれば,感想等を含め,具体的に話してください。

□これまでにチームで何かを成し遂げた経験がありますか。また,その中であなたはどのような役割を果たしましたか。

□今までの生活を振り返って,思い出に残っていることを一つ話してください。

□教育現場にICT機器の導入や活用が積極的に行われていく中で,あなたは,今後の教育の在り方をどのように考えますか。

〈2次面接〉

□最初に,あなたの受験教科・科目名及び受験番号を確認させてください。

□今朝は何時ごろ起きましたか。

□この会場までどのようにして来ましたか。

□面接を待っている間にどのようなことを考えましたか。

□あなたは今,どのようなことに積極的に取り組んでいますか。

□これまでに進んでボランティア活動に参加した経験がありますか。参加してどのようなことを考えましたか。

□失敗したり,自己嫌悪に陥ったりしたことがありますか。その時は

どのように対応しましたか。

□あなたは，教師の使命とはどのようなことだと考えていますか。

□今の高校生をみて，一番問題だと思うことは何ですか。また，教師はそれに対してどう対処(指導)すべきだと考えていますか。(自分が教師になったら，どう指導しますか。)

□学生時代の部活動・サークル活動等であなたの役割は何でしたか。役割を果たす上での苦労やそれを乗り越えた経験を話してください。

□集団の話し合いの中で，意見の対立があった場合，あなたはどのような対応をしますか。

□リーダーシップを発揮する上で大切なポイントは何だと考えますか。

□あなたが高等学校の教師になろうと決めた一番の動機は何ですか。

□あなたはどのような教師になりたいと考えていますか。

□採用された場合，教師として実践したいことや生徒に教えたいことは何ですか。

□一般の公務員と比較し，教育公務員といわれる教員はどのような点が異なると思いますか。

□教師になった場合，日常の行動等で，注意しなければならない(やってはいけない)ことには，どのようなことがありますか。

□良い授業とはどのような授業だと思いますか。その実現のためにはどのような工夫や努力をすべきですか。

□自己啓発のために努力していることは何ですか。

□学習意欲を失い，成績が下がってきた生徒に対して，自分が教師になったら，どのように指導しますか。

□生徒から，他の先生には言わないことを前提にして悩み相談を受けたら，どのように対応しますか。

□体罰について，どのような考えを持っていますか。(どのような行為が体罰にあたると考えますか。)

□体罰のない指導を行うには，どのようなことが重要だと考えますか。

□いじめが起こった場合，どのように対処すべきだと考えますか。

- □「生きる力を育てる」とは，どのようなことだと考えていますか。
- □「個性重視の教育」について，あなたの考えていることを説明してください。
- □部活動にはどのような意義があると考えていますか。
- □あなたの性格のどのような点が教師に向いていると思いますか。
- □最近の教育に関する報道で特に関心を持っていることは何ですか。それについてどのような考えを持っていますか。
- □これからの時代に求められる教師に必要な資質にはどのようなものがあると思いますか。その理由も説明してください。
- □学校祭の準備のため，数名の生徒が午後8時過ぎまで学校で作業をしたいと申し出てきた場合，どのように対応すべきだと考えますか。
- □今までで一番苦労した出来事は何ですか。その時，どのように解決しましたか。
- □人間関係を円滑に保つために大切なことはどのようなことだと思いますか。
- □働きやすい職場とはどのような職場だと思いますか。
- □一つの集団の中で，皆で何か共通した課題の解決にあたろうとするとき，大切だと思うことを説明してください。
- □困ったときや悩みがあるときに相談できる人はいますか。
- □他の人々と協力して何かを成し遂げた経験を話してください。
- □日頃意見の対立している人と一緒に仕事をするよう命じられた場合，どのように対応しますか。
- □自分の個性や長所を活かすことができたと思える体験を話してください。
- □自分の考えや行動を他の人から非難された経験があったら話してください。
- □人に相談を持ちかけられたとき，どのような気持ちで接しますか。
- □休みの日はどのように過ごしますか。何をしている時が一番楽しいですか。

▼高校公民

【質問内容】

〈2次面接〉

□どういう気持ちで待っていたか。

□静岡県を志望した理由。

□卒業後何をしていたか。

□なぜ高校を選んだのか。

　　→主権者教育について具体的に。

□あなたの強みはなにか。

　　→どう教育に活かすか

　　→どういう取り組みをしていくか。

□公民でどういう授業をやりたいか。

　　→静岡県を題材にできるか

□どういう授業がいい授業だと思うか。

　　→それを実践するためには。

　　→できるようにするために今どうしてるか。

□学校で勤務する中で，得意なこと苦手なことは。

　　→なぜそう思うか。

　　→情報活用具体的に。

　　→それを克服するためには。

□部活動は今後どうなっていくと考えるか。

□高校時代のコーチ兼選手の経験について，大変だったことは。

　　→どう意識したかまたは工夫したか。

□保護者からのクレームにどう対応するか。

　　→それでも納得しなかったら。

□文化祭行事の準備中に夜遅くまで生徒が残りたいといったら。

　　→管理職がダメと言ったら。

□自己嫌悪感や今まで苦労したことは。

　　→どうやって乗り越えたか。

　　→意見が違う中で，集団で取り組む場合どう対応するか。

□企画で自分がやりたいことと学校のスローガンや先輩教員と意見が
　違った場合どうするか。
□働きやすい職場とは。
　→どう工夫するか。

▼高校英語
【質問内容】
〈1次面接〉
□高校教員を志望した理由。
□教員という職業の強みは。
□教員として大切にしたいことは。
□自分の長所をどう生かすか。
〈2次面接〉
□高校を志望する理由。
□教職を志すうえで憧れの先生や恩師はいるか。
　→(いると回答したのを受けて)どんな先生だったか。
□何科を教えたいか(やはり英語科か?のような)。
□挫折経験とどのように乗り越えたか。
□大学でのサークルについて。
　→サークルでどんな役職でどう働いたか。
□どんな授業が理想か，そのためのアプローチは。
□(志望動機の「英語で繋がる」を踏まえて)実際に英語で繋がった経
　験は。
□小学校ボランティアでの経験が多いが，なぜ高校なのか。
□教員に欠かせない資質は。
　→それを持ってると思うか。
□英語科教員同士の仲が悪かったらどうするか。
□チームで教えるとはどういうことか。
□人間関係を円滑にするために何ができるか。
□県外の大学に進んでいるのに静岡県を志望する理由は。

□一般企業は考えたか。

□教員の仕事はブラックと言われているがどう思うか。


▼特支教諭

〈1次試験〉

※受験者は，1会場2人の面接委員の面接を受ける。

※個人面接とし，面接時間は10分程度とする。

※面接委員Aが「特別支援教育に対する熱意，教育的素養」を，面接委員Bが「経験と意欲，総合的人間力」について質問する。

【質問内容例】

(1)　面接委員A(想定5分)

□特別支援学校教具の採用試験を受験しようと思った一番の理由は何ですか。

□あなた自身が理想とする教師とは，どのような教師ですか。

□これまでの人生で，自分を褒めたいという経験はありますか。

□あなたがこれまで一番うれしかった，笑顔になった瞬間について，気持ちを込めて話をしてください。

□昨年9月，国連の障害者権利委員会から日本のインクルーシブ教育システムについて勧告を受けました。その内容について簡単に説明してください。

□特別支援学校では昨年度よりコミュニティー・スクールを導入しています。コミュニティー・スクールについて分かりやすく説明してください。

(2)　面接委員B(想定5分)

□特別支援学校においては，チームで業務を行う機会が多くあります。チームとして最大限に業績を上げるために何が大切だと思いますか。キーワードを3つ挙げてください。

□一緒に指導をしている教員と，児童生徒への指導方針が合わないとき，あなたはどのように対応しますか。

□最後にあなたの強み，魅力を30秒でアピールしてください。

① 卒業見込者への質問

□あなたの卒業論文について，概略を説明してください。

□あなたは，普段どのような場面でストレスを感じますか。

□教員採用試験に向けて一番力を入れて取り組んだことは何ですか。

□教育実習で一番思い出に残っているエピソードを教えてください。

② 臨時的任用職員等への質問

□これまで教員としてあなたが努力してきたことを教えてください。

□これまでの経験の中でもう一度やり直せるなら，やり直したいと思える場面はありましたか。

□保護者と信頼関係を築くために大切にしてきたことは何ですか。

□今後，身につけていきたい知識やスキルはありますか。

③ 県内現職への質問

□特別支援学校の魅力をどのように考えていますか。

□保護者と信頼関係を築くために大切にしてきたことは何ですか。

□これまでの教員経験の中で，あなたが身に付けてきた知識やスキルについて，教えてください。

④ 他県出身者(教職経験者)への質問

□なぜ静岡県の採用試験を受験しようと思ったのですか。

□静岡県の教育の魅力をどのように考えていますか。

□これまでの教員経験の中であなたが身に付けてきた知識やスキルを教えてください。

⑤民間企業経験者への質問

□なぜ教員採用試験を受験しようと思つたのですか。

□民間企業での経験を通して身に付けた知識やスキルについて，特別支援教育の中で生かせるものはありますか。

□民間企業での業務で対応に苦慮した経験がありましたら教えてください。

⑥ 大学院修士課程に「在籍する者」または「進学を予定する者」の特例を希望している受験者への質問

□なぜ大学院に進学しようと考えたのですか。

□大学院に進学して学びたいことと，特別支援学校の教員として身に付けたい力とスキルについて教えてください(進学を予定する者)。

□大学院での学びについて，特別支援学校の現場で生かせることがありましたら教えてください(在籍する者)。

⑦　障害者特別選考者への質問

□特別支援学校の教員としてあなたの力を発揮するためにどのような環境が必要だと考えますか。

□授業をする上で大切にしていることを教えてください(教職経験がある者)。

□これまで子どもとの関わりの中で困ったことがありましたら，教えてください(教職経験がある者)。

□特別支援学校で勤務するにあたり，何か心配なことはありますか。

□特別支援学校で勤務するにあたり，何か心配なことはありますか。

⑧　看護師経験を有する者を対象とした選考受験者への質問

□自立活動教諭の役割をどのように捉えていますか。

□自立活動教諭としてやってみたいことはありますか。

□同僚とのコミュニケーションについて，あなた心掛けていたことがありましたら教えてください。

〈2次試験〉

※3人の面接委員による質問と受験者による場面指導という形で実施する。時間は1人あたり25分程度とする。

【質問内容例】

□静岡県が目指している教員像について説明してください。

□教員の業務は多岐にわたるため，ストレスがかかることもあると思います。これまでの人生の中であなたにとって，困難により最大のストレスがかかった場面について教えてください。

□あなたの長所と短所について教えてください。

□夏休み明けの身体測定で，急激に体重の減った児童がいました。あなたは担任としてどのような対応をしますか。

□あなたは「体罰」についてどのように考えていますか。

□特別支援教育に関して基本的なことをおたずねしますので，簡単に
　説明をお願いします。
　①　キャリア教育について説明してください。
　②　児童生徒と関わる時にどのようなことを大切にしたいと考えて
　　いますか。
　③　静岡県の共生共育について，分かりやすく説明してください。
　④　生徒指導提要の中で大切だと思う内容について，説明してくだ
　　さい。
　⑤　個別の指導計画を実際の指導にどのように活用していますか。
　⑥　チーム・ティーチングのメリットについて説明してください。

【場面指導課題】

□今から，あなたに特別支援学校の教員になったつもりで，実際に指
　導を行うための授業構想をしてもらいます。SDGsは，誰一人取り
　残すことなく，誰も犠牲にならない，みんなが幸せになれる世界を
　目指すための目標です。SDGsの17の目標の中から，児童生徒に考
　えさせたい，取り組ませたい目標をひとつ選んでください。何学部
　の何年生に対して，何の授業でどのように指導するかを2分間で説
　明してください。あなたがこの授業のT1です。TTの設定などは自
　由です。このあと，2分間で授業を構想していただきます。その後，
　説明開始の指示を出しますので，2分間で説明をしてください。構
　想，説明ともに残り30秒を経過したところで合図をします。終了後，
　試験委員の方からいくつか質問をさせていただきます。

▼自立活動教諭

【質問内容例】

□自立活動教諭には「つなぐ力」，つまり連携力が求められます。校
　内の様々な教諭，養護教諭や看護師とどのようにして連携を図って
　いきますか。

□児童生徒の教育の視点から，自立活動教諭としてどのように関わっ
　ていきたいと考えていますか。

□特別支援学校を全く知らない人に「特別支援学校の医療的ケア」について分かりやすく説明をしてください。

【場面指導課題】

□「非認知能力」の育成のために大切にしたいこと

　　あなた方は特別支援学校の教員です。子どもたちが生きる社会は，国際化やボーダレス化が進み，ますます変化に富み多様化しています。この時代を生き抜く上で，今，改めてこの「非認知能力」が注目されています。「非認知能力」とは，認知能力以外の能力を広く示す言葉で，テストなどで数値化することが難しい内面的なスキルを指し，子どもが人生を豊かにする上でとても大切な能力で，世界的にも大変注目されています。

　　以下の①，②について，グループ内で話し合ってください。

①　非認知能力とはどのような力か，特に特別支援学校に通う児童生徒に身につけてほしい非認知能力とはどのような力か。

②　その力を育むため学校としてどう取り組むか。


◆実技試験(1次試験)

　▼中学英語

【課題1】

□質問されたことに対して，英語で答える。(返答各30秒以内)

Q1：What's your best way to learn English, and why do you think so?

Q2：What makes you relaxed? Please tell me the details.

Q3：How would your friend or family describe you, and what do you think about that?

【課題2】

□教職へ進むことを決めたころの自分を振り返り，そのときの思いや理由を述べる。(2分以内)

The next question is to think of yourself when you decided to become a teacher.

As for me, I decided to become a teacher when l was( ). When and why did you decide to become a teacher? Since that time, have you always thought about becoming a teacher? Please tell me the details.

【課題3】

□新しく赴任したALTの相談を聞き，助言や明確な提案を英語で述べる。(2分以内)

The last question is to think of some ideas for an ALT. Last month a new ALT, Shawn, came to our school and started working. He wants to get along with every student. However, he doesn't seem to know what to do. What should Shawn do? Do you have any good ideas? Tell us 2 ideas and the reason for each idea.

(As an ALT)

The last question is think of some ideas for me. Last month, I started working at a new school. I want to get along with every student. However, I don't know what to do. I hope l have a good time. What should l do? Do you have any good ideas? Tell me 2 ideas and the reason for each idea.

▼中学音楽

【課題1】

□ピアノ演奏

以下の合唱曲の伴奏部分をピアノで演奏する。(65 小節まで。暗譜でもよい。)

「時の旅人」深田じゅんこ作詞　橋本祥路作曲

【課題2】

□弾き歌い

以下の中学校歌唱共通教材3曲のうち，当日1曲(本年度は「花」)を指定する。受験者はピアノ伴奏をつけて，主旋律を歌う(自作伴奏，簡易伴奏，移調可。暗譜でもよい)。

「早春賦」吉丸一昌作詞　中田章作曲

「花」武島羽衣作詞　滝廉太郎作曲

「浜辺の歌」 林古渓作詞　成田為三作曲

※もし，楽譜が風で飛んでも自己責任とする。

※音楽室に入る前に20秒間の発声練習時間を設ける。

〈実技試験の流れ〉

・受験者が一人戻ってきたら，自分の席でマスクを外して荷物に入れる。

・①505教室から，②LL教室へ移動し，靴を脱いで入室する。

・②LL教室では，運営役員の指示に従い発声練習(20秒)を行う。

・③待機場所で手指消毒を行う。担当者がドアを開けたら④音楽室に入室する。

・④音楽室に入室したら，受験票を試験官に渡す。

・ピアノの前へ移動し，受験番号・氏名を言い，実技試験を行う。

・ピアノ演奏と弾き歌いが終わったら，受験票を受け取り退室する。

〈実技試験会場〉

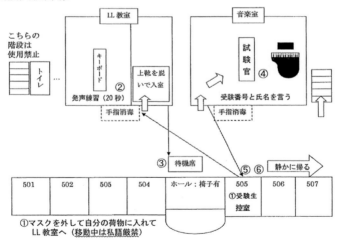

▼中学美術

【課題】

□「今の私」をテーマとして，夢，想像や感情などの心の世界を基に

主題を生み出し，以下の条件に合うように，絵に表現しなさい。

> 条件1　自分の顔を取り入れて表現すること。自分の顔は，鏡を
>  　　　使って写実的に描くこと(複数描いても可)。
> 条件2　背景は，主題が伝わるように表現すること。
> 条件3　水性の絵の具を用いて，表現方法を工夫すること。
> 条件4　文字は入れないこと。

※別紙に，題名と作品に込めた主題を簡単な文章で記入すること。

※画面は，縦横どちらでも可とする。なお，画用紙の裏面に作品の上
　下が分かるように「上」という文字を書くこと。

※制作に対する態度や用具の扱い，片付け等，中学生の手本となるよ
　うな姿勢で制作すること。

※作品の裏面に受験番号と氏名を書くこと。

※私語，スマートフォン等電子機器の使用，本の閲覧などはしてはい
　けない。

※水分の補給やトイレの使用，制作のための水道の使用などはしても
　よい。

〈日程〉

13：30　集合・オリエンテーション

13：40　実技開始

15：10　実技終了(片付けを含む)　※終了時刻になったら途中でも制
　　　　作を終えること。


▼中高保体

【課題1】

□球技

　ネット型「バレーボール」

→直上パス，アンダーオーバー交互，高さ3m以上，40秒

【課題2】

□ダンス

創作ダンス

→テスト1分前テーマ発表，1分間構想，1分間表現→①火山噴火，②台風接近(どちらか選択)

【課題3】

□武道

柔道

→前回り受け身(右→右→左→左　計4回)

※晴天時も雨天時も同様の試験内容で実施

▼中学技術

〈製作の目的〉

　　生徒Aは，枕元に置く「本や小物を整理できる棚」を構想した。(小物入れはプラスチックケースを用いる。)さらに「二つの単極双投スイッチのいずれでもLEDの点灯，消灯を切り替えられる回路」を調べ，部屋が暗くてもLEDを点灯しやすいように，「棚の2枚の前板にそれぞれスイッチを取り付ける」工夫を考えた。

【課題】

□次の条件①から③と図面及び回路図をもとに，整理棚をつくりなさい。

〈条件①〉プラスチックケースが棚と底板の間にスムーズに出し入れできること。

・木材の寸法　15×180×900(mm)

・木材の外周(こぐち，こば)は，そのまま利用してよいが，自分で切断した部分はかんなで仕上げる。ただし，こばのどちらか一方を基準面とする。

・木材同士の接合はくぎを使い，木材とアクリル樹脂の接合は木ねじを使う。

・引き出しは棚板と底板の間のスペースに収める。

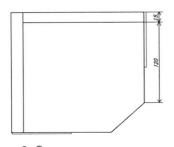

| 部品番号 | 品名 | 材質 | 数量 |
|---|---|---|---|
| ① | 側板① | スギ | 1 |
| ② | 側板② | スギ | 1 |
| ③ | 底板・棚板 | スギ | 2 |
| ④ | 前板 | アクリル樹脂 | 2 |
| その他 | | くぎ、木ねじ | 適量 |

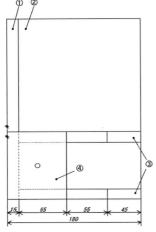

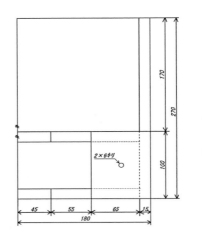

〈条件②〉回路図に従い，回路を製作すること。

・単極双投スイッチのいずれでもLEDの点灯，消灯を切り替え
　られる。

・LED及び抵抗器は基板に取り付ける。

・回路の製作については，部品表にあるものを使用する。

・整理棚に無理なく取り付けられるリード線の長さ等に気を付
　ける。

〈回路図〉

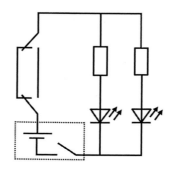

〈部品表〉

| 部品名 | 数　量 | 部品名 | 数　量 |
|---|---|---|---|
| 汎用基板 | 1 | スイッチ付き電池ボックス | 1 |
| 発光ダイオード | 2 | 単4形乾電池 | 3 |
| 抵抗器　47Ω | 2 | ジャンパー線、リード線 | 適量 |
| 単極双投スイッチ | 2 | | |

---

〈条件③〉整理棚に回路を取り付けること。

・前板のアクリル樹脂に，木ねじを通す穴をあける。(φ3.2mm)

・前板のアクリル樹脂に元々あいている穴(φ6mm)にスイッチをそれぞれ固定する。

・配線が引き出しの出し入れの妨げにならないように処理する。

・基板の固定は求めない。ただし，両面テープで仮止めしてもよい。

---

▼中学家庭

【課題】

□次の作業を行いなさい。

・布を半分に裁断する。

・一枚は，巾着袋の出し入れ口に見立て，0.8cmのひもが通せるように三つ折りにし，ミシンで縫う。

・もう一枚は，スカートのすそに見立て，すそ直しの補修のため，三つ折りにし，まつり縫いをする。

・まつり縫いをした布をYシャツに見立て，ボタンを付ける。

・ミシン縫いをした布に，ひもを通す。

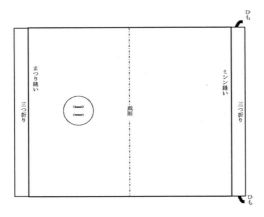

〈留意事項〉

・裁断，玉結び，玉どめをするときは，試験官に声を掛けてから行う。(1回のみ)

・まち針，アイロンを使用する。

・ミシン縫いでは，縫いはじめと縫い終わりは返し縫いをする。

▼高校英語

【英語面接質問内容(例)】

　Imagine that you are teaching and your students' level is CEFR:A1(A2,B1). You are going to an English teachers' meeting with other teachers at the same school. The topic of the discussion is ...

☐ [Proactive, interactive, and deep learning]

The revised Course of Study states that teachers should promote students' proactive, interactive, and deep learning in classes. In order for every English teacher in your school to achieve this, what can you do as a team, also known as "Team Eigo-ka?" Now, discuss and decide on up to three things you must do, in order of priority.

☐ [Team Eigo-ka]

The environment surrounding students has become increasingly complex and diverse, and the social demand for enhancing the quality of school education has been increasing. So, for "Team Eigo-ka" to meet the revised Course of Study, the idea that teachers should build good relationships with each other and improve their teaching together will he much more important. Now, in order to make a good team including the ALT, what can you do ? Now, discuss and decide on up to three things you must do, in order of priority.

☐ [Performance tests]

A survey conducted by the Ministry of Education, Culture, Sports, Science, and Technology(MEXT) concerning high school English education reported that less than 50 percent of all high schools in Japan gave performance tests related to both students' English speaking and writing abilities. At the same time, this study also makes it clear that the students who took such performance tests also had higher scores overall on their routine English exams. In order to make the situation better, what can you do as "Team Eigo-ka"? Now, discuss and decide on up to three things you must do, in order of priority.

☐ [ICT on English classes]

These days, almost all high schools in Japan are trying to find some effective ways to use ICT, not only for English classes at schools but also for students' daily lives(outside the classroom). What are the important things to consider when adopting ICT in English classes? As English department, discuss and decide on up to three things you must do, in order of priority.

☐ [Evaluation]

Along with the implementation of the new Course of Study, you must reconsider the criteria for evaluating students' competency. In order to reform the evaluation to be more effective and practical, what do you think is important? Now, discuss and decide on up to three things you must do, in order of priority.

☐ [Language activities]

In your English classes, it is critical that you enhance your existing language activities, in which students should practice using English in situations simulating real-life senarios, To create an authentic communication environment within the classroom, what do you think is necessary? Now, discuss and decide on up to three things you must do, order of priority.

◆適性検査(1・2次試験)

▼全校種

【検査内容】

〈1次試験〉20分

☐クレペリン

〈2次試験〉45分

☐表情を読み取る検査

◆集団討論(2次試験)

▼小学校教諭・中学校教諭・養護教諭

【テーマ例】

☐学級担任として，児童が安心して学べる学級にするためには，どのようなことが大切だと考えますか。グループで話し合い，理由とともに3つにまとめてください。(小学校)

□子供から信頼される教員とは，どのような教員だと考えますか。グループで話し合い，理由とともに3つにまとめてください。(小学校)

□児童生徒に寄り添い，ともに成長していける教員とは，どのような教員だと考えますか。グループで話し合い，理由とともに3つにまとめてください。(小学校)

□学級担任として「自他の命を大切にする心」を育むためには，どのようなことが大切だと考えますが。グループで話し合い，理由とともに3つにまとめてください。(小学校)

□学級担任として「相手のことを思いやる心」を育むためには，どのようなことが大切だと考えますが。グループで話し合い，理由とともに3つにまとめてください。(小学校)

□子供の人権を大切にする教員とは，どのような教員だと考えますか。グループで話し合い，理由とともに3つにまとめてください。(小学校・中学校)

□学級担任として，児童(生徒)が級友との絆を感じ取ることができるようにするためには，どのような働きかけが大切だと考えますか。グループで話し合い，理由とともに3つにまとめてください。(小学校・中学校)

□学級担任として，生徒が主体的に学習に取り組むことができるようにするためには，どのようなことが大切だと考えますか。グループで話し合い，理由とともに3つにまとめてください。(中学校)

□子供のもっている力を引き出すことができる教員とは，どのような教員だと考えますか。グループで話し合い，理由とともに3つにまとめてください。(中学校)

□養護教員として，不登校児童(生徒)への支援を行う際，どのように関わることが大切だと考えますか。グループで話し合い，理由とともに3つにまとめてください。(養護教員)

□養護教員として，校内でいじめが発生したとき，どのように関わることが大切だと考えますか。グループで話し合い，理由とともに3つにまとめてください。(養護教員)

□食に関する指導を効果的に進めることができる栄養教員とは，どのような栄養教員だと考えますか。グループで話し合い，理由とともに3つにまとめてください。(栄養教員)

▼特支教諭

1グループ5～6人の集団を作り，一つのテーマに関して自由討論の形で行う。面接委員は3人で，時間は1集団あたり35分程度とする。

【テーマ例】

□「非認知能力」の育成のために大切にしたいこと

あなた方は特別支援学校の教員です。子どもたちが生きる社会は，国際化やボーダレス化が進み，ますます変化に富み多様化しています。この時代を生き抜く上で，今，改めてこの「非認知能力」が注目されています。「非認知能力」とは，認知能力以外の能力を広く示す言葉で，テストなどで数値化することが難しい内面的なスキルを指し，子どもが人生を豊かにする上でとても大切な能力で，世界的にも大変注目されています。

以下の①，②について，グループ内で話し合ってください。

① 非認知能力とはどのような力か，特に特別支援学校に通う児童生徒に身につけてほしい非認知能力とはどのような力か。

② その力を育むため学校としてどう取り組むか。

## 2024年度　静岡市

◆実技試験(1次試験)

▼中学英語

※静岡県と同じ概要で試験を行う。

▼中学音楽

※静岡県と同じ概要で試験を行う。

▼中学美術
※静岡県と同じ概要で試験を行う。

▼中学保体
※静岡県と同じ概要で試験を行う。

▼中学技術
※静岡県と同じ概要で試験を行う。

▼中学家庭
※静岡県と同じ概要で試験を行う。

◆個人面接(1次試験)
　▼全校種
【質問内容例】
□あなたが静岡市の教員になりたいと思ったきっかけや理由を聞かせてください。
□あなたは，これまでの経験で緊張したり不安を感じたりした時，どのように乗り越えてきましたか。
　▼小学校教諭
【質問内容例】
□あなたは小学校3年生の担任です。今から3つの場面を言います。それぞれの場面で，あなたは担任としてどのように対応しますか。30秒程度で子どもに話すように，1つずつ言ってください。
○1つ目の場面です。休み時間に教室内を走り回っている子どもを見かけたとき，どうしますか。
○2つ目の場面です。授業中，子どもが「教科書を忘れてしまいました。」と言ってきたとき，どうしますか。
○3つ目の場面です。鉄棒の逆上がりができない子が，休み時間に練

習しているのを見かけたとき，どうしますか。

▼中学校教諭
【質問内容例】
□あなたは中学校1年生の担任です。今から3つの場面を言います。それぞれの場面で，あなたは担任としてどのように対応しますか。30秒程度で生徒に話すように，1つずつ言ってください。
○1つ目の場面ですノ授業中，机に伏せている生徒を見かけたとき，どうしますか。
○2つ目の場面です。朝，遅刻をして教室に入ってきた生徒がいたとき，どうしますか。
○3つ目の場面です。黙々と掃除をしている生徒を見かけたとき，どうしますか。

▼養護教諭
【質問内容例】
□あなたは小学校の養護教諭です。5月の連休後，体調不良を訴えて保健室に来る子が増えてきました。どのような理由が考えられますか。また，どのように対応しますか。

▼栄養教諭
【質問内容例】
□あなたは小学校の栄養教諭です。ある日，6年生の女の子が，「私，太りたくないから，給食はほとんど食べていないんだ。」と話してきました。あなたは，栄養教諭としてどのように対応しますか。

▼特別選考試験
【質問内容例】
□教師塾での学びを振り返り，教員として大事にしていきたい考えや取り組みにつながったことについてお話しください。

□今まで欠席の無かった児童が，体調不良という理由で明確な原因が
　分からないまま2日間欠席しました。あなたは担任としてどのよう
　に対応したらよいと考えますか。

□不登校が増えている現状の中で，あなたは担任として，学級の子ど
　もたちとよりよい関係づくりをしていく上で必要ことは何だと思い
　ますか。

□「たくましく　しなやかな子どもたち」を育てるために，まず，教
　師であるあなた自身が「たくましく　しなやか」でなければなりま
　せん。あなたは自分のどんなところが「たくましく　しなやか」だ
　と思いますか。

▼第1次試験特別支援教育推進枠
【質問内容例】
□通常学級あるいは特別支援学校ではなく，あえて特別支援学級の担
　任や通級指導教室の担当を志願された理由は何なのか，教えてくだ
　さい。

□学習指導要領解説において，特別支援学級の児童生徒と通常の学級
　の児童生徒との間の交流及び共同学習を実施する目的は何ですか。
　自分の言葉で答えていただいて構いません。また，その目的を達成
　するために配慮することは何ですか。特別支援学級の担任の立場で
　説明してください。

□あなたは自閉症・情緒障害特別支援学級の担任です。Aさんは，活
　動や作業などの課題に取りかかれないことがしばしばあります。ク
　ラスのほかの子が全員やっていても何もしないで椅子に座っていた
　り，教室内を歩き回ったりしています。何か原因であると考えられ
　ますか。2つ挙げてください。また，その原因に対して，今後どの
　ような支援をしますか。
　→こうしたAさんのあらわれを，Aさんへのより良い支援につなげ
　　るために保護者にはどのように話をしようと思いますか。

◆個人面接(2次試験)

▼全校種

【質問内容例】

□静岡市の教員を志願する際に，「面接シート」を提出していただきました。そこに書かれている「○○○」について質問します。

□面接シートに書かれている「静岡市の教員をめざす理由」について質問します。

▼小学校教諭

【質問内容例】

□あなたは，小学校5年生の担任です。5月のある日，あなたのクラスの子どもたち数人が，休み時間にあなたを囲んで話をしています。その時に，Aさんが「去年のクラスの方が楽しかったな。」とつぶやきました。ことのことについて，あなたはどう思いますか。

▼中学校教諭

【質問内容例】

□あなたは，中学校2年生の担任です。5月のある日，あなたのクラスの生徒数人が，休み時間にあなたを囲んで話をしています。その時に，Aさんが「去年のクラスの方が楽しかったな。」とつぶやきました。このことについて，あなたはどう思いますか。

▼養護教諭

【質問内容例】

□あなたは小学校の養護教諭です。ある日，3年生の担任から「不登校のAさんが，保健室にいてもよければ学校に行けるかもしれないと言っている。」と相談されました。このことについて，あなたはどう思いますか。

▼栄養教諭

【質問内容例】

□あなたは小学校の栄養教諭です。5・6年生の給食委員会の子どもたちから「私たちの学校は，給食の食べ残しが多いのが残念。食べ残しを減らすには，どうしたらいいかな。」と相談されました。あなたは栄養教諭として子どもたちにどのようなアドバイスをしますか。

◆集団討論(2次試験)

　▼小学校教諭・養護教諭・栄養教諭

【課題1：集団面接】

※課題発表後，2分間考える時間が与えられる。2分後，1人ずつ1分以内で発表をする。

□近年，全国的に教員全休の志願者は小，中学校ともに減少傾向にあります。このことについて，あなたが感じたことを1分以内で述べてください。

【課題2：集団討論】

※討論の進め方は自由。討議時間は40分。討議終了3分前と終了時に放送で知らせが入る。

□あなたたちは，教員という立場で，高校生を対象に教職の魅力を伝えるリーフレットを作ります。そこに載せる，高校生が教員という仕事に魅力をもてるようなキャッチフレーズを考えます。

① 教職の魅力を出し合いなさい。

② その魅力が伝わるキャッチフレーズをグループで1つ決め，指定された用紙に書きなさい。

◆適性検査(1次試験，2次試験)

□各自，Webにてそれぞれの期間内に受検する。

## 2024年度　浜松市

◆実技試験(1次試験)

　▼中学英語
　※静岡県と同じ概要で試験を行う。

　▼中学音楽
　※静岡県と同じ概要で試験を行う。

　▼中学美術
　※静岡県と同じ概要で試験を行う。

　▼中学保体
　※静岡県と同じ概要で試験を行う。

　▼中学技術
　※静岡県と同じ概要で試験を行う。

　▼中学家庭
　※静岡県と同じ概要で試験を行う。


◆個人面接(1次試験・2次試験)

　※バイリンガル選考では特別面接を加えて行う。

　▼小学校教諭

　【質問内容】

　〈2次試験〉　面接官3人　15分

　□浜松市を志望した理由(人生経験や教育への熱意を踏まえて)。

　　→実際に小学校時代に経験した浜松の良さはあるか。

　□始業式の日に何を子ども達に伝えていくか。

□苦手なタイプは?

　　→同じ学校の先生がそうだったらどうするか。

□授業で上手くいかなかった時どんな気持ちになるか,どう対処するか。

　　→自分で考えるのと他の人に聞くのとあなたならどちらにするか。

□今まで元気に学校に来ていた子が急に体調不良を訴え保健室登校になった。どうするか。

　　→先生とは話したくないと言われたらどう対応するか。

【場面指導課題】

□少数の子の意見に流されるクラス。学級目標を決めるにあたってどんな話をするか

　　→それでも一人の子が押し通そうとしてきて周りの子も受け入れかけているとき,どんな対応をするか。


◆模擬授業(2次試験)　受験者1人　面接官3人

〈模擬授業共通事項〉

▼小学校教諭

【課題】

□小学3年生の算数科において,単元「わり算」(教科書P51〜66)を全11時間で扱う。

学習計画は以下の通りである。

| | |
|---|---|
| 1〜2時間目 | 分けられる数はいくつ |
| 3〜4時間目 | 1人分はいくつ |
| 5〜6時間目 | 2つの分け方 |
| 7時間目 | 0や1のわり算 |
| 8時間目 | 倍の計算 |
| 9〜10時間目 | 答えが2けたになるわり算 |
| 11時間目 | まとめ・振り返り |

　本時(1時間目)は，3年生「わり算」の最初の時間である。本時の授業を構想し，板書を活用して，説明しなさい。(教科書「小学3年上」P51～66教育出版)

＜算数科における生徒の実態＞

○児童数30人(男子14人，女子16人)

○2年生の「かけ算」の学習において，定着が十分でない児童が3名いる。

○「自分の考えをノートに書いたり発表したりすることが得意」または「少し得意」と答える児童が11人/30人であった。一方，「苦手」「少し苦手」と答える児童は，19人/30人であった。

▼中学国語

【課題】

□第2学年において，「扇の的－『平家物語』から」，「仁和寺にある法師－『徒然草』から」を主な教材として，「古人の魅力を発見しよう」という単元を設定した。本単元は8時間扱いとし，単元を貫く学習課題(言語活動)を「この物語の登場人物に共感できると感じた理由を説明しよう」とした。前時までに「扇の的－『平家物語』から」，「仁和寺にある法師－『徒然草』から」の内容を大まかに捉え，本時では，登場する人物の中から自分が共感できる人物の言動に注目して，その人物の特徴について読み取る活動を設定した。次の時間には，その人物について考えたことを友達と説明し合う予定である。本時の授業を構想し，板書を活用して説明しなさい。

(教科書「国語2」 P151～P161　光村図書)

＜国語科における生徒の実態＞

○生徒は，小学生のころから，物語文の学習を通して，登場人物の相互関係や心情の変化を読み取る学習を重ねている。そのため，場面の展開や複数の言動，心情などの叙述と結び付けて，人物像を読み取ることに慣れている。しかし，時代背景と結び付けたり，場における言動の意味を考えたりする読み取りには課題がある。

○古文については，1年生で「蓬莱の玉の枝－『竹取物語』から」，2年生で『枕草子』を学習し，古典作品に親しみを持っている。また，現代語訳や語注などを手掛かりに古典に表れたものの見方や考え方を知ることも経験がある。

▼中学社会
【課題】
□第3学年の公民的分野「C　私たちと政治(2)民主政治と政治参加」において，「地方自治と私たち」(教科書p. 110〜126)を取り上げ6時間で扱う。第2時の「地方自治の仕組み」(教科書p. 112〜113)の授業を構想し，板書を活用して説明しなさい。

(教科書「新しい社会　公民」p.110〜126東京書籍)

＜社会科における生徒の実態＞
○公民的分野の学習や現代社会への時事的な関心はあまり高くなく，社会的事象に関する個別の用語をそのまま覚える受け身な生徒が多い。
○資料から多くの事実を見つけることはできるものの，それらの事実を根拠に思考・判断したことを説明したり議論したりすることを苦手とする生徒が多い。

▼中学数学
【課題】
□第2学年の単元「データの分布」(7時間扱い)において，四分位範囲や箱ひげ図を学習することで，複数の集団のデータの分布に着目し，その傾向を比較して読み取り，批判的に考察して判断する力を育成する。その際，必要なデータの収集，データの整理，複数の集団のデータの傾向を比較・読み取り，結果の考察という一連の活動を経験できるようにしたい。そこで，前述を踏まえて「データの傾向の読み取り方」(教科書p. 202〜205)3時間分の授業を見通して，教科書p. 203の「Q」とp. 204の「問2」を扱う1時間分の授業を構想し，板

　書を活用して説明しなさい。

　　　　　　　　　　　(教科書「中学数学2年」p.203〜204学校図書)


▼中学理科
【課題】
□第1学年「音の性質」において，「音の大きさや高さ」を2時間で扱
　う。この2時間の授業を構想し，板書を活用して説明しなさい。

　　　　　　　　　　(教科書「理科の世界1」P166〜169　大日本図書)

＜理科における生徒の実態＞
○既習事項や生活体験などと結び付け，意欲的に学習に取り組む生徒
　が多い。
○観察・実験の目的意識が低く，見通しをもって取り組むことができ
　ない生徒がいる。
○実験結果から根拠をもって説明することが苦手な生徒が多い。


▼中学英語
【課題】
□第1学年において，「Unit8　Getting Ready for the Party」の単元(教科
　書p118〜129)を9時間で扱う。単元の終末には，「Tinaに贈ったアル
　バムに載せたい写真のキャプションを書き，それをグループ内で紹
　介し合う」(教科書p126〜127)という言語活動「書くこと」を設定し
　ている。第4時(前時)までにPart 1,2を扱い，現在進行形の肯定文・否
　定文及び疑問文を含む会話の内容をつかんだり，現在進行形を用い
　て簡単なやり取りをしたりする活動を行った。第5時(本時)では，こ
　れら既習の表現を実際のコミュニケーションにおいて活用させた
　い。本時の授業を構想し，板書を活用して説明しなさい。

　　　　　　(教科書「Here We Go!　ENGLISH COURSE　1」光村図書)

＜英語科における生徒の実態＞
○男子15名，女子15名，計30人の学級。
○英語を「話すこと」「聞くこと」については抵抗が少なく，活発に

言語活動に取り組む生徒が多い。一方で，自分の思いを表現することに自信が持てなかったり，人と関わることが苦手だと感じたりしている生徒も数名いる。

○英語が好きだと感じている生徒は多いが，文法事項が定着しておらず，「話すこと」「書くこと」において，課題を抱えている生徒も半数程度いる。そのうちの数名は，「書くこと」に対する苦手意識が強く，書く活動においてほとんど取り組めないこともある。

○語彙の定着に個人差があり，聞きたいことや言いたいことが英語で伝わりにくい場面が時々見られる。

▼中学音楽

【課題】

□第3学年において，「楽器の音色に親しみながら，オーケストラの響きを味わおう」という題材(2時間扱い)を設定した。第1時では，「ボレロ」の音色，リズム，旋律，強弱を知覚し，それらから生み出される特質や雰囲気を感受し，知覚したことと感受したこととの関わりについて考え，言葉で説明したり批評したりする活動を行った。第2時(本時)では，繰り返し演奏されるリズムと2つの旋律，音色や強弱の変化を思考，判断のよりどころとし，音楽のよさや美しさを味わうことができるようにしたい。本時の授業を構想し，板書を活用して説明しなさい。

(教科書「中学生の音楽　2・3下」P37〜39　教育芸術社)

＜音楽科における生徒の実態＞

○共通教材「花の街」を扱った題材では，詩の内容や曲想を感じ取って思考し，曲の背景との関わりを捉え，工夫して表現することができた。

○感じ取った曲想について自分なりの評価ができるようになってきたが，他者と論じ合ったり，批評し合ったりする活動において，積極的に交流することのできる生徒は少ない。

▼中学美術

【課題】

□第2学年2学期において，ポスターカラー，アクリル絵の具を使う表現として，「浜松の未来～心を動かすポスターデザイン～」という題材を設定した。本題材は10時間扱いとする。第1時では，作家や生徒が制作した作品などの特徴的なポスターの鑑賞を行った後に，美しく印象に残るデザインの創造的な工夫や，自分が表したいことについて考えた。第2時(本時)は，第1時の構想を基に小グループでの対話的な活動(友達との意見交換)を行った後，アイデアスケッチを描く活動を設定した。本時の授業を構想し，板書を活用して説明しなさい。

教科書「美術2・3上　学びの実感と広がり」P40～41(日本文教出版)

＜美術科における生徒の実態＞

○32人学級(男子17人，女子15人)

　この学級には，形や色彩などの変化を見分けたり，微妙な変化を感じ取ったりすることが苦手な生徒がいる。

○美術科の授業に意欲的に取り組む生徒が多いものの，発想の場面において悩み，なかなか制作が進まない生徒が一定数いる。

○1学期に「浮世絵はすごい」(教科書P24, 25)を扱い，制作者たちの意図や創造的な工夫について考える学習を行った。

○「浮世絵はすごい」の学習後に教師が題材を振り返ると，端的に色彩や構図の効果について着目する生徒は多くいたが，作品の主題に迫ることで見方を広げられる生徒は半数ほどであった。そのため本題材では，伝える目的を考え，自分の主題を生み出すために必要な視点に気付かせたい。


▼中学保体

【課題】

□第2学年において，器械運動のうち，跳び箱運動を10時間で扱い，単元を通して，基本的な技を滑らかに行ったり，条件を変えた技や

発展技に挑戦したりしている。前時(第7時)までに，技ができる楽しさや喜びを味わいながら，自己の課題に対して練習を重ねてきた。本時(第8時)では，発表会に向けて技の完成度を高めるため，個人練習の工夫に加え，友達と交流する場を設定した。単元の終末を意識しながら，この本時の授業を構想し，板書を活用して説明しなさい。

＜保健体育科における生徒の実態＞

○2年生　男女共習　男・女32名

○器械運動は，1年時にマット運動を学習している。

○単元導入時に行ったアンケートでは，跳び箱運動が「好き」と回答している生徒は，8名。「嫌い」もしくは「苦手」と回答している生徒が8名。「どちらでもない」は16名いる。

○見学者はおらず，全員参加できている。


▼中学技術

【課題】

□第2学年において，「Cエネルギー変換の技術」を題材として設定する。始めにエネルギー変換の技術について学び，その後エネルギー変換の技術を活用した問題解決を行った。本時は，この題材の最後の授業であり，「これからのエネルギー変換の技術」を教材として，まとめの学習(1時間)を行う。この本時の授業を構想し，板書を活用して説明しなさい。ワークシートを使用すると想定する場合，ワークシートを黒板に書いてもよい。

　　　(教科書「技術・家庭　技術分野　テクノロジーに希望をのせて」
　　　P188〜191開隆堂)

＜技術一家庭科(技術分野)における生徒の実態＞

○男子15人，女子15人，計30人の落ち着いた学級。

○1年生で技術分野を初めて学び，知識・技能の習得や課題の解決策を構想する力には個人差があるため，一部の生徒のみが技術と社会とのつながりを意識できている。

○技術の見方・考え方に気付いて，技術を評価しようとしている生徒

は少ない。

▼中学家庭
【課題】
□2年生3学期に、「C消費生活・環境」の消費生活の学習を、12時間で
　扱う。前時までに「消費生活としくみ」、「家庭生活における収入と
　支出」、「購入方法」、「売買契約」の学習を終えている。本時は「い
　ろいろな支払い方法」を1時間扱いで学習する。本時の授業を構想
　し、板書を活用して説明しなさい。ワークシートを使用すると想定
　する場合、ワークシートを黒板に書いてもよい。

　　　　　　　　　　　　教科書「技術─家庭　家庭分野」p. 238, 239 (開隆堂)
＜家庭科における生徒の実態＞
○「A家族と家庭生活(1)」については、第1学年の最初に設定し、履修
　している。「B衣食住の生活」は、2年生2学期までに学習済みである。
○小学校家庭科で物や金銭の使い方と買い物について学習をしてき
　た。現金以外の支払い方法の経験は様々で、QRコード決済(スマホ
　決済)を普段から使用している生徒もおり、経験に個人差がある。

▼養護教諭
【課題1】
□保健体育
　中学校第3学年の保健体育科の保健分野(1)「健康な生活と疾病の予
防」ア知識(ウ)「生活習慣病などの予防」の学習で、担当教師とティー
ム・ティーチンクを行います。あなたは担当教師(T1)のアシスタン
ト役(T2)となり、その授業に参画します。担当教師からは、特に、「が
んの予防」について、指導してほしいと依頼がありました。養護教諭
として、どのように参画しますか。配付した資料を参考にしながら、
20分程度の指導時間を想定し、指導すべき内容を構想しなさい。
【課題2】
□救急対応

昼休みに，運動場で遊んでいた5年2組の児童2名が，一緒に遊んでいたAさんが急に倒れたといって，保健室に来ました。詳しい状況は分かっていません。この後，あなたは，どのように対応をしますか。養護教諭に求められる行動を考えてください。また，Aさんへの対応が一段落した後に，Aさんが倒れる様子を近くで目撃していた3年生の女子児童が，呼吸が乱れた状態で，息苦しそうにしながら，一人で保健室を訪れました。女子児童は，息苦しさの為，会話はできない状態です。面接委員をこの女子児童に見立てて，女子児童に声を掛けながら，呼吸を落ち着かせる指導をしてください。

◆適性検査(1次試験，2次試験)
　□各自，Webにてそれぞれの期間内に受検する。

## 2023年度　静岡県

◆個人面接(1・2次試験)
　※個人面接は，1次試験と2次試験の計2回実施する。ただし，特支教諭受験者は，1次試験と2次試験個人面接及び場面指導を含む個人面接の，計3回の試験を実施する。
　▼小学校教諭・中学校教諭・養護教諭
【質問内容】
□あなたが，教員になろうと決めた一番の理由は何ですか。
□あなたが自分を高めるために努力をしていることは何ですか。
□○○の授業で，一番大切にしたいと思うことは何ですか。それは，なぜですか。
□みんなと協力して何かやり遂げたという経験はありますか。その時の経験を話してください。
□4月から教員として採用された場合，どのようなことにチャレンジ

していきたいですか。

□働きやすい学校とは，どのような職場だと考えますか。そのような
　職場にしていくために，あなたはどのように関わっていきたいです
　か。

□教育公務員と他の公務員との違いは，どのような点にあると考えま
　すか。

□あなたは，どんな学級づくりを理想としていますか。そのために，
　どんな取り組みをしますか。


▼小学校教諭
【質問内容】
〈1次試験〉面接官2人　10分
□昨日はよく眠れたか。
□なぜ教員になりたいのか。
□どんな学級にしたいか。
□何かみんなで成し遂げたことはあるか。
□イギリス留学の感想。
□最近の気になるニュースについて。
□不祥事についてどう思うか。
・面接シートを提出するが，あまりそこからは聞かれなかった。
〈2次試験〉面接官3人　20分
□待っている間に何を考えていたか。
□なぜ小学校を志望したのか。
□小学校教員として何をしたいのか。
　→英語が嫌いと言われたらどう対応するのか。
　→なんで英語を学ぶのか。
□あなたの長所は何か。
□GIGAスクール構想が始まっているが，ICTをどうやって活用してい
　くか。
　→ICT機器を使えるか。

□今までで一番やりきったなと思えることはなにか。

□最近怒ったことはあるか。あれば理由も。

　→(ないと答えたので)最近不快に思ったことはあるか。理由も含めて。

　→(電車のマナーが悪い人の話をしたので)その時何か言ったか。

　→上記の人がまたいたらどうするか。

□今までで悲しかったこと，そしてどう対処したのか。

　→そこから学んだことはあるか。

□いじめが起こったらどうするか。

　→どうやっていじめについて児童に話すか。

□組織として大切にしたいことはなにか。

□先輩教員と意見が合わなかったらどうするか。

□子供同士でもめごとがあった時にはどうするか。

□働き方改革についてはどう思うか。

□令和の日本型学校教育についてどう考えているか。

□イギリス留学に行っていたと聞いたが，世界に目を向けてみると戦争が起きている。ロシアとウクライナの戦争についてどう子供に伝えるか。

　→ロシアが一方的に悪いように見えるが，なんて児童に説明するか。

▼小学校教諭　　〈1次試験〉面接官2人　10分，〈2次試験〉面接官3人　25分

【質問内容】

□苦手，得意教科とその理由。

□なぜ教師を目指したか。

□自分になつかない子どもがいたらどうするか。

□意見の合わない上司とどう接するか。

□自分の意見を言えるか。

　→自分の意見を言ってよかった経験はあるか。

□地域や保護者の信頼を得るため，どんなことができるか。

□不祥事についてどう思うか。

□短所は何か。

　　→どう克服しようとしているか。


▼中学音楽

【質問内容】

〈1次試験〉面接官2人　10分

□中学校の教員を目指した理由。

□生徒間のトラブルが起きた時どうするか。

□教員に必要な資質とは何だと思うか。

□自分のどこが教員に向いているか。

□教員の不祥事についてどう思うか。

□最近の教育に関するニュースに関して。


▼中学保体

【質問内容】

〈1次試験〉面接官2人　20分

□教員の使命とは何か。

□不祥事についてどう思うか。

□令和の日本型学校教育について知っていることはあるかなど。

〈2次試験〉面接官3人　30分

□教科の授業で大切にすることは。

□感謝したい人とエピソード。

□辛かったことと乗り越え方。

□一般公務員と教育公務員の違い。

□SNSについて。


▼高校教諭

【質問内容例】

〈1次面接〉

□今朝は何時頃に起きましたか。

□今日はどのようにしてこの会場まで来ましたか。

□昨夜はよく眠れましたか。

□面接を待っている間にどのようなことを考えましたか。

□あなたが高校の教師になろうと決めた一番の動機は何ですか。

□高校の教師として大切にしていきたいと思っていることを話してください。

□教師になったとしたら，生徒にどのようなことを教えたいと考えていますか。

□あなたが専門の教科を決めた理由について話してください。

□あなたが自分を高めるために努力していることは何ですか。

□学生生活の中で，特に努力したこと，苦労したことはどんなことがありますか。

□学生時代の学校行事や部活動等で集団をまとめた経験について話してください。

□教師が生徒や保護者から求められているものは何だと考えますか。

□他の職業にはない，教師という職業の魅力は何だと考えますか。

□生徒を指導するうえで，最も重要であることは何だと考えますか。

□最近の高校生について，良いと思う点は何ですか。(改善すべき点)

□最近の教育問題で，どのようなことに関心を持っていますか。また，それについてどのように考えますか。

□高校時代における部活動の意義とは何であると思いますか。

□教師の「倫理観」の重要性が叫ばれています。あなたは，「倫理観」についてどのように考えますか。また，どのようにして「倫理観」を高めようと思いますか。

□大震災などの緊急事態に際し，生徒の命を守るために，教師としてできることは何だと考えますか。

□人と人とのつきあいの中で，あなたが大切にしてきたことはどのようなことですか。

□仕事をしやすい学校とはどのような学校だと考えますか。

□自分の個性や長所はどのようなところだと思いますか。また，それ
　を活かすことができたと思われる経験について話してください。

□あなたの性格のどのような点が教師に向いていると思いますか。

□ボランティア活動の意義についてどのように思いますか。また，そ
　の活動の経験があれば，感想等を含め，具体的に話してください。

□これまでにチームで何かを成し遂げた経験がありますか。また，そ
　の中であなたはどのような役割を果たしましたか。

□今までの生活を振り返って，思い出に残っていることを二つ話して
　ください。

□教育現場にICT機器の導入や活用が積極的に行われていく中で，あ
　なたは，今後の教育の在り方をどのように考えますか。

〈2次面接〉

□最初に，あなたの受験教科・科目名及び受験番号を確認させてくだ
　さい。

□今朝は何時ごろ起きましたか。

□この会場までどのようにして来ましたか。

□面接を待っている間にどのようなことを考えましたか。

□あなたは今，どのようなことに積極的に取り組んでいますか。

□これまでに進んでボランティア活動に参加した経験がありますか。
　参加してどのようなことを考えましたか。

□失敗したり，自己嫌悪に陥ったりしたことがありますか。その時は
　どのように対応しましたか。

□あなたは，教師の使命とはどのようなことだと考えていますか。

□今の高校生を見て，一番問題だと思うことは何ですか。また，教師
　はそれに対してどう対処(指導)すべきだと考えていますか。(自分が
　教師になったら，どう指導しますか。)

□学生時代の部活動・サークル活動等であなたの役割は何でしたか。
　役割を果たす上での苦労やそれを乗り越えた経験を話してくださ
　い。

□集団の話し合いの中で，意見の対立があった場合，あなたはどのよ

うな対応をしますか。

□リーダーシップを発揮する上で大切なポイントは何だと考えますか。

□あなたが高等学校の教師になろうと決めた一番の動機は何ですか。

□あなたはどのような教師になりたいと考えていますか。

□採用された場合，教師として実践したいことや生徒に教えたいことは何ですか。

□一般の公務員と比較し，教育公務員といわれる教員はどのような点が異なると思いますか。

□教師になった場合，日常の行動等で，注意しなければならない(やってはいけない)ことには，どのようなことがありますか。

□良い授業とはどのような授業だと思いますか。その実現のためにはどのような工夫や努力をすべきですか。

□自己啓発のために努力していることは何ですか。

□学習意欲を失い，成績が下がってきた生徒に対して，自分が教師になったら，どのように指導しますか。

□生徒から，他の先生には言わないことを前提にして悩み相談を受けたら，どのように対応しますか。

□体罰について，どのような考えを持っていますか。(どのような行為が体罰にあたると考えますか。)

□体罰のない指導を行うには，どのようなことが重要だと考えますか。

□いじめが起こった場合，どのように対処すべきだと考えますか。

□「生きる力を育てる」とは，どのようなことだと考えていますか。

□「個性重視の教育」について，あなたの考えていることを説明してください。

□部活動にはどのような意義があると考えていますか。

□あなたの性格のどのような点が教師に向いていると思いますか。

□最近の教育に関する報道で特に関心を持っていることは何ですか。それについてどのような考えを持っていますか。

□これからの時代に求められる教師に必要な資質にはどのようなもの

があると思いますか。その理由も説明してください。

□学校祭の準備のため，数名の生徒が午後8時過ぎまで学校で作業を
　したいと申し出てきた場合，どのように対応すべきだと考えますか。

▼特支教諭

〈1次試験〉

※受験者は，1会場3人の面接委員の面接を受ける。

※個人面接とし，面接時間は10分程度とする。

※面接委員Aが「教員に必要な資質についての考え」を，面接委員Bが
　「自己理解と周囲との協調性」を，面接委員Cが「過去の経験や教育
　実践と今後の取組への意欲」について質問する。

【質問内容例】

(1)　面接委員A(想定3分)

□なぜ特別支援学校教員の採用試験を受験しようと思ったのですか。

□あなた自身が理想とする教師とは，どのような教師ですか。

□特別支援学校教員の魅力・やりがいについて，どのように考えてい
　ますか。

□中央教育審議会の答申「令和の日本型学校教育」の構築を目指して
　の中で，新時代の特別支援教育の在り方が示されていますが，その
　内容に関して，あなたが関心を持った事項を教えてください。

(2)　面接委員B(想定3分)

□これまで自分自身で最後までやり通したと思えることはあります
　か。

□あなたがこれまで一番うれしかった，笑顔になった瞬間について，
　気持ちを込めて話をしてください。

□あなたはチームのリーダーを任されました。リーダーとしてどんな
　ことを大切にしますか。

□あなたが一所懸命指導をしていたら，その指導について上司から注
　意を受けました。あなたはどんな対応をしますか。

□あなたは，4月に初めて同じ学年になった同僚と関係づくりをして

いく上で，その人の「ひととなり」を理解しようとするとき，大切に見る視点はどのようなところですか。

(3) 面接委員C(想定3分)

① 卒業見込者への質問

□あなたはどんなことにストレスを感じますか。また，ストレスを発散するためにどんなことをしていますか。

□教育実習で児童生徒を指導する中で，困ったり，難しさを感じたりした場面について教えてください。それはどんなことでしたか。

□教育実習中に指導教官等から受けた指導について，印象に残っていることはどのようなことですか。

□教育実習中に児童生徒から教わったこと，学んだことはありますか。

② 臨時的任用職員等への質問

□日常の指導の中で，困っていることや難しさを感じていることを教えてください。

□ティーム・ティーチングの意義や難しさについて，どのように考えていますか。

□これまでの教員経験の中であなたが身につけてきた知識やスキルを教えてください。

□今後，身につけていきたい知識やスキルはありますか。

③ 県内現職への質問

□あなたの勤務校の魅力・特色について教えてください。

□特別支援学校で勤務する上での魅力をどのように考えていますか。

□日常の指導の中で，困っていることや難しさを感じていることを教えてください。

□ティーム・ティーチングの意義や難しさについて，どのように考えていますか。

□これまでの教員経験の中で，あなたが身に付けてきた知識やスキルについて，特別支援教育の中でどのように生かしていけると考えていますか。

④ 他県出身者(教職経験者)への質問

□あなたの勤務する都道府県の特別支援教育の魅力を教えてください。

□静岡県の特別支援学校教員ならではの魅力をどのように考えていますか。

□これまでの教員経験の中であなたが身につけてきた知識やスキルを教えてください。

□静岡県の特別支援教育について，どのような認識を持っていますか。

⑤　民間企業経験者への質問

□民間企業での経験を通して身につけた知識やスキルについて，特別支援教育の中で生かせるものはありますか。

□民間企業での業務で，対応に苦慮した経験がありましたら教えてください。

□民間企業と特別支援学校教諭との違いについて，どのように考えていますか。

□民間企業での働き方改革の取組について，特別支援学校でも活かせそうなことがあれば教えてください。

⑥　大学院修士課程に「在籍する者」または「進学を予定する者」の特例を希望している受験者への質問

□「教育実習で児童生徒を指導する中で，困ったり，難しさを感じたりした場面について教えてください。

□教育実習中に児童生徒から教わったこと，学んだことはありますか。

□(在籍する者に)大学院での学びについて，特別支援学校の現場で活かせることがありましたら教えてください。

□(進学を予定する者に)大学院に進学して学びたいことと，特別支援学校の教員として身につけたい力とスキルについて教えてください。

⑦　障害者特別選考者への質問

□特別支援学校の教員として，あなたのアピールポイントを教えてください。

□特別支援学校の教員として，あなたが課題に感じていることがあれ

ば，教えてください。

□(教職経験がある者に)授業をする上で大切にしていることを教えてください。

□(教職経験がある者に)これまで児童生徒との関わりの中で困ったことかありましたら，教えてください。

□特別支援学校で勤務するにあたり，何か心配なことはありますか。

⑧ 看護師経験を有する者を対象とした選考受験者への質問

□自立活動教諭を目指そうと思った一番の理由を教えてください。

□自立活動教諭になったら，やってみたいことはありますか。

□自立活動教諭と看護師の違いをどのように考えていますか。

□これまでの看護師経験の中で，対応に苦慮した経験を教えてください。

□同僚とのコミュニケーションについて，あなたが気をつけていたことがありましたら教えてください。

〈2次試験〉

※3人の面接委員による質問と受験者による場面指導という形で実施する。時間は1人あたり25分程度とする。

【質問内容】

□あなたが目指している静岡県の特別支援学校教員とは，どのような教員ですか。

□ふじのくに「有徳の人」づくり大綱において，基本理念に「有徳の人」の育成～誰一人取り残さない教育の実践～を掲げていますが，あなたはどのようにとらえていますか。簡単に説明してください。

□教員には，教育的素養・総合的人間力が求められています。そのためには生涯を通じて学び続けることが大切です。あなたはこれまでにどのような学びをしてきましたか。一度に複数の質問をしますのでよく聞いていてください。

①自身の見聞を広げるためにはどんな方法がありますか，②あなたはそれについてどのくらい行動してきましたか，③行動による成果と課題としてどんなことがありましたか，④課題を改善するためのど

んな取組を考えていますか，の4点について教えてください。

□採用試験の募集案内にも「豊かな人間性」の向上について触れられています。あなたは「豊かな人間性」をどのようにとらえていますか。

□人間は完璧ではありません。長所もあれば短所もあります。あなたの短所について教えてください。

□児童生徒に「先生に相談に乗ってほしい。誰にも言わないでほしい。言ったらもう話はしない。」と言われたら，あなたはどのように対応しますか。

□特別支援教育に関して基本的なことをおたずねしますので，簡単に説明をお願いします。

① 日常生活の指導とはどんな学習ですか。どのような意義がありますか。

② 組織として人権感覚を高めるために，大切なことはどのようなことだと思いますか。

③ 静岡県の特別支援学校では今年度よりコミュニティースクールを導入しています。コミュニティースクールについて分かりやすく説明してください。

④ 「主体的・対話的で深い学び」の視点からの授業改善について，具体例を挙げて説明してください。

⑤ 「障害のある子供の教育支援の手引～子供たち一人一人の教育的ニーズを踏まえた学びの充実に向けて～」について，簡単に説明してください。

⑥ ティーム・ティーチグをする上で，難しい，大変だと感じたことを率直に話してください。

⑦ 児童生徒の実態把握をするために，どのような手段を活用していますか。その手段活用の有効性と課題を教えてください。

【場面指導課題】

□今から，あなたに特別支援学校の教員になったつもりで，実際に指導を行ってもらいます。指導場面は，生活単元学習の「学校探検」。

知的障害のある小学部高学年(中学部1年生)，15人の集団です。その中には，面倒見のよいリーダー的な児童生徒や指示が通りにくい児童生徒など個性豊かな児童生徒がいることとします。教員はあなたを含め3人。あなたがこの授業のT1です。このあと，本時の目標を設定し，授業の一場面を切り取って2分間で指導をしていただきます。目標，活動内容，場面設定(導入部分，活動場面，まとめの場面など)はあなた自身が自由に想定して構いません。必要があれば，黒板とチョークを使用してください。チョークを使用する際には，感染予防のため，ペーパータオルを巻いて使ってください。90秒で構想を練ってください。90秒経ったところで，構想を30秒以内で発表してもらいます。その後，指導開始の指示を出しますので，2分間で指導をしてください。1分を経過したところで合図をします。終了後，試験委員の方からいくつか質問をさせていただきます。

▼自立活動教諭
【質問例】
□なぜ看護師ではなく，自立活動教諭の採用試験を受けようと思ったのですか。
□自立活動教員として採用された場合，あなたは教員や看護師とどのような連携を図り，学校組織の中でどのような役割を果たしていきたいと考えますか。
□登校時は体調に問題なかった児童生徒が，その後調子を崩してしまいました。保護者に連絡したところ，もう少し様子を見てほしいとの回答でした。あなたは，どのような対応をしますか。
□医療的ケアに関わる看護師と自立活動教諭の職務上の違いと共通点についてどのように考えますか。
□これまでの看護師経験の中で，対応に苦慮した経験がありましたら教えてください。
□これまでの看護師経験の中で，尊敬できる先輩や同僚はいましたか。
□特別支援教育に関して基本的なことをおたずねしますので，簡単に

説明をお願いします。

① 勤務校の医療的ケア体制について，よい取組と課題を教えてください。

② 特別支援学校を全く知らない人に「特別支援学校」の説明をしてください。

③ 児童生徒の安全安心な学校生活や健康保持について考えたとき，勤務校のよい取組と課題について教えてください。

【場面指導課題】

□自立活動教諭として答えてください。4月にある学校に赴任しました。教職員の前で挨拶をすることになりました。1分以内で挨拶をお願いします。

◆実技試験(1次試験)

▼中学英語

【課題1】

□質問されたことに対して，英語で答える。(返答各30秒以内)

The examinee will answer 3 questions, each within 30 seconds.

【課題2】

□来日するアメリカ人の友人とどう日本で過ごすか，理由も含めて英語で意見を述べる。(2分以内)

The examinee will tell what he/she will do for his/her American friend to enjoy their time in Japan.

【課題3】

□英語を学びたい中学生のためにオンラインか対面のどちらのレッスンがよいか考え，そのことについて理由を挙げて自分の考えを英語で述べる。(2分以内)

A Japanese girl will take an English language lesson to learn English. There are two choices for her, online lessons or face-to-face lessons. The examinee will choose ones of them and give his/her advice within 2 minutes.

※英和辞典及び和英辞典の持込みは不可とする。

▼中学音楽

【課題】

□次のa，bの2つを実施する。

a　ピアノ演奏

・F. J. ハイドン ピアノソナタ 第 49 番 変ホ長調 第1楽章 64 小節まで (繰り返しなし暗譜でもよい。なお，出版社は問わない。)

b　歌唱(無伴奏)

・以下の中学校歌唱共通教材3曲のうち，当日1曲を指定する。受験者は無伴奏で，主旋律を歌う。(移調可。暗譜でもよい。)

「花の街」　　　江間章子作詞　　團伊玖磨作曲　　1番のみ

「荒城の月」　　土井晩翠作詞　　滝廉太郎作曲　　1番のみ

「赤とんぼ」　　三木露風作詞　　山田耕筰作曲　　1，2番のみ

※持ち物

　　上記a・bで使用する楽譜(会場は，窓を開けて換気するため，演奏中に楽譜が飛ばないように工夫する)

・歌唱に関しては試験開始前の説明時に曲目(花の街)と発表された。

・面接官は2人だった。

・歌唱に関しては，初めの音のみ電子ピアノで出すことが許されている。その後20秒間の発声練習がある。

▼中学美術

【課題】

□静岡県内の電車または新幹線が通るある駅のプラットフォームの壁

面を，あなたがデザインをすることになった。そこで，以下の条件を踏まえて描きなさい。

---

条件1　電車または新幹線を使用する人が見たときに，地域の魅力が伝わるような構図にすること。

条件2　指定した駅の地域の特徴や特色が表れていること。

条件3　指定した駅の地域の特徴や特色がイメージできるような具体物を，二つ以上入れること。

条件4　既成のキャラクターやマークを使用しないこと。

条件5　文字は入れないこと。

条件6　水性の絵の具を用いて，美しく効果的に表現すること。

---

※別紙に指定した駅名を記入すること(静岡県内に存在する電車や新幹線が通る駅の中から選ぶ)。

※別紙にその地域の特徴を踏まえて，作品に込めた主題を簡単な文章で記入すること。

※制作に対する態度や用具の扱い，片付け等，中学生の手本となるような姿勢で制作すること。

※作品の裏面に受験番号と氏名を書くこと。

※私語，スマートフォン等電子機器の使用，本の閲覧などはしてはいけない。

※水分の補給やトイレの使用，制作のための水道の使用などはしてもよい。

※持ち物

　鉛筆，消しゴム，水性の絵の具，筆，パレット，筆洗(水入れ)，30cm以上の定規，コンパス，雑巾，ゴミ袋，その他(絵画・デザイン表現に必要と思われる物)

※日程

13：00　集合・オリエンテーション

13：10　実技開始

14：40　実技終了(片付けを含む)

※終了時刻になったら途中でも制作を終えること。

▼中高保体
【課題1】
□球技
　ゴール型「バスケットボール」
【課題2】
□器械運動
　マット運動「回転系」
【課題3】
□柔道「受け身」
※晴天時も雨天時も同様の試験内容で実施
※持ち物
　受験票，保健体育実技試験案内，屋内用シューズ，水筒(水分補給用)，タオル，貴重品，携帯電話等
・「健康調査票」(HPからダウンロードしてA4判用紙に印刷)を記入し，筆記試験会場受付にて提出する。
・受験する種目の実技ができる体操着及び運動靴(屋内)を各自で用意する。
・体操着には胸と背の両方に，ゼッケン(20cm×20cm の白布に受験番号を黒書)を縫い付ける。
・柔道着は不要である。

▼中学技術
【課題1】
□次の条件と図面をもとに，板材から整理棚をつくりなさい。

・プラスチックケースが引き出しとして使えること。引き出し
　はスムーズに出し入れできること。
・板材の寸法　15×180×900
・寸法の記入がない部分は，条件を考慮し決定する。
・板材の外周(こぐち，こば)は，そのまま利用してよいが，自分
　で切断した部分はかんなで仕上げる。ただし，こばのどちら
　か一方を基準面とする。
・板と板の接合は，くぎを使う。
・図面に示されている寸法の単位は，mmとする。

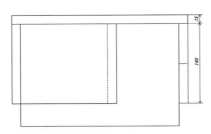

| 部品番号 | 品名 | 材質 | 数量 |
|---|---|---|---|
| ① | 側板1 | スギ | 1 |
| ② | 側板2 | スギ | 1 |
| ③ | 底板 | スギ | 1 |
| ④ | 棚板 | スギ | 1 |
| ⑤ | 支え板 | スギ | 1 |
| ⑥ | 背板 | スギ | 2 |
| その他① | くぎ | 鉄 | 適量 |

ポイント
・安全面に配慮して作業できる。
・木材の性質に配慮して作業できる。
・工具を正しく使用できる。
・作品を時間内に完成できる。

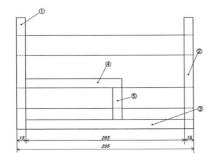

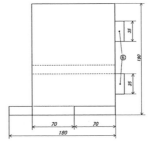

【課題2】

□回路図従い，暗くなるとLED1が点灯する回路を製作しなさい。

　・フォトトランジスタは，明るさを感知すると電流が流れる。

　・可変抵抗器で感度を調整することができる。

278

〈回路図〉

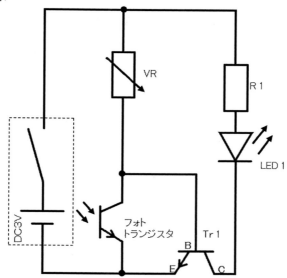

※1 回路の製作については，以下の部品を使用する。

| 部品名 | 数　量 | 部品名 | 数　量 |
|---|---|---|---|
| 汎用基盤 | 1 | スイッチ付き電池ボックス | 1 |
| 発光ダイオード | 1 | 単3形乾電池 | 2 |
| 可変抵抗器　100kΩ | 1 | ジャンパー線，リード線 | 適量 |
| 抵抗器　51Ω | 1 | フォトトランジスタ | 1 |
| トランジスタ | 1 | | |

※2 作業のポイント

・安全面に配慮して作業する。部品によっては，発熱することもある
　ため，通電した状態で部品に触れる時には火傷に十分気をつける。

・電気の特性に配慮して作業する。

・工具を正しく使用する。

・作品を時間内に完成する。

・トランジスタの接続は図1を参考にする。

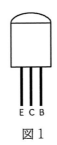

E C B

図1

※持ち物

　げんのう，両刃のこぎり，さしがね，台かんな，釘抜き，ラジオペンチ，ニッパ，電気はんだごて(20w～30w)，はんだを吸い取ることができるもの，防護眼鏡，三角定規，コンパス，ものさし，筆記用具，作業に適した服装

▼中学家庭

【課題】

□ミシンを使用して，次の条件を満たす着丈50cm，身幅30cmの幼児用エプロンを作りなさい。

---

○すその半分は，まつりぬい，半分はミシンで縫う。

○幼児が手を出し入れしやすいポケット口のサイズにし，丈夫に付ける。

○布端は，三つ折りで始末する。

---

〈留意事項〉

※玉結び，玉どめをするときは，試験官に声を掛けてから行う。(1回のみ)

※適宜，布とひもを裁断する。

※縫い代については，各自の考えのもと，適切にとる。

※まち針，アイロンを適宜使用する。

※持ち物

　裁縫用具一式(裁ちばさみ，チャコペンシル，まち針，縫い針，糸切

りばさみ, ひも通し等), エプロン, 三角巾, ふきん3枚, 台ふきん1枚

▼高校英語

【英語面接質問内容】

Imagine that you are teaching at the same school and your students' level is CEFR: Al (A2,B1).You are going to have an English teachers' meeting. The topic of the discussion is…

☐[Proactive,interactive, and deep learning]

The revised Course of study states that teachers should promote students'proactive, interactive, and deep learning in classes. In order for every English teacher in your school to achieve this, what can you do as " Team Eigo-ka?" Now, try to reach an agreement and list up to three things you must do, fixing an order of priority.

☐[Team Eigo-ka]

The environment surrounding students has become increasingly complex and diverse, and the social demand for enhancing the quality of school education has been increasing. So, as a "Team Eigo-ka", the idea that teachers build good relationships with each other and improve their teaching together will be much more important. Now, in order to make a good team including an ALT, what can you do ? Now, try to reach an agreement and list up to three concrete arguments for your English department, fixing an order of priority.

☐[Performance tests]

A survey conducted by the Ministry of Education, Culture, Sports, Science, and Technology (MEXT) concerning high school English education reports that less than 40 percent of all high schools in Japan gave the performance tests related to both students'speaking and writing abilities. At the same time, this study also makes clear that the students who experienced such performance tests showed greater scores in overall English abilities. In order to make the situation better, what can you do as "Team Eigo-ka"? Now, try to reach an agreement and list up to three effective ways you must do, fixing an order of priority.

☐[ICT on English classes]

These days, almost all high schools in Japan are trying to find some effective ways to use ICT, not only for English classes at schools but also for students'daily lives (outside the classroom). What is important when you adopt ICT in your English classes? As an English department, try to reach an agreement and list up to three things you must do, fixing an order of priority.

☐[Evaluation]

From this year, along with the implementation of the new Course of Study, you are supposed to be expected to reconsider what the evaluation on students'competencies should be. In order to make this reform of evaluation much more effective and practical, what do you think is important? Now, try to reach an agreement and list up to three things you must do as an English department, fixing an order of priority.

☐[Improving teaching]

At the end of the 1st semester, teachers submitted a questionnaire to their students. Students answered they didn't have any confidence in speaking English at all, even though every teacher carried out some speaking activities in their classes and conducted the speaking tests twice. How will the English department grasp this situation and take some measures? Now, try to reach an agreement and list up to three things you must do as an English department, fixing an order of priority.

▼高校家庭

【食物課題】

☐次の3品を指示に従って作りなさい。

(1)　涼拌三絲

　　① 　きゅうり，ハム，はるさめ，たまごを使用する。

　　② 　きゅうり，ハムは「せん切り」にする。

③　たまごは,「錦糸卵」とする。

④　用意した材料は必要な分量だけ用いる。

⑤　一人分を盛り付ける。残りは,別の容器に入れて提出する。

⑥　かけ汁は一人分を作り,具とあえずに別の容器で提出する。

⑦　かけ汁として使用した調味料をすべて下表に記入しなさい。

(2)　鶏肉の鍋照り焼き

①　付け合わせは,ジャガイモのソテーを作る。ジャガイモは「さいの目切り」にし,塩・こしょうで調味する。

②　必要とする調味料を考え,適宜用いる。

③　照り焼きに使用した調味料をすべて下表に記入しなさい。

④　用意された材料を全て使用する。

(3)　オレンジゼリー

①　用意した材料は必要な分量だけ用いる。

②　粉ゼラチン2gを使用し,二人分作る。

2　提出方法

①　出来上がったものをすべて適切に盛り付けて提出しなさい。

②　余ったものも提出すること。


【被服課題】

□次の指示に従い,下図を参考に,ファスナー付きポーチを製作しなさい。ただし,指示以外については,各自で判断しなさい。

---

・下図のような仕上がりになるように,布を2枚裁断する。

・ファスナー付け,縫い合わせばすべてミシン縫いとする。

・縫い代量,針甘は素材や作品に合わせ,適宜判断する。

・ファスナー口の布の縫い代は裏から見えないように始末する。

・底を縫い,4cmのまちをつける。

---

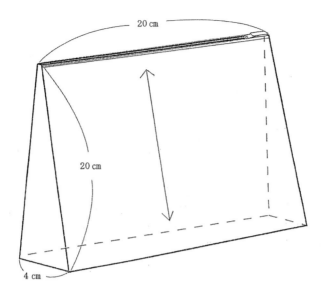

◆適性検査

　▼全校種

　【検査内容】

　〈1次試験〉30分

　□YG性格検査

　〈2次試験〉60分

　□表情を読み取る検査

　・表情から気持がどれか読み取るものと，自分はどう行動するか，場
　　面から考える検査

◆集団討論〈2次試験〉

　▼小学校教諭・中学校教諭・養護教諭

【テーマ】

□あなたは，学級担任として，児童(生徒)が，自分のよさや可能性に気づくことができるようにするためには，どのようなことが大切だと考えますか。グループで話し合い，理由とともに3つにまとめてください。(小学校)

□あなたは，学級担任として，児童(生徒)が，学級の中に自分の居場所を見つけることができるようにするためには，どのようなことが大切だと考えますか。グループで話し合い，理由とともに3つにまとめてください。(小学校)

□あなたは，学級担任として，児童(生徒)が，他人の立場を尊重し，他人のことを思いやることができるようにするためには，どのようなことが大切だと考えますか。グループで話し合い，理由とともに3つにまとめてください。(小学校・中学校)

□あなたは，学級担任として，児童(生徒)が，互いを認め合い，支え合うことができるようにするためには，どのようなことが大切だと考えますか。グループで話し合い，理由とともに3つにまとめてください。(小学校・中学校)

□あなたは，学級担任として，児童(生徒)が，誰とでも協働することができるようにするためには，どのようなことが大切だと考えますか。グループで話し合い，理由とともに3つにまとめてください。(中学校)

□子供一人一人の学びを最大限に引き出す教員とは，どのような教員だと考えますか。グループで話し合い，理由とともに3つにまとめてください。(中学校)

□子供のサインにいち早く気付くことのできる養護教員とは，どのような養護教員だと考えますか。グループで話し合い，理由とともに3つにまとめてください。(養護教員)

□校内の職員と連携できる養護教員とは，どのような養護教員だと考えますか。グループで話し合い，理由とともに3つにまとめてください。(養護教員)

□あなたは，栄養教員として，児童(生徒)が，健康で健全な食生活に
　関する知識や技能を身につけるためには，どのようなことが大切だ
　と考えますか。グループで話し合い，理由とともに3つにまとめて
　ください。(栄養教員)

□食生活の乱れがある児童生徒への対応ができる栄養教員とは，どの
　ような栄養教員だと考えますか。グループで話し合い，理由ととも
　に3つにまとめてください。(栄養教員)

▼小学校教諭　面接官3人　受験者5人　30分

【テーマ】

□あなたは学級担任として，児童(生徒)が，互いを認め合い，支え合
　うことができるようにするためには，どのようなことが大切だと考
　えますか。グループで話し合い，理由をもとに3つにまとめてくだ
　さい。

〈試験の流れ〉

1. 入室して面接官から話を聞く。

2. 裏返してある紙をめくり，2分間考える(各自)。

3. 1人ずつ発表をして5人で討議(3つにまとめなさい)。

〈面接会場配置例〉

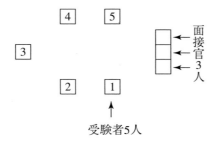

▼中学社会　面接官3人　受験者4人

【テーマ】

□子ども一人一人の学びを最大限に引き出す教員とは，どのような教

員だと考えますか。グループで話し合い，理由とともに3つにまとめてください。

▼高校教諭
【テーマ】
□教師の魅力
□校則の見直し

▼特支教諭
【テーマ】
□あなた方は特別支援学校の教員です。

　静岡県では，インクルーシブ教育システムの構築を目指して，「共生・共育」推進しています。静岡県が考える「共生・共育」とは，<u>障害のある子供と障害のない子供が居住する地域社会の中でお互いに支え合いながら生活すること，個々の教育的ニーズに応じた適切な教育を行うこと，それらを両立することを目指していくもの</u>です。ふじのくに「有徳の人」づくり大綱においても，基本理念に「有徳の人」の育成 ～誰一人取り残さない教育の実践～ を掲げているところです。

　上記の内容(特に下線部分)と現状の課題を踏まえ，30年後の「共生・共育」について大いに夢を語ってください。どんなインクルーシブ教育システムが構築されていてほしいか，どのような地域社会になっていてほしいか，様々な観点から意見を出し合ってください。更に，その夢の実現のために必要だと思う取組をあげてください。

　集団面接の冒頭で，①「現状の課題」，②「夢の具体的な姿」，③「実現のために必要な取組」について，30秒間で発表していただきますので，事前に考えをまとめておいてください。また，討論終了後，グループの代表の方にグループの意見を1分間で発表していただきます。メモ用紙は，必要に応じて使用してください。
＜進め方＞
・面接室入室までに各自で上記の3点について(案)を考えておくこと。

配付したメモ用紙を使用してもよい。(集団面接に持参)
・集団面接の冒頭で，全員が自身の考えた(案)を30秒以内で発表する。
・集団面接の中で協議を通してグループの意見をまとめる。(①，②，
　③についての時間配分は，グループで考える)
・グループの代表者は，グループの意見を1分間で発表する。
・面接委員の質問に答える。

## 2023年度　静岡市

◆実技試験(1次試験)
　▼中学英語
　※静岡県と同じ概要で試験を行う。

　▼中学音楽
　※静岡県と同じ概要で試験を行う。

　▼中学美術
　※静岡県と同じ概要で試験を行う。

　▼中学保体
　※静岡県と同じ概要で試験を行う。

　▼中学技術
　※静岡県と同じ概要で試験を行う。

　▼中学家庭
　※静岡県と同じ概要で試験を行う。

◆個人面接(1次試験)

▼全校種

【質問内容】

□あなたが静岡市の教員になりたいと思ったきっかけや理由を聞かせてください。

□あなたが，今，または今までで，一番夢中になったことについて，1分間語ってください。

▼小学校教諭

【質問内容】

□あなたは小学校6年生の担任です。修学旅行の班編成を行うことになりました。あなたは担任として，どのようなことに配慮して班編成を行いますか。子どもたちに話すように言ってください。

▼小学校教諭　面接官3人　15分

【質問内容】

□静岡県の教員を志望した理由は。

□自分が教員に向いていると思う資質は。

□教育実習で学んだことについて。

□小学6年の担任を想定し，修学旅行の班編成をするとき心がけること(実際に子供に話すように)。

　→なぜそれを心がけるのか。

　→その時に泣いた子供の対応。

□今まで夢中になったことについて(1分で)。

　→なにがそのことを続けることを支えていたのか。

　→そのことを通して学んだこと，それを授業にどう活かすか。

□いじめのない学級を作るために何が最も大切か。

▼中学校教諭

【質問内容】

□中学校3年生の担任であるA先生は，生徒に「広い視野」をもってほ

しいと思い，毎日，話題のニュースを取り上げ，話をしています。あなたがA先生なら，どのような話題を取り上げ，「広い視野」をもたせますか。

▼養護教諭
【質問内容】
□あなたは小学校の養護教員です。ある日，6年生の学級で修学旅行の班編成を行っている時に，どの班にも入れず，泣き出して教室を飛び出し，保健室に来た子がいました。あなたは，養護教員としてどのように対応しますか。

▼栄養教諭
【質問内容】
□あなたは栄養教員として小学校に配属になりました。ある日，1年生の担任から「給食の好き嫌いが多く，ほとんど食べない子がいて困っている。どう指導したらよいか。」と相談を受けました。あなたは，栄養教員としてどのように対応しますか。

▼特別選考試験
【質問内容】
□あなたが教員を目指す上で教師塾での学びを振り返り，一番の成果だと感じたことと一番大変だったと感じたことをお話しください。
□あなたは4年生の担任です。ある日，保護者から「子どもがいじめを受けているので，何とかしてほしい。」という訴えがありました。あなたは，どのように対応しますか。
□4月の始業式，あなたは担任として子どもたちに話をします。静岡市の目指す子どもたちの姿から，「1年間でどんな人になってほしい」と話をしますか。目の前に子どもたちがいるつもりで1分以内で語りかけてください。

▼第1次試験特別支援教育推進枠

【質問内容】

□通常学級あるいは特別支援学校ではなく，あえて特別支援学級の担任や通級指導教室の担当を志願された理由は何なのか，教えてください。

□いわゆる「障害者差別解消法」(平成25年制定，28年施行・正式名称「障害を理由とする差別の解消の推進に関する法律」)では，障害があり，必要性がある子どもへの「合理的配慮」の提供が求められています。その合理的配慮の充実を図るうえで，「基礎的環境整備」は欠かせません。「合理的配慮」と「基礎的環境整備」の違いについて，学校生活における具体例を挙げて説明してください。

□あなたは自閉症・情緒障害学級の担任です。Aさんは新しい課題や作業に挑戦したがらない子です。クラスのほかの子が全員やっていても何もしないで椅子に座っていることや，教室内を歩き回っていることがあります。時には，他の子の邪魔をしたり，挑戦させようとすると暴れたりすることもあります。あなたは，このAさんに対して，今後どのような方針で指導を行いますか。

→質問を受けて，こうしたAさんのあらわれを保護者に伝えるときに，あなたはどのようなことを意識しながら保護者に話をしようと思いますか。


◆個人面接(2次試験)

▼全校種

【質問内容】

□静岡市の教員を志願する際に，「面接シート」を提出していただきました。そこに書かれている「○○○」について質問します。

□面接シートに書かれている「静岡市の教員をめざす理由」について質問します。

▼小学校教諭
【質問内容】
□あなたは小学校2年生の担任です。最近，クラスの中で，思いやり
のない言動が増えてきました。そこで，あなたは「親切・思いやり」
の内容で，子どもたちに教師の体験談を話すことにしました。あな
たなら，どのような話をしますか。2分以内で，私たちを小学校2年
生の子どもに見立てて，話をしてください。今から，考える時間を
1分間とります。(1分後)それではどうぞ。

▼小学校教諭　面接官3人　15分
【質問内容】
□小学校2年生の担任として，新設や思いやりに関する話を自分の体
験例を入れてスピーチ(考える時間1分)。
　→なぜその体験例を用いたのか。
　→何か心がけたことはあるか。
□部活やサークルで学んだことは。
□困難だったこと，それをどう乗り越えたか。
□研究の内容をどう授業に活かすか。
□「教育にひたむきな教師」は，どんな教師だと考えているか。

▼中学校教諭
【質問内容】
□あなたは中学校2年生の担任です。最近，クラスの中で，思いやり
のない言動が増えてきました。そこで，あなたは「思いやり・感謝」
の内容で，生徒に教師の体験談を話すことにしました。あなたなら，
どのような話をしますか。2分以内で，私たちを中学校2年生の生徒
に見立てて話をしてください。今から，考える時間を1分間とりま
す。(1分後)それではどうぞ。

▼養護教諭

【質問内容】

□あなたは小学校の養護教諭です。夏休み明けの集会で，2年生の子どもたちに，保健に関する話をすることになりました。あなたなら，どのような話で保健指導を行いますか。2分以内で，私たちを小学校2年生の子どもに見立てて話をしてください。今から，考える時間を1分とります。(1分後)それではどうぞ。

▼栄養教諭

【質問内容】

□あなたは小学校の栄養教諭です。「食べ物を大事にし，食料の生産等に関わる人々へ感謝する心をもつ」という指導内容で，2年生の子どもたちに集会で話すことになりました。あなたなら，どのような話をしますか。2分以内で，私たちを小学校2年生の子どもに見立てて話をしてください。今から，考える時間を1分とります。(1分後)それではどうぞ。

◆集団討論(2次試験)

※資料が与えられ，3分間資料を読む時間が与えられる。3分後，考えのまとまった人から資料から自身が思ったことを1分以内で発表をする。その後，下記の課題が与えられ，集団討論を開始する。

▼小学校教諭・養護教諭・栄養教諭

【課題】

□資料をもとに，A小学校の学校教育目標を実現していく上で，課題と思われることを明らかにしなさい。また，その課題を解決するために，具体的にどのように取り組んでいくかを話し合いなさい。

小学校6年生を対象にした「令和3年度全国学力・学習状況調査質問紙」において，あなたが勤務するA小学校(学校教育目標：たくましくしなやかな子ども)では以下のようなデータ結果が報告された。

【資料】令和３年度全国学力・学習状況調査　回答結果集計［児童質問紙］
※　「全国」のデータは，国立教育政策研究所ホームページより引用
※　「A小学校」は，架空の学校です。
※　単位：％
※　「その他」「無回答」は除く

| | | 当てはまる | どちらかといえば，当てはまる | どちらかといえば，当てはまらない | 当てはまらない | |
|---|---|---|---|---|---|---|
| ① | 難しいことでも，失敗を恐れないで挑戦していますか | 20.9 | 43.9 | 28.2 | 6.9 | A小学校 |
| | | 24.4 | 46.5 | 24.0 | 5.1 | 全国 |

| | | 当てはまる | どちらかといえば，当てはまる | どちらかといえば，当てはまらない | 当てはまらない | |
|---|---|---|---|---|---|---|
| ② | 学校に行くのは楽しいと思いますか | 52.3 | 38.7 | 7.3 | 1.7 | A小学校 |
| | | 47.9 | 35.5 | 11.4 | 5.2 | 全国 |

| | | 当てはまる | どちらかといえば，当てはまる | どちらかといえば，当てはまらない | 当てはまらない | |
|---|---|---|---|---|---|---|
| ③ | 5年生までに受けた授業では，各教科などで学んだことを生かしながら，自分の考えをまとめたり，思いや考えをもとに新しいものを作り出したりする活動を行っていましたか | 17.4 | 40.5 | 33.0 | 9.1 | A小学校 |
| | | 23.8 | 43.4 | 26.5 | 6.3 | 全国 |

| | | している | どちらかといえば，している | どちらかといえば，していない | していない | |
|---|---|---|---|---|---|---|
| ④ | 朝食を毎日食べていますか | 82.3 | 7.1 | 7.8 | 2.7 | A小学校 |
| | | 85.8 | 9.1 | 3.9 | 1.2 | 全国 |

【メモ欄】

【質問内容】

□心がけたこと。

□自分だったら教員として何を取り組みたいか。

□討論の感想。

□他の人の良かったところ。

□自分が頑張ったこと。

□反省点。

▼中学校教諭

【課題】

□資料をもとに，A中学校の学校教育目標を実現していく上で，課題と思われることを明らかにしなさい。また，その課題を解決するために，具体的にどのように取り組んでいくかを話し合いなさい。

> 中学3年生を対象にした「令和3年度全国学力・学習状況調査質問紙」において，あなたが勤務するA小学校(学校教育目標：たくましくしなやかな子ども)では以下のようなデータ結果が報告された。

【資料】令和3年度全国学力・学習状況調査　回答結果集計[生徒質問紙]
※　「全国」のデータは，国立教育政策研究所ホームページより引用
※　「A中学校」は，架空の学校です。
※　単位：％
※　「その他」「無回答」は除く

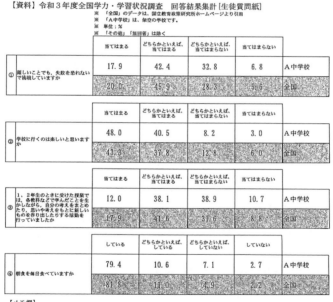

|  | 当てはまる | どちらかといえば，当てはまる | どちらかといえば，当てはまらない | 当てはまらない |  |
|---|---|---|---|---|---|
| ① 難しいことでも，失敗を恐れないで挑戦していますか | 17.9 | 42.4 | 32.8 | 6.8 | A中学校 |
|  | 20.0 | 45.9 | 28.3 | 5.6 | 全国 |

|  | 当てはまる | どちらかといえば，当てはまる | どちらかといえば，当てはまらない | 当てはまらない |  |
|---|---|---|---|---|---|
| ② 学校に行くのは楽しいと思いますか | 48.0 | 40.5 | 8.2 | 3.0 | A中学校 |
|  | 43.3 | 37.8 | 12.8 | 6.0 | 全国 |

|  | 当てはまる | どちらかといえば，当てはまる | どちらかといえば，当てはまらない | 当てはまらない |  |
|---|---|---|---|---|---|
| ③ 1，2年生のときに受けた授業では，各教科などで学んだことを生かしながら，自分の考えをまとめたり，思いや考えをもとに新しいものを作り出したりする活動を行っていましたか | 12.0 | 38.1 | 38.9 | 10.7 | A中学校 |
|  | 17.9 | 41.6 | 31.6 | 8.8 | 全国 |

|  | している | どちらかといえば，している | どちらかといえば，していない | していない |  |
|---|---|---|---|---|---|
| ④ 朝食を毎日食べていますか | 79.4 | 10.6 | 7.1 | 2.7 | A中学校 |
|  | 81.8 | 11.0 | 4.9 | 2.2 | 全国 |

【メモ欄】

◆適性検査(1次試験，2次試験)

□各自，Webにてそれぞれの期間内に受検する。

## 2023年度　浜松市

◆実技試験(1次試験)

　▼中学英語

　※静岡県と同じ概要で試験を行う。

　▼中学音楽

　※静岡県と同じ概要で試験を行う。

　▼中学美術

　※静岡県と同じ概要で試験を行う。

　▼中学保体

　※静岡県と同じ概要で試験を行う。

　▼中学技術

　※静岡県と同じ概要で試験を行う。

　▼中学家庭

　※静岡県と同じ概要で試験を行う。

◆個人面接(1次試験・2次試験)　受験者1人　面接官3人　試験時間15分

　※バイリンガル選考ではポルトガル語又はスペイン語でのバイリンガ

　　ル面接を行う。

　▼小学校教諭

【質問内容】

〈1次試験〉　面接官3人　15分

□教職を目指すきっかけ。

□印象に残っている先生はいるか，またその理由。

□長所について。

□ストレス発散方法。

□SNSを使うときに気をつけること。

□保護者に「LINEを交換してほしい」と言われたらどうするか。

〈2次試験〉面接官3人 25分

□浜松を志望した理由。

□教員になったらどんな活動をしたいか。

□信頼される教員になるためにやりたいことは。

□給食を残す児童への対応。

　　→クレームが保護者から来たらどう対応するか。

□他の自治体，就活はしていないか。

【場面指導課題】

□小4の担任です。音楽発表会3日前ですがクラスが「昼休みもまだ練習すべき」「練習はもう充分だ。完璧だ」と2つのグループに分かれ，雰囲気が悪い。こんな時にどのような声掛けをするか。

・面接官を子どもに見立てて行う。

・黒板や教卓を使ってもOK。

◆模擬授業(2次試験)　受験者1人　面接官3人

〈模擬授業共通事項〉

※模擬授業は新型コロナウイルス感染症への対応を想定しないものとする。

▼小学校教諭

【課題】

□小学5年生の算数科において，単元「四角形や三角形の面積」(教科書P198〜221)を，全16時間で扱う。学習計画は以下の通りである。

　　1〜4時間目　　平行四辺形の面積

　　5〜9時間目　　三角形の面積

　　10〜12時間目　台形・ひし形の面積

→1～12時間目において，それぞれの面積の求め方を考えさせるとともに，見いだした求積方法や式表現から，公式を導き出させる。

| 13時間目 | 一般四角形の面積 |
| 14時間目 | 不定形の面積 |
| 15時間目 | 面積の公式についての理解 |
| 16時間目 | まとめ・振り返り |

　本時(第5時)は，「三角形の面積」の求め方を考える最初の時間である。この本時の授業構想を，板書計画を基に説明しなさい。

〈算数科における児童の実態〉

○　児童数　30人(男子16人，女子14人)

○　4年生時の「面積」の学習において，定着が十分でない児童3名おり，図形に対する抵抗感を持っている。

○　4月当初から，他の単元において，考えを出し合い，学級内で練り合う活動を行ってきている。

○　「自分の考えをまとめ，表現することが得意」または「少し得意」と答える児童は19人/30人であった。一方，「苦手，少し苦手」と答える児童は11人/30人であった。

【模擬授業後の質問内容】

□この授業のねらい。

□ICTを用いるとしたらどのように使うか。

□子どもがつまずく所は。

　　→その支援法について。

□授業についてこれない子への対処法。

□教員になるために今頑張っていることは。

・40分構想(教科書，指導要領は見てOK)　教科と学年は1次試験終了時に伝えられる。

・5分で板書　4色チョークが使える。

・3分で板書内容の説明後，15～20分の面接。


▼中学国語

【課題】

□第1学年において，「随筆二編」と「構成や描写を工夫して書こう」を主な教材として，「自分を見つめる」という単元を設定した。本単元は6時間扱いとし，単元を貫く学習課題(言語活動)を「自分の思い出を随筆にしよう」とした。「随筆二編」を扱った後，「構成や描写を工夫して書こう」の学習において，自分が書く随筆の題材を選び，材料を集める活動を行う。次の時間に，『随筆二編』の学びを生かして，自分が書く随筆の構成を考える」時間(本時)を設定した。単元の終末を意識しながら，この本時の授業構想を，板書計画を基に説明しなさい。

(教科書「国語1」P216〜223光村図書)

〈国語科における生徒の実態〉

○　生徒は，これまでに何度も作文や詩等を書く体験を重ねている。そのため，書くことについて抵抗はなく，はじめ，中，終わり程度の構成については，意識して書くようになってきた。しかし，自分の伝えたいことに関してこだわりを持って構成を考えることはない。

○　随筆については，6年生で少し触れる機会があるものの，書くことも読むことも本格的に学習するのは，初めてである。


▼中学社会

【課題】

□第1学年の地理的分野「B　世界の様々な地域(2)世界の諸地域」において，「南アメリカ州」を取り上げ5時間の授業を構想した。第4時の「ブラジルにみる開発と環境保全」(本時)の授業構想について，板書計画を基に説明しなさい。

(教科書「社会科　中学生の地理　世界の姿と日本の国土」P116〜117　帝国書院)

〈社会科における生徒の実態〉

○　地理的分野の学習への関心はあまり高くなく，地理的事象に関す

る個別の用語をそのまま覚えるなど，受身的な学習姿勢の生徒が多い。
○　一つの資料の読み取りはできるが，複数の資料を関連付けて考えていくことが苦手な生徒が多い。


▼中学数学
【課題】
□第2学年において，「1次関数」の単元を扱う。「1　1次関数」の中の「②1次関数のグラフ」(教科書P76〜81)を4時間扱いとし，グラフの特徴を知ることで1次関数の理解を深めたい。その際，グラフのかき方の指導に流れないようにしたい。
　本時は，「1次関数$y=ax+b$の$x$の係数$a$について調べよう」(教科書P79〜80)を扱う。この本時の授業構想を，板書計画を基に説明しなさい。
〈数学科における生徒の実態〉
○　既習の比例・反比例の内容について，式の意味，グラフのかき方，表の見方など基本的な知識，技能は，身に付いている。しかし，その内容を問題解決に生かすことができない生徒が多い。


▼中学理科
【課題】
□第3学年の単元「化学変化とイオン」の「酸やアルカリの正体は何だろうか」において2時間の授業を構想する。授業構想を，板書計画をもとに説明しなさい。板書は，2時間分を1枚にまとめて書くこと。
　(教科書「理科の世界　3」P202〜205　大日本図書)
〈理科における生徒の実態〉
○　既習事項や生活体験などと結びつけ，意欲的に学習に取り組む生徒が多い。

○　観察・実験の目的意識が低く，通しをもって取り組むことができ
ない生徒がいる。

○　実験結果から根拠をもって説明することが苦手な生徒が多い。

▼中学英語

【課題】

□第2学年において，「Unit 7　Amazing Australia」の単元を9時間で扱
う。第3時までに，形容詞の原級に-er，-estを付けて比較級，最上級
にする比較表現を学習し，第4時(本時)は，more，(the) mostを加えた
比較級，最上級を用いた比較表現について理解し，使うことをねら
いとする。なお，as～as を使った比較表現は，第5時以降で扱う。
単元の終末は，「外国からの観光客を増やすため，浜松市の観光大
使になったつもりで，おすすめの名所や名物をウェブサイトの記事
に書いて紹介する。」という言語活動を設定する。この本時(第4時)
の授業構想を，板書計画を基に説明しなさい。

(教科書「Here We Go!　ENGLISH COURSE 2」P98～99 光村図書)

〈英語科における生徒の実態〉

○　男子16名，女子16名，計32人の学級。

○　英語を「聞くこと」「話すこと」については抵抗が少なく，積極
的に言語活動に取り組む生徒が多い。ただ，人とかかわることが苦
手だと感じる生徒や，自分の思いを表現することに自信が持てない
生徒が数名いる。

○　英語を好きだと答える生徒は比較的多いが，文法事項を正しく用
いて表現することに課題が見られる生徒が半数近くいる。

○　語彙の定着にも個人差があり，聞きたいことや言いたいことが英
語で伝わりにくい場面が時々見られる。

▼中学音楽

【課題】

□第1学年において，「日本の民謡やアジアの諸民族の音楽の特徴を感

じ取ってその魅力を味わおう」という題材(6時間扱い)を設定した。題材の始めの2時間で「日本の民謡」を扱い，その後「アジアの諸民族の音楽」を扱う。本時はこの題材の第1時として，鑑賞を行う。「日本の民謡」を教材として，生徒が我が国や郷土の伝統音楽のよさを味わうことができるようにしたい。この本時の授業構想を，板書計画を基に説明しなさい。

(教科書「中学生の音楽　1」P58〜59　教育芸術社)

〈音楽科における生徒の実態〉

○　共通教材「赤とんぼ」を扱った題材では，詩の内容や曲想を感じ取って思考し，工夫して表現することができた。

○　生徒に対する事前のアンケート調査により，ほとんどの生徒が日本の民謡を聴いたり歌ったりした経験が少ないことが分かった。


▼中学美術

【課題】

□第1学年3学期において，ポスターカラー，アクリル絵の具を使う表現として，「私の住む地域のマンホールデザイン〜印象に残るシンボルマーク〜」という題材を設定した。本題材は8時間扱いとする。第1時の授業では，全国各地の特徴的なマンホールについて鑑賞を行い，アイディアスケッチを描く。次の時間(本時)に，第1時のアイディアスケッチを基に，小グループでの言語活動(友達との意見交換)を行い，更にアイディアスケッチを描く活動を設定した。この本時の授業構想を，板書計画を基に説明しなさい。

(教科書「美術1　美術との出会い」P44〜45日本文教出版)

〈美術科における生徒の実態〉

○　30人学級(男子16人，女子14人)

○　この中学校区には7つの地区があり，この学級にはそれぞれの地区に3〜5人ずついる。

○　美術科の授業に意欲的に取り組む生徒が多いものの，発想の場面において悩み，なかなか制作が進まない生徒が一定数いる。

○　1学期に「文字っておもしろい」(教科書P42，43)を扱い，ポスターカラーやアクリル絵の具を扱う学習を行った。

○　「文字っておもしろい」の学習後に教師が題材を振り返ると，発想の場面において悩み，表現する際になかなか進まない生徒が半数いた。そのため本題材では，生徒のイメージを広げようと考え，第1時に全国で見られるマンホールデザインの鑑賞を行うこととした。

▼中学保体

【課題】

□第2学年において，球技(ゴール型)「サッカー」を扱う。本単元は9時間扱いとし，本時はその6時間目である。男女混合8人のチームを4つ作り，サッカー経験によって差が出ないようなチームを構成した。単元を通して，課題やその解決のための練習方法について考えを伝え合う活動を実施している。単元の前半では，基本的な技術の習得について学び，単元の中盤では，練習ゲームを行ったが，メンバー間の連携の面でつまずきが見られた。本単元の終末を見通しながら，本時における授業を構想し，板書計画を基に説明しなさい。

〈保健体育科における生徒の実態〉

　単元導入時のアンケートで「サッカー」が好き，得意だと感じている生徒は12人，嫌い，苦手だと感じている生徒は16人いる。どちらでもない，は4人。この単元には見学者もなく，全員参加できている。

○　1年時には，球技で「サッカー」を実施していない。

▼中学技術

【課題】

□第1学年において，「A材料と加工の技術」を題材として設定する。始めに材料と加工の技術について学び，その後木材を加工した製作を行った。本時は，この題材の最後の授業であり，「これからの材料と加工の技術」を教材として，まとめの学習(1時間)を行う。この本時の授業構想を，板書計画を基に説明しなさい。ワークシートを

使用すると想定する場合，ワークシートを黒板に書いてもよい。

(教科書「技術・家庭　技術分野　テクノロジーに希望をのせて」
P88～91 開隆堂)

〈技術・家庭科(技術分野)における生徒の実態〉

○　男子15人，女子15人，計30人の落ち着いた学級。

○　多くの生徒は図画工作科において，のこぎりやげんのう等の工具
を使用してきているが，知識・技能の習得や課題の解決策を構想す
る力には個人差がある。

○　技術を多様な側面から評価しようとしている生徒は少ない。


▼中学家庭

【課題】

□『B衣食住の生活』の「住生活」を6時間で扱う。「1住まいのはたら
きとここちよさ」の学習を2時間行った後で，「2安全な住まいで安
全な暮らし」の学習を2時間扱いで行う。本時は，「2安全な住まい
で安全な暮らし」の2時間目で「②災害への備え」を学習する。こ
の本時の授業構想を，板書計画を基に説明しなさい。ワークシート
を使用すると想定する場合，ワークシートを黒板に書いてもよい。

(教科書「技術・家庭　家庭分野　生活の土台　自立と共生」　P218
～221 開隆堂)

〈技術・家庭科(家庭分野)における生徒の実態〉

○　男子16人，女子14人，計30人の2年生の学級

○　前時に，「①家庭内事故への備え」(P214～217)を扱い，幼児や高
齢者に起きる家庭内事故の要因と対策としての安全管理の方法につ
いて学習している。

○　全体的に災害の知識はもっている。しかし，家庭や地域の災害へ
の備えについての知識や技能，取組には個人差がある。


▼養護教諭

【課題1】

□保健体育

　なたの小学校で，5年2組の担任が「体育 G保健(1)心の健康」の単元を以下のように計画しています。あなたに専門職(T2)として，第3時の指導に加わってほしいと，依頼がありました。担任からの依頼は，「呼吸法やストレッチ，体ほぐし運動等の具体的な方法について，心や体への変化を踏まえて児童に指導してほしい」という内容です。面接委員を児童に見たてて，4分以内で実演指導を行ってください。

---

○単元名「心の健康」

○単元計画

第1時「心の発達」

　心は人との関わり，あるいは自然とのふれあいなど様々な生活経験や学習を通して，経験を伴って発達することを理解する。

第2時「心と体の密接な関係」

　不安や緊張時には体調を崩しやすく，体調が悪いときは落ち込んだり，体調がよいときは気持ちが明るくなったりするなど，心と体は深く影響し合っていることを理解する。

第3時「不安や悩みへの対処」(本時)

　不安や悩みは誰もが経験することである。その時，自分に合った適切な方法で気持ちを楽にしたり，気分を変えたりすることで対処できる。体ほぐしの運動や深呼吸を取り入れた呼吸法などを行うとよいことを，体験を通して理解する。

○5年2組の児童の実態

　「心のアンケート」の結果では，7割の児童が「不安や悩みがある。」と答えた。その理由は「友達のこと」「勉強のこと」「家のこと」の順に多かった。また，その解決方法として，「友達や家の人に話す」「スポーツをする」「好きなことをする」などが挙げられた。

---

【課題2】

□不登校児童・生徒への対応について

　あなたの学校(中学校)で不登校気味の生徒が増えてきたので，健康相談を実施することになりました。職員には職員会議で，生徒には全校集会で健康相談の実施について説明をします。面接委員を職員，生徒に見立て，それぞれに対してお話をしてください。

◆適性検査(1次試験，2次試験)

□各自，Webにてそれぞれの期間内に受検する。

## 2022年度　静岡県

◆個人面接(1・2次試験)

　※個人面接は，1次試験と2次試験の計2回実施する。ただし，特支教諭受験者は，1次試験と2次試験個人面接及び場面指導を含む個人面接の，計3回の試験を実施する。

　※2022年度試験では静岡県熱海市伊豆山で発生した土石流災害の影響により，1次試験における個人面接は未実施。

　▼小学校教諭・中学校教諭・養護教諭

【質問内容】

□あなたが，教員になろうと決めた一番の理由は何ですか。

□あなたが自分を高めるために努力をしていることは何ですか。

□○○の授業で，一番大切にしたいと思うことは何ですか。それは，なぜですか。

□みんなと協力して何かをやり遂げたという経験はありますか。その時の経験を話してください。

□4月から教員として採用された場合，どのようなことにチャレンジしていきたいですか。

□働きやすい学校とは，どのような職場だと考えますか。そのような

職場にしていくために，あなたはどのように関わっていきたいです
か。

□教育公務員と他の公務員との違いは，どのような点にあると考えま
すか。

□あなたは，どんな学級づくりを理想としていますか。そのために，
どんな取組をしますか。


▼小学校教諭　面接官3人　31分(例年は約20分)

【質問内容】

□1人目：授業に関する質問

□2人目：自分に関する質問

□3人目：総合的な質問(ランダム)

□志望理由と教員としての決意について話してください。

□最近の気になるニュースについて話してください。

□主体的な学びの実現のためにどうしますか。

□GIGAスクール構想の中で考えるICTの活用方法について話してくだ
さい。

□理想とする授業とそのために何をしますか。

□自分が今までの経験で感謝していることはありますか。

□これまで一番の挫折とそこから立ち直った方法について話してくだ
さい。

□教育実習で嬉しかったことについて話してください。

□SNSで気をつけていることについて話してください。

・個人面接は不祥事やSNS関連の質問が例年と比べて多かった様に感
じました。受験をする自治体を中心として，教育関連のニュースを
確認しておくと，答えやすくなると思います。

・SDGsやGIGAスクール構想などのキーワードも確認しておくとよい
と思います。


▼高校教諭

【質問内容】

□最初に，あなたの受験教科・科目名及び受験番号を確認させてください。

□今朝は何時ごろ起きましたか。

□この会場までどのようにして来ましたか。

□面接を待っている間にどのようなことを考えましたか。

□あなたは今，どのようなことに積極的に取り組んでいますか。

□これまでに進んでボランティア活動に参加した経験がありますか。参加してどのようなことを考えましたか。

□失敗したり，自己嫌悪に陥ったりしたことがありますか。その時はどのように対応しましたか。

□あなたは，教師の使命とはどのようなことだと考えていますか。

□今の高校生をみて，一番問題だと思うことは何ですか。また，教師はそれに対してどう対処(指導)すべきだと考えていますか。(自分が教師になったら，どう指導しますか。)

□学生時代の部活動・サークル活動等であなたの役割は何でしたか。役割を果たす上での苦労やそれを乗り越えた経験を話してください。

□集団の話し合いの中で，意見の対立があった場合，あなたはどのような対応をしますか。

□リーダーシップを発揮する上で大切なポイントは何だと考えますか。

□あなたが高等学校の教師になろうと決めた一番の動機は何ですか。

□あなたはどのような教師になりたいと考えていますか。

□採用された場合，教師として実践したいことや生徒に教えたいことは何ですか。

□一般の公務員と比較し，教育公務員といわれる教員はどのような点が異なると思いますか。

□教師になった場合，日常の行動等で，注意しなければならない(やってはいけない)ことには，どのようなことがありますか。

□良い授業とはどのような授業だと思いますか。その実現のためには
　どのような工夫や努力をすべきですか。

□自己啓発のために努力していることは何ですか。

□学習意欲を失い，成績が下がってきた生徒に対して，自分が教師に
　なったら，どのように指導しますか。

□生徒から，他の先生には言わないことを前提にして悩み相談を受け
　たら，どのように対応しますか。

□体罰について，どのような考えを持っていますか。また，どのよう
　な行為が体罰にあたると考えますか。

□体罰のない指導を行うには，どのようなことが重要だと考えますか。

□いじめが起こった場合，どのように対処すべきだと考えますか。

□「生きる力を育てる」とは，どのようなことだと考えていますか。

□「個性重視の教育」について，あなたの考えていることを説明して
　ください。

□部活動にはどのような意義があると考えていますか。

□あなたの性格のどのような点が教師に向いていると思いますか。

□最近の教育に関する報道で特に関心を持っていることは何ですか。
　それについてどのような考えを持っていますか。

□これからの時代に求められる教師に必要な資質にはどのようなもの
　があると思いますか。その理由も説明してください。

□学校祭の準備のため，数名の生徒が午後8時過ぎまで学校で作業を
　したいと申し出てきた場合，どのように対応すべきだと考えますか。

□今までで一番苦労した出来事は何ですか。その時，どのように解決
　しましたか。

□人間関係を円滑に保つために大切なことはどのようなことだと思い
　ますか。

□働きやすい職場とはどのような職場だと思いますか。

□一つの集団の中で，皆で何か共通した課題の解決にあたろうとする
　とき，大切だと思うことを説明してください。

□困ったときや悩みがあるときに相談できる人はいますか。

□他の人々と協力して何かを成し遂げた経験を話してください。

□日頃意見の対立している人と一緒に仕事をするよう命じられた場合，どのように対応しますか。

□自分の個性や長所を活かすことができたと思える体験を話してください。

□自分の考えや行動を他の人から非難された経験があったら話してください。

□人に相談を持ちかけられたとき，どのような気持ちで接しますか。

□休みの日はどのように過ごしますか。何をしている時が一番楽しいですか。

▼高校国語　面接官4人　30分

【質問内容】

□(導入の質問)緊張していますか？

□あなたは今どんなことに積極的に取り組んでいますか。

□集団の話し合いの中で，意見の対立があった場合，どのような対応をしますか。

□自己啓発のために努力していることは何ですか。

□これからの時代に求められる教師に必要な資質にはどのようなものがあると思いますか，その理由も説明してください。

□他の人々と協力して何かを成し遂げた経験を話してください。

・4人の面接官の内，1人が事前の面接シートに記入したことについて質問してきました。予想外のところまでかなりつっこまれました。

・記入したことのさらにその先を想定して言えるようにしておくとよいでしょう。

▼高校数学　面接官4人　20分

□雨は大丈夫でしたか。

□時間まで，何を考えていましたか。

□学生時代に頑張ったことは何ですか。

□今，熱心に取り組んでいることを教えてください。

□なぜ，高校の教員を目指しましたか。

□高校生について思うことは何ですか。

　→(携帯のマナーについて答えた)どのように指導しますか。

□高校生に伝えたいことは何ですか。

□これからの教員に必要な資質について話してください。

□学級を持った時，どう指導しますか。

□長所で，教員に向いていることは何ですか。

□生徒から，他の先生に内緒で相談された時どうしますか。

□生徒から相談されたことは何ですか。

□部活動の意義について教えてください。

□成功したことを教えてください。

□失敗して挫折して乗り越えたことを教えてください。

□意見が対立した時，どうしましたか。

□自分の意見が正しくて対立した時，どうしますか。

□失敗して，自己嫌悪になったらどうしますか。

□良い授業とはどういったものですか。

□休日は何をして過ごしていますか。

□他の教員から非難されたら，どうしますか。


▼高校生物　面接官4人　30分

【質問内容】

※1次試験の実施があったが土砂災害で中止となりました。

・各面接官から順に3〜4問質問されました

□1人目：会場まで，どのように来ましたか。なぜ教師になりたいのか，専門教科(生物)の魅力は何か，待ち時間に何を考えていましたか。

□2人目：面接シートの内容から。

□3人目：面接シートの内容から，仲間と協力した出来事はありますか。

□4人目：教員になってやりたいことは何ですか。
　　→面接シートにあること以外で何があるか，他人から助けられたこ
　　　とはあるか具体的に教えてください。
・面接官1人ずつから質問されるので，目線は質問者に向けていれば
　よいと思いました。
・面接シートからの質問から面接の内容が広がるので，提出する時点
　から面接準備が始まっています。当日までに自分の意見もしっかり
　と固めていかなければいけません。
・質問は過去問と同じものが多数あり，準備してあれば落ち着いて臨
　めば大丈夫です。


▼特支教諭
【質問内容】
□静岡県の特別支援学校教員を志望する動機を教えてください。
□新しい時代の特別支援教育の在り方に関する有識者会議の内容に関
　して，あなたが関心を持った事項を教えてください。
□あなたが，特別支援学校教員としてのスキル・専門性を高めるため
　に取り組んでいることについて伺います。一度に複数の質問をしま
　すので，よく聞いていてください。
　①　あなたが専門性を高めるために取り組んでいること，
　②　なぜ，この内容に取り組んでいるのか，
　③　なぜ，この方法で努力しているのか，
　④　取組による成果と課題として考えていること，の4点を教えて
　　　ください。
□あなたの親しい同僚(友人)が，路上にゴミを捨てたとします。あな
　たは，どうしますか。
□担当している生徒が，あなたに相談に乗ってほしいことがあるので，
　他の先生には内緒で個人的にLineを使ってやり取りしたいと言って
　きました。あなたは，どのように対処しますか。
□担任している児童生徒の保護者から，休日に子どもを連れて遊びに

行きたいが，一人で連れて行くのは大変なので，担任であるあなたに手伝ってほしいという依頼がありました。あなたは，どのように返事をしますか。

〈2次試験〉

【課題例】

□この面接では，あなたに特別支援学校の教員になったつもりで，実際に指導を行ってもらいます。指導場面は，中学部1年生の作業学習「ボールペンの組立」です。あなたが担当する生徒は，太郎(花子)さんで，本時は1分間に1本程度の速度で組み立てることが目標になっています。このあと，生徒の様子を1分程度見てもらいますが，そこで，あなたが担当教員として，どんな指導をするのか考えてください。次に，私の合図で3分間，実際に指導をしてもらいます。試験委員の一人が，試験委員の席の所で児童生徒役をやりますので，あなたは自分の席で言葉掛けだけで指導してください。なお，途中で他の試験委員の一人が教員役で登場しますが，気にせずに指導を続けてください。3分経ったら，試験委員の方からいくつか質問をさせていただきます。


▼特支教諭　面接官3人　受験者1人　5分

〈1次試験〉

【質問内容】

□「新しい時代の特別支援教育の在り方に関する有識者会議」で印象に残ったことについて話してください。

□大学で専門的に勉強したことについて話してください。

□個別の教育支援計画と指導計画の意義と活用について話してください。

・知識に関することも質問されました。答えられなかったが，「勉強します」と答えました。

・大学のことや専門的にしてきたことを話しました。

〈2次試験〉

【課題】

□「中学部の生徒が，作業学習中，ボールペンの組立てをしているが集中できていない。あなたはどうするか」

・個人面接内で実施

・1分間生徒役の試験官の様子を見て，3分で指導。途中，他の試験官が先生役で出てくる。

▼自立活動教諭

【質問内容】

□採用された場合，特別支援学校の中で取り組みたいことはありますか。

□自立活動教員として採用された場合，あなたは教員や看護師とどのような連携を図り，学校組織の中でどんな役割を果たしていきたいと考えますか。

□特別支援教育に関して基本的なことをおたずねしますので，簡単に説明をお願いします。

①　生活単元学習について簡単に説明してください。

②　個別の指導計画の作成と活用について，どのような意義がありますか。

③　合理的配慮について簡単に説明してください。

④　チームティーチングにおけるT2やT3の役割について，あなたの考えを聞かせてください。

⑤　新学習指導要領について，あなたが大切にしたいポイントとその理由を教えてください。

⑥　新学習指導要領について，どのように受け止め，日頃の実践でどのように生かしていますか。

⑦　児童生徒の実態把握をするために，どのような手段を活用していますか。その手段活用の有効性と課題を教えてください。

(自立活動教諭への質問例)

□児童生徒の安全安心な学校生活や健康保持について考えたとき，

　勤務校のよい取組と課題について教えてください。
　□勤務校の感染症対策について，よい取組と課題を教えてください。


◆実技試験(1次試験)
　▼中学英語
【課題1】
□質問されたことに対して，英語で答える。(返答各30秒以内)

　The examinee will answer 3 questions, each within 30 seconds.

【課題2】
□「自分に最も影響を与えた」人やもの・ことについて，英語で考えを述べる。(2分以内)

　The examinee will describe someone or something that has influenced him/her the most.

【課題3】
□中学校の隣に空き地があり，その空き地の活用方法について5つの案(博物館・保育園・介護施設・総合体育館・こども食堂)がある。自分がその学校で働いていたら，どの施設がよいと思うか一つ選び，その選んだ施設について，理由を2つ以上挙げて，考えを述べる。(2分以内)

　Across from the junior high school, there is some empty land.

　To utilize the land effectively, there are 5 plans.

　(A City Museum, a Nursery School, a Nursing Home, a City General-Purpose Gym, or a Children's Cafeteria called "Kodomo Shokudo").

　The examinee will choose one of them and explain about his/her decision with 2 or more reasons within 2 minutes.

※英和辞典及び和英辞典の持込みは不可とする。


　▼中学音楽
【課題】

□a，bの2つを実施する。

a　ピアノ演奏

・L.v.ベートーヴェン　ピアノソナタ第5番　ハ短調Op.10-1第1楽章　105
　小節まで（繰り返しなし。暗譜でもよい。なお，出版社は問わない。）

b　歌唱(無伴奏)

　以下の中学校歌唱共通教材3曲のうち，当日1曲を指定する。受験者
は無伴奏で，主旋律を歌う。(移調可。暗譜でもよい。)

「早春賦」　　　吉丸一昌作詞　　中田章作曲　　　1番のみ

「浜辺の歌」　　林古渓作詞　　　成田為三作曲　　1番のみ

「花」　　　　　武島羽衣作詞　　滝廉太郎作曲　　1番のみ

※持ち物

・上記a・bで使用する楽譜(会場は，換気する(窓を開ける)ため，演奏
　中に楽譜が飛ばないように工夫する。)


▼中学美術

【課題1】

□以下の静岡幼稚園の紹介を踏まえ，条件に合うように園庭にある手
　洗い場をデザインしなさい。

＜静岡幼稚園の紹介＞

●園の目標　「元気で明るく，友達を大事にする心豊かな子」

●園の紹介　静岡県の中山間地域にあり，園の近くを小川が流れてお
　り，周囲にはいろいろな動植物が生息している。子供たちは大好き
　な生き物や豊かな自然に囲まれた環境の中，日頃から自然を生かし
　た活動に取り組んでいる。]

条件1　子供たちが日頃から利用する手洗い場であることを踏まえ，
　　　子供たちが毎日使うことが楽しくなるようなデザインにすること。

条件2　文字は入れないこと。

条件3　水性の絵の具を用いて，美しく効果的に表現すること。

※作品に込めた主題を別紙に簡単な文章で記入すること。

※制作に対する態度や用具の扱い，片付け等，中学生の手本となるよ

うな姿勢で制作すること。

※作品の裏面に受験番号と氏名を書くこと。

※私語，スマートフォン等電子機器の使用，本の閲覧などはしてはいけない。

※水分の補給やトイレの使用，制作のための水道の使用などはしてもよい。

※日程

13：00　集合・オリエンテーション

13：10　実技開始

14：40　実技終了(片付けを含む)

※終了時刻になったら途中でも制作を終えること。

【課題2】

□表現の意図を簡潔に文章で記入しなさい。

※持ち物

・鉛筆，消しゴム，水性の絵の具，筆，パレット，筆洗(水入れ)，30cm以上の定規，雑巾，ゴミ袋，その他(絵画・デザイン表現に必要と思われる物)

▼中学技術

【課題1】

次の図面をもとに，板材から整理棚をつくりなさい。

---

・板材の寸法　15×180×900

・寸法の記入がない部分は，図面をもとに計算する。

・板材の外周(こぐち，こば)は，そのまま利用してよいが，自分で切断した部分はかんなで仕上げる。ただし，こばのどちらか一方を基準面とする。

・板と板の接合は，くぎを使う。

・くぎは指定の場所から持って行く。

・図面に示されている寸法の単位は，mmとする。

---

| 部品番号 | 品名 | 材質 | 数量 |
|---|---|---|---|
| ① | 側板1 | スギ | 1 |
| ② | 側板2 | スギ | 1 |
| ③ | 天板 | スギ | 1 |
| ④ | 底板 | スギ | 1 |
| ⑤ | 背板 | スギ | 1 |
| ⑥ | 背板 | スギ | 1 |
| その他① | くぎ | 鉄 | 適量 |

135

ポイント

・安全面に配慮して作業できる。

・木材の性質に配慮して作業できる。

・工具を正しく使用できる。

・作品を時間内に完成できる。

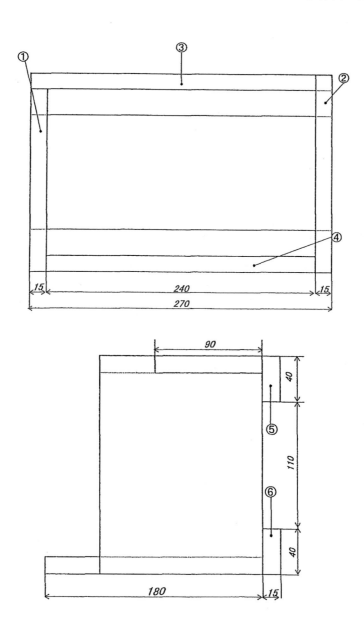

【課題2】

下記の回路図に従い，モータの回転数を制御する回路を作りなさい。

＜回路図＞

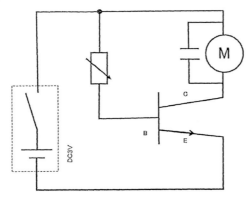

※1　回路の製作については，以下の部品を使用する。

| 部品名 | 数量 | 部品名 | 数量 |
|---|---|---|---|
| 汎用基盤 | 1 | スイッチ付き電池ボックス | 1 |
| ＤＣモータ　FA-130RA 相当品 | 1 | 単3形乾電池 | 2 |
| トランジスタ　2SC1815 相当品 | 1 | ジャンパー線、リード線 | 適量 |
| 可変抵抗器　10 kΩ | 1 | セラミックコンデンサ<br>104K 相当品 | 1 |

※2　この回路は，次のように動作する

・可変抵抗器(ボリューム)によって，モータの回転数を制御する。
・モータの回転方向や可変抵抗器の方向は問わない。

※3　作業のポイント

・安全面に配慮して作業できる。
・電気の特性に配慮して作業できる。
・工具を正しく使用できる。
・作品を時間内に完成できる。
・モータとコンデンサは図1のように接続する。
・トランジスタの接続は図2を参考にする。

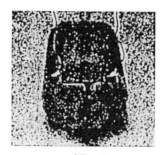

＜図1＞

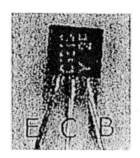

＜図2＞

※持ち物

・げんのう，両刃のこぎり，さしがね，台かんな，釘抜き，ラジオペンチ，ニッパ，電気はんだごて(20W～30W)，はんだを吸い取ることができるもの，三角定規，コンパス，ものさし，筆記用具，作業に適した服装を各自用意する。


▼中学保体

【課題】

□器械運動(マット運動)，球技(ネット型，ベースボール型)，武道(柔道)の4種目全てを実施する。

※持ち物

・「健康調査票」(HPからダウンロードしてA4判用紙に印刷)を記入し，

筆記試験会場受付にて提出する。

・受験する種目の実技ができる体操着及び運動靴(屋内)を各自で用意
　する。

・体操着には胸と背の両方に，ゼッケン(20cm×20cm の白布に受験番
　号を黒書)を縫い付ける。

・柔道着及びグローブ等の用具は不要である。


▼中学家庭

【課題】

□ミシンを使用して，次の条件を満たすペットボトル入れを作りなさ
　い。

> ○　机上にあるペットボトルに合った大きさにする。
> ○　「まち」をつけたきんちゃく型にする。
> ○　飲み口は袋口から出るようにする。
> ○　口あき止まりはしつけをし，コの字に縫う。
> ○　袋口は，三つ折りにする。
> ○　ひもは両側から通す。

〈留意事項〉

※　適宜，布とひもを裁断する。

※　縫い代については，各自の考えのもと，適切にとる。

※　まち針を，適切に使う。

※　アイロンは，適宜使用する。

※　布端は，処理しない。


▼高校英語

【英語面接質問内容(例)】

□Imagine that you are teaching at the same school and your students' level is
　CEFR: A1(A2, B1). You are going to have an English teachers' meeting.
　The topic of the discussion is …

☐[Proactive, interactive, and deep learning]

The revised Course of Study states that teachers should promote students' proactive, interactive, and deep learning in classes. In order for every English teacher in your school to achieve this, what can you do as "Team Eigo-ka?" Now, try to reach an agreement and list up to three things you must follow, fixing an order of priority.

☐[Globally minded individuals]

With the advance of globalization, it is necessary to nurture globally minded individuals. Now, based on the idea of curriculum management, what can you do as an English department? Now design your school curriculum which aims to encourage your students to have global ways of thinking with interest and deep knowledge.

☐[Team Eigo-ka]

The environment surrounding students has become increasingly complex and diverse, and the social demand for enhancing the quality of school education has been increasing. So, as a "Team Eigo-ka", the idea that teachers build good relationships with each other and improve their teaching together will be much more important. Now, in order to make a good team including an ALT, list up to three concrete engagements for your English department, fixing an order of priority.

☐[Performance tests]

A survey conducted by the Ministry of Education, Culture, Sports, Science, and Technology (MEXT) concerning high school English education reports that less than 40 percent of all high schools in Japan gave the performance tests related to both students' speaking and writing abilities. At the same time, this study also makes clear that the students who experienced such performance tests showed greater scores in overall English abilities.

What do you think this fact indicates, and try to find some effective ways in order to make the situation better.

□[ICT on English classes]

These days, almost all high schools in Japan are trying to find some effective ways to use ICT, not only for English classes at schools but also for students' daily lives (outside the classroom). What is important when you adopt ICT in your English classes? As an English department, try to reach an agreement and list up to three things you must follow, fixing an order of priority.

□[Evaluation]

From next year, along with the implementation of the new Course of Study, you will be expected to reconsider what the evaluation on students' competencies should be. In order to make this reform of evaluation much more effective and practical, what do you think is important? Now, try to reach an agreement and list up to three things you must follow as an English department, fixing an order of priority.

□[Improving teaching]

At the end of the 1st semester, teachers submitted a questionnaire to their students. Students answered they didn't have any confidence in speaking English at all, even though every teacher carried out some speaking activities in their classes and conducted the speaking tests twice. Now how will the English departmemt grasp this situation and take some measures?

▼高校家庭
【食物課題】
□次の4品を指示に従って作りなさい。

(1)　ポークソテー

①　豚ロース2枚を使用して作る。

②　ポークソテーは塩・こしょうで調味する。

③　つけ合わせに，いんげんのバターソテーを作る。


(2)　紅白なます

①　大根は，繊維に沿って「せん切り」にする。

②　にんじんは，繊維に沿って「せん切り」にする。

③　用意した材料は必要な分量だけ用いる。

④　必要とする調味料を考え，適宜用いる。

⑤　一人分を盛り付ける。残りは，別の容器に入れて提出する。


(3)　里芋の含め煮

①　里芋は六方にむく。

②　用意されたみりん，しょうゆで調味する。


(4)　グラタンに適したホワイトソース

①　バター20gを用いてホワイトソースを作る。

②　必要な小麦粉と牛乳の量を下表に記入しなさい。

③　調味料は加えなくてよい。

〈ホワイトソース〉

| 小麦粉 | 牛乳 |
|---|---|
| g | mL |


□提出方法

①　出来上がったものをすべて適切に盛り付けて提出しなさい。

②　余ったものも提出すること。

【被服課題】

□次の条件に従い，完成図に示したようなエコバッグを製作しなさい。

(持ち手は本体と一体化している。持ち手は1本のみとする。)

完成図

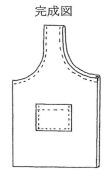

条件

○縫い代は各自で判断する。

○ポケット口はまつり縫いする。

○持ち手の縫い代は，バイアステープで始末する。

○両脇の縫い代の始末の方法は，各自で判断する。

○底は袋縫いする。

○底に8cmのまちをつける。

①　本体の型紙は，できあがりのサイズ(まちを含む)を示している。縫い代は各自で判断し，布を裁断する。ただし，ポケットは，配布されたものを使う(縫い代が含まれている)。

②　ポケットを作る。ポケット口は，中折り1cm，折り幅2cmの三つ折りにし，まつり縫いで縫う。ポケットは型紙で指示された位置にミシンでつける。

③　持ち手を縫い合わせ，縫い代を割る。

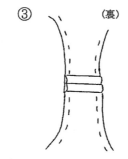

④ 持ち手，入れ口をバイアステープで始末する。

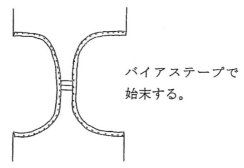

バイアステープで
始末する。

⑤ 両脇を縫う。縫い代の始末の方法は，各自で判断する。

⑥ 底を縫う。縫い代は袋縫いの方法で始末し，できあがり8cm幅の
まちをつける。

◆適性検査(1・2次試験)
▼小学校教諭　30分
【検査内容】
□YG
□顔写真とそこから連想される感情。
□会話の場面(4コマ漫画)での適切なコミュニケーションの取り方。

▼高校国語　15分

【検査内容】

□顔写真(3枚)から表情や印象を読み取り，2つの選択肢から選ぶ。

□文章から次にどういう展開がよいか2つ選択肢から選ぶ。

□場面(絵)から適切な言葉を選ぶ。

・選択肢はいずれも割合が5段階で表示されている。

(例)

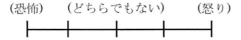

▼高校生物　1日目50分，2日目50分(説明，配布，回収の時間を含む)

【検査内容】

□1日目：2つの文に対して，どちらがより近いのか。

□2日目：イラストや写真に対して，どちらの感情がより近いのか。


◆集団討論(2次試験)

　▼小学校教諭

※新型コロナウイルス感染症拡大防止対策の観点から，未実施。


　▼高校教諭

【テーマ】

□生徒を成長させる教員。

□中学生が入学したくなる学校。


　▼高校国語　面接官3人　受験者6人(内1人欠席)　35分

【テーマ】

□中学生が入学したいと思うような魅力のある学校にするにはどうし
　たらよいか，意見をまとめなさい。

・実施方法は例年通り(2分個人で考えをまとめた後，討論をする)
・グループ内にいわゆる「クラッシャー」と呼ばれる人がいて，司会やタイムキーパーの役割分担をしたのにも関わらず，自分の意見を通そうとしました。
・タイムキーパーだったが，上記の通り役割を果たせず，やらない方がよかったと思いました。
・協調性をアピールしたつもりが，試験官には好印象にはならなかったようでした。あまり自分を「つくる」ことはしない方がよいと思いました。

▼高校数学
【テーマ】
□生徒を成長させる教員。

▼高校生物　面接官4人　受験者6人　30分
【テーマ】
□生徒を成長させる教員とはどのような教員か。
・面接官は最初の説明と残り時間の知らせのみで，それ以外は関与しません。
・受験者間で流れ，タイムキーパー，司会者等を決めるのは自由でした。
・席にテーマが記載されており，メモ用紙として使えます。
・始めに自分の意見を考える時間が2分与えられ，全員が発表してから討論が開始されます。
・発言者の意見はメモし，「Aさんの意見にあった○○に対して○○のように思います」と話すと分かりやすく，伝わりやすいので積極的にメモするとよいです。反論や違う視点の意見を出すと討論は盛り上がります。
・もし自分の意見が出せなかったら，「Bさんの○○の意見に共感しました」と言うと話を聞いているアピールができます。

▼特支教諭

【テーマ例】

□みなさんは，県立特別支援学校に勤務する教員です。学校では，児童生徒が毎月の生活目標を意識して学校生活を送ることができるように，わかりやすく親しみやすいスローガンをつくって児童生徒に伝えています。9月の生活目標は，新型コロナウイルス感染症が急拡大してきた状況と，感染対策がマンネリ化してきていることを考え，改めて感染対策に重点を置くことにしました。次回の職員会議に提案できるように，みなさんでスローガンを話し合って決めてください。

□みなさんは，県立特別支援学校に勤務する教員です。学校では，児童生徒が毎月の生活目標を意識して学校生活を送ることができるように，わかりやすく親しみやすいスローガンをつくって児童生徒に伝えています。4月の生活目標は，規則正しい生活習慣とあいさつに重点を置くことにしました。次回の職員会議に提案できるように，みなさんでスローガンを話し合って決めてください。

□みなさんは，県立特別支援学校に勤務する教員です。学校では，児童生徒が毎月の生活目標を意識して学校生活を送ることができるように，わかりやすく親しみやすいスローガンをつくって児童生徒に伝えています。3月の生活目標は，1年間のまとめと，お世話になった人や物への感謝の気持ちに重点を置くことにしました。次回の職員会議に提案できるように，みなさんでスローガンを話し合って決めてください。

□みなさんは，県立特別支援学校に勤務する教員です。学校では，児童生徒が毎月の生活目標を意識して学校生活を送ることができるように，わかりやすく親しみやすいスローガンをつくって児童生徒に伝えています。10月の生活目標は，「元気に挑戦する子どもたち」に重点を置くことにしました。次回の職員会議に提案できるように，みなさんでスローガンを話し合って決めてください。

□みなさんは，県立特別支援学校に勤務する教員です。学校では，児

童生徒が毎月の生活目標を意識して学校生活を送ることができるように，わかりやすく親しみやすいスローガンをつくって児童生徒に伝えています。5月の生活目標は，「友達を大切にする」に重点を置くことにしました。次回の職員会議に提案できるように，みなさんでスローガンを話し合って決めてください。

▼特支教諭　面接官3人　受験者6人　40分
【テーマ】
□4月のスローガンを決めます。
・挨拶と基本的習慣を身につけさせたいと思いました。
・どのようなスローガンにするか，話し合い意見をまとめました。
・話し合いは15分でした。6人で，司会役などは自分たちで決めました。

## 2022年度　静岡市

◆適性検査(1次試験)
　□各自，Webにて期間内に実施。

◆実技試験(1次試験)
　▼中学英語
　※静岡県と同じ概要で試験を行う。

　▼中学音楽
　※静岡県と同じ概要で試験を行う。

　▼中学美術
　※静岡県と同じ概要で試験を行う。

　▼中学技術

※静岡県と同じ概要で試験を行う。


▼中学保体
※静岡県と同じ概要で試験を行う。


▼中学家庭
※静岡県と同じ概要で試験を行う。



◆個人面接(1次試験・2次試験)
　※静岡県熱海市伊豆山で発生した土石流災害の影響により，1次試験
　　における個人面接は未実施。
▼小学校教諭
【質問内容】
□あなたは小学校6年生の担任です。クラスのAさんから，今までいつ
　も一緒にいたBさんとCさんが，2人だけでいるようになり，自分は
　仲間に入れないと訴えがありました。心配したAさんの母親からは，
　「学校での様子を知りたい。」と連絡がありました。あなたが担任な
　ら，どのように対応しますか。


▼中学校教諭
【質問内容】
□あなたは中学校3年生の担任です。クラスのAさんから進路について
　の相談を受けました。同じ高校を受験するBさんと仲が悪いため，
　受験校を変更したいとのことでした。そして，保護者には絶対に内
　緒にして欲しいと言われました。あなたが担任なら，どのように対
　応しますか。


▼養護教諭
【質問内容】

□あなたは小学校の養護教員です。6年生の担任から，参観会の保健の授業の際，5分程，身近な感染症の予防について話をして欲しいと依頼されました。あなたはどのような点に留意して児童と保護者に話をしますか。

▼栄養教諭
【質問内容】
□あなたは栄養教員として小学校に配属になりました。4月，給食がスタートして間もない頃，1年生の参観会で「楽しい給食」という内容で，授業を行うことになりました。あなたはどのような点に留意して児童と保護者に話をしますか。

▼特別選考試験
【質問内容】
□あなたにとって，教師塾での9か月の学びの中で，最も自分の成長に結びついたと思うのは，どのような講座ですか。理由も含めて具体的に教えてください。
□あなたは小学校3年生の担任です。あなたのクラスのAさんは，担任が目を離すと，すぐに友達の物を取り上げたり，たたいたりするので，周りの友達からも敬遠され，学級で孤立し始めてしまいました。あなたは担任として，このことにどのように関わっていったらよいと考えますか。
□あなたが，クラスの子どものよりよい関係づくりを育む上で，大切にしていきたいことは何ですか。

▼第1次試験特別支援教育推進枠
【質問内容】
□通常学級あるいは特別支援学校ではなく，あえて特別支援学級の担任や通級指導教室の担当を志願された理由は何なのか，教えてください。

□学習指導要領には「個別の教育支援計画」や「個別の指導計画」の作成が示されています。この「個別の教育支援計画」と「個別の指導計画」について，どのように活用するか説明してください。

□あなたが担任する特別支援学級のAさんはわずかなきっかけで，興奮して暴れてしまいます。周りの子も手を付けられず大きな騒ぎになるほど行動はエスカレートしてしまいます。あなたは，このAさんに対して，どのように指導を行いますか。

→質問を受けて，こうしたAさんのあらわれを保護者に伝えるときに，あなたはどのようなことを意識しながら保護者に話をしようと思いますか。

▼2次試験
【質問内容】
□あなたが静岡市の教員を志願した理由を聞かせてください。
□静岡市の教員としてどのようなことに力を入れて取り組みたいですか。
□静岡市の教員を志願する際に，「面接シート」を提出していただきました。そこに書いてある「○○○」について質問します。

◆集団討論(2次試験)
　※新型コロナウイルス感染症拡大防止対策の観点から，集団討論は未実施。

## 2022年度　浜松市

◆実技試験(1次試験)
　▼中学英語
　※静岡県と同じ概要で試験を行う。

　▼中学音楽

※静岡県と同じ概要で試験を行う。

▼中学美術
※静岡県と同じ概要で試験を行う。

▼中学技術
※静岡県と同じ概要で試験を行う。

▼中学保体
※静岡県と同じ概要で試験を行う。

▼中学家庭
※静岡県と同じ概要で試験を行う。


◆個人面接(1次試験・2次試験)　受験者1人　面接官3人　15分
　※バイリンガル選考ではポルトガル語又はスペイン語でのバイリンガ
　　ル面接を行う。

◆模擬授業(2次試験)　受験者1人　面接官3人
　＜模擬授業共通事項＞
　※養護教諭を除いて模擬授業は新型コロナウイルス感染症への対応を
　　想定しないものとする。
　▼小学校教諭
　【課題】
　□小学校4年生の単元「中心となる語や文を見つけて要約し，調べた
　　ことを書こう」
　　教材「世界にほこる和紙」(教科書p44～p51)を全7時間で扱います。
　　1時間目は『「世界にほこる和紙」を読んで中心となる語や文を見つ
　けて要約し，伝統工芸について調べたことを書こう』という学習課題

を設定し，学習計画を立てました。その後の2，3，4，5時間目で「初め」「中」「終わり」のそれぞれの段落の読み取りや要約を行う予定です。

　以上の計画のもと，「初め」「中」「終わり」の読み取りや要約をする授業構想を立ててください。そして，その4時間のうちの最後の時間の授業構想を，板書計画をもとに説明しなさい。

＜国語科における児童の実態＞

※児童数　31人(男子18人　女子13人)

※言語に対する理解力が低く，本読み等も苦手で学習に集中できない児童が1人いる。

※国語の学習に関するアンケートで，国語が「好き」と答える児童は，13人/31人であった。「少し好き」と答える児童は4人/31人だった。一方，「苦手，少し苦手」と答える児童は14人/31人で，国語の学習に対する興味関心はやや低い傾向にある。


▼中学国語

【課題】

□課題とする単元では，第1学年の教材『「言葉」をもつ鳥，シジュウカラ』を扱い，言語活動として「筆者の工夫を自分のレポートに生かすために友達と教え合う」という言語活動を設定する。また，この教材で学習した後には，『根拠を示して説明しよう　資料を引用してレポートを書く』教材を扱い，実際にレポートを作成する予定である。

　以上のことを踏まえ，『「言葉」をもつ鳥，シジュウカラ』の教材部分，6時間程度の単元構想を計画しなさい。その中で，『「言葉」をもつ鳥，シジュウカラ』の終末の時間，「結論に説得力をもたせるために，筆者はどのような工夫をしているか，考えたことを文章にまとめる」時間を取り上げ，その時間の授業の構想について板書計画を基に説明しなさい。(教科書「国語1」：光村図書p126〜p143)

＜国語科における生徒の実態＞

○自分が興味をもっているジャンルの本を読むことは好きだが，記録文のような形式の文体には慣れていない。身近な動物を扱う内容の文章には興味をもつ生徒も多く，大まかに内容を捉えたり，構成を捉えたりすることはできる。また，説明的文章については，小学校から系統的に学習を積んでおり，説明文直後のそれを模した言語活動には，円滑に取り組むことができる。しかし，他教科や総合的な学習の時間では，国語科の学びを上手に生かすことができず，自分の記録文や報告文を作る際には，出典や中身を精査せず，そのまま書き写してしまう生徒が7割程度いる。

▼中学社会

【課題】

□第3学年の公民的分野「D　私たちと国際社会の諸課題(1)世界平和と人類の福祉の増大」において，「さまざまな国際問題」(教科書p192〜p203)を取り上げ6時間の授業を構想した。第1時の「地球環境問題」(教科書p192〜p193)の授業構想について板書計画を基に説明しなさい。

＜社会科における生徒の実態＞

○公民的分野の学習への関心はあまり高くなく，社会的事象に関する個別の用語をそのまま覚える受け身な生徒が多い。

○資料から読み取ったことを身近な生活と関連付けて表現することを苦手とする生徒が多い。

▼中学数学

【課題】

□第1学年の教材「比例と反比例」の「2節　比例　①比例と式(3時間扱い)」(教科書p133〜p136)において，「比例」についての理解を深める。その際，一般的，形式的に流れることなく，具体的に事象を考察することを通して，比例の関係を見いだし考察し表現できるようにしたい。

　そこで，前述を踏まえて3時間分の授業を考え，その中の「水槽から水を抜いていくときの時間と水位の関係を調べよう(教科書p135)」の授業構想を，板書計画をもとに説明しなさい。

＜数学科における生徒の実態＞

○小学校で学習した比例の内容については，おおむね理解しているが，その内容を生活の場面と結び付けることができない生徒が多い。

▼中学理科

【課題】

□「身近な物理現象」において，p180〜p182「力の大きさとばねの伸び」の授業を構想する。授業構想を板書計画をもとに説明しなさい。

＜理科における生徒の実態＞

○実験方法に習熟していないため，誤差の多い実験となることが予想される。

○実験結果から根拠をもって考察することが苦手な生徒が多い。

○学んだことが，生活や社会とどのようにつながっているか意識できていない生徒が多い。

▼中学音楽

【課題】

□第2学年の題材「構成を工夫して，言葉によるリズムアンサンブルをつくろう。」(教科書p38〜p39)において，生徒が主体的に創作する授業(3時間扱い)を構想しなさい。そして，第2時のリズム，テクスチュア，構成を知覚し，それらの働きが生み出す特質や雰囲気を感受しながら，知覚したことと感受したこととの関わりについて考え，まとまりのある創作表現を工夫する授業構想について，板書計画をもとに説明しなさい

＜音楽科における生徒の実態＞

○歌唱や器楽などの表現活動に対して，関心が高い生徒が多い。

○音や音楽を聴き，そのよさや美しさなどを，音楽を形づくっている

要素を根拠として，自分の言葉で表現することが苦手な生徒が若干名在籍している。

▼中学美術

【課題】

□第1学年の題材

「じっくり見ると見えてくる」〜私の履物〜

加工粘土，アクリル絵の具，ニス等を使った表現　教科書p14，15(10時間扱い)

アイデアスケッチをもとに，子供同士の対話の場面を設定して下書きを構想する場面。本題材の第3時の授業を想定し，板書計画をもとに説明しなさい。

＜美術科における生徒の実態＞

○美術科の授業に，意欲的に取り組む生徒が7割〜8割程度いる。

○以前に，題材「文字っておもしろい」(教科書p42，43)を学習したが，全体的に見て，男子が発想した作品に面白いものが多いが着彩に課題があり，女子は，似たような作品が見られたが，丁寧に着彩し美しく仕上げていた。

○学年の始めに調査した図画工作科のアンケートの分析結果で，男子は立体造形に興味をもち，得意としている生徒が多いが，女子は平面の絵画作品に興味をもち立体造形については苦手意識のある生徒が多いことが分かっている。

○30人学級(男子13人，女子17人)

▼中学保体

【課題】

□陸上競技(リレー)，4時間目/6時間目

グラウンドは200mトラックである。

男女混合4人のチームで，1人50m走る4×50mリレーに取り組んでいる。

(各自の走力に差はあるが，4人の合計タイムは，学級内の7チームで大きな差が出ないようにグループ分けをした。)

何回か，4人でバトンパスをし，タイムを測定したり，数チームで競争をしたりした。それらをもとに，さらにタイムを短縮するためにはどのようにすればよいか，チームで考えて練習している。本単元で身に付けさせたい資質・能力を示しながら，本時の授業を構想すること。

＜保健体育科における生徒の実態＞

○中学1年生　男女共習　合計28人

○保健体育の内容で「走ること」が好き，得意だと感じている生徒は18人，嫌い，苦手だと感じている生徒は10人いる。しかし，「リレー」が嫌い，苦手だと感じている生徒は5人である。この単元には見学者もなく，全員参加できている。


▼中学技術

【課題】

□「D　情報の技術」の内容において，双方向性のあるコンテンツのプログラミングによる問題解決を行う。8時間の題材計画を構想し，1時間目にガイダンスとして「問題解決の流れ」(教科書p238～p241)の授業を行うこととした。板書計画(ワークシートを使用する場合は，ワークシートを黒板に書いても可)を基に説明しなさい。

＜技術・家庭科(技術分野)における生徒の実態＞

○中学2年生，男子15人，女子15人，計30人の落ち着いた学級。

○多くの生徒は小学校において簡単なプログラミングの学習をしてきている。

○多くの生徒は自宅のPCや携帯端末を使用して情報を検索したり，動画を見たりしている。

○タイピングの技能については，得意な生徒と苦手な生徒の差が大きい。

▼中学家庭

【課題】

□『B衣食住の生活』の食生活「1日分の献立」(教科書p146〜p151)を2時間扱いで構想し,板書計画(ワークシートを使用する場合には,ワークシートを黒板に書いても可。)をもとに説明しなさい。

＜家庭科における生徒の実態＞

○男子16人,女子14人,計30人の2年生の学級。

○全体的に家庭分野の中でも「食生活」への関心は高い。しかし,家庭での調理経験の差により,知識や技能の個人差がある。

▼中学英語

【課題】

□次のような設定で「本時」の授業を構想し,板書計画をもとにその構想を説明しなさい。

　第3学年『Unit2 Our School Trip』を9時間で扱う。単元の終末に「クラスの仲間と互いのおすすめの場所などを紹介し合い,得た情報の中から自分がいつか行ってみたい場所や経験したいことを計画する。」という言語活動を設定する。

　「本時」は本単元の6時間目で,「Unit2 Part3」(教科書p26,27)を扱い,現在完了形の「経験」の用法について理解し,使うことをねらいとする。

　なお,現在完了形(have〔has〕＋動詞の過去分詞)については,同じUnitのPart1及びPart2において「完了」の用法を既に扱っており,本時は「経験」の用法を初めて学ぶことになる。

＜英語科における生徒の実態＞

○男子17名,女子17名,計34人の学級。

○英語を「聞くこと」「話すこと」については抵抗が少なく,積極的に言語活動に取り組む生徒が多い。ただ,人とかかわることが苦手だと感じている生徒が数名いる。

○英語を好きだと答える生徒は多いが,文法事項を正しく用いて表現

することに課題が見られる生徒が半数近くいる。

○語彙の定着にも個人差があり，聞きたいことや言いたいことが英語で伝わりにくい場面が時々見られる。

▼養護教諭
【課題1】
□保健管理と救急処置

　校内の「熱中症対策」について，養護教諭として職員への働き掛けや児童生徒への意識付けをどのように行うのか構想を立て，面接委員を職員に見立てて4分間で説明してください。

【課題2】
□保健教育

　あなたの学校の児童保健委員会で，2週間手洗いの呼び掛けと休み時間後の手洗いチェックを行いました。すると，3学年は手洗いをしている人数が少なく，4学年は手洗いを全員していました。3学年と4学年の病気での保健室来室状況を確認すると，3学年が多かったとの結果が見られました。この結果を基に，あなたは小学校第2学年2組の学級27人の児童に対して，「感染症の予防における『手洗い』の指導」を5分間で行います。面接委員を子供に見立てて実演指導してください。

◆適性検査(2次試験)
　※指定する期日内にインターネット上で検査を行う。

## 2021年度　静岡県

◆個人面接(1・2次試験)　面接官2〜4人　(面接1)5〜15分，(面接2)15〜30分

※個人面接は，1次試験と2次試験の計2回実施する。ただし，特支教諭受験者は，1次試験　個人面接，2次試験　個人面接Ⅰ　及び　2次試験　個人面接Ⅱの，計3回の試験を実施する。

▼小学校教諭・中学校教諭・養護教諭

【質問例】

□あなたが理想とする○○の授業はどんな授業ですか。

□児童生徒から「なぜ○○の勉強をしなくてはいけないの?」と聞かれたら，あなたは，どのように答えますか。

□人と人との付き合いの中で，あなたが大切にしてきたことはどのようなことですか。また，その理由を話してください。

□組織として行動するときに，あなたが一番大切にしていることは，どのようなことですか。

□自分の個性や長所を生かすことができたと思われる経験について話してください。

□教員がもつ「子どもへの影響力」について，あなたはどのような考えを持っていますか。

□教職(小学校教員，中学校教員，養護教員)を志望した理由を詳しく聞かせてください。あなたがめざす教員像を聞かせてください。

□地域，保護者から信頼されるために，あなたは具体的にどのようなことができると考えますか。

□特別支援教育の重要性を，あなたはどのように考えていますか。


▼小学校教諭

【質問内容】

〈1次試験〉

□昨日はよく眠れたか。

□保護者に信頼される教師とは。

□小学校を志望する理由。

□愛知県を受けていないのか。

□あなたの強みは。

□チームとして動くとき一番大切にしたいこと。

□3，4年生になると言うことを聞いてくれない児童が出てくる。どう対応するか。

□どんな学級を作りたいか。

□理想の授業，学級。

□あなたの授業の課題。

□どんな手立てを考えて授業をするのか。

□意見が違う先生がいたとき，あなたはどうするのか。

□信頼される教員とは。

□教材研究の仕方。

・答えたことをもとに深ぼりしてまた質問されるという形が多かった。

〈2次試験〉

□教師になって，授業で大切にしたいこと。

□高学年になると算数で分数を習う。児童に「どうして分数を習うのかわからない，使わないじゃん。」と言われたら。

□保護者から「学校に行く意味がわからない」と言われたら。

□なぜ静岡県を受験したのか。

□入学式の後，教室で児童に最初に何を伝えるか。

□教育の使命とは。

・3人の先生それぞれから質問があった。

・基本的なことから面接シートのことなどを聞かれた。

・質問は全部で12個くらいだった。


▼高校教諭

【質問例】

〈1次試験〉

□今朝は何時頃に起きましたか。

□今日はどのようにしてこの会場まで来ましたか。

□昨夜はよく眠れましたか。

□面接を待っている間にどのようなことを考えましたか。

□あなたが高校の教師になろうと決めた一番の動機は何ですか。

□高校の教師として大切にしていきたいと思っていることを話してください。

□教師になったとしたら，生徒にどのようなことを教えたいと考えていますか。

□あなたが専門の教科を決めた理由について話してください。

□あなたが自分を高めるために努力していることは何ですか。

□学生生活の中で，特に努力したこと，苦労したことはどんなことがありますか。

□学生時代の学校行事や部活動等で集団をまとめた経験について話してください。

□教師が生徒や保護者から求められているものは何だと考えますか。

□生徒を指導するうえで，最も重要であることは何だと考えますか。

□最近の高校生について，良いと思う点は何ですか。(改善すべき点)

□最近の教育問題で，どのようなことに関心を持っていますか。また，それについてどのように考えますか。

□高校時代における部活動の意義とは何であると思いますか。

□教師の「倫理観」の重要性が叫ばれています。あなたは，「倫理観」についてどのように考えますか。また，どのようにして「倫理観」を高めようと思いますか。

□大震災などの緊急事態に際し，生徒の命を守るために，教師としてできることは何だと考えますか。

□人と人とのつきあいの中で，あなたが大切にしてきたことはどのようなことですか。

□仕事をしやすい学校とはどのような学校だと考えますか。

□自分の個性や長所はどのようなところだと思います。また，それを活かすことができたと思われる経験について話してください。

□あなたの性格のどのような点が教師に向いていると思いますか。

□ボランティア活動の意義についてどのように思いますか。また，その活動の経験があれば，感想等を含め，具体的に話してください。

□これまでに，チームで何かを成し遂げた経験がありますか。また，その中であなたはどのような役割を果たしましたか。

□今までの生活を振り返って，思い出に残っていることを一つ話してください。

□今回のコロナウイルス感染症を乗り越えていく中で，あなたは，今後の教育の在り方をどのように考えますか。

〈2次試験〉

□最初に，あなたの受験教科・科目名及び受験番号を確認させてください。

□今朝は何時ごろ起きましたか。

□この会場までどのようにして来ましたか。

□面接を待っている間にどのようなことを考えましたか。

□あなたは今，どのようなことに積極的に取り組んでいますか。

□これまでに進んでボランティア活動に参加した経験がありますか。参加してどのようなことを考えましたか。

□失敗したり，自己嫌悪に陥ったりしたことがありますか。そのときはどのように対応しましたか。

□あなたは，教師の使命とはどのようなことだと考えていますか。

□今の高校生をみて，一番問題だと思うことは何ですか。また，教師はそれに対してどう対処(指導)すべきだと考えていますか。(自分が教師になったら，どう指導しますか。)

□学生時代の部活動・サークル活動等であなたの役割は何でしたか。役割を果たす上での苦労やそれを乗り越えた経験を話してください。

□集団の話し合いの中で，意見の対立があった場合，あなたはどのような対応をしますか。

□リーダーシップを発揮する上で大切なポイントは何だと考えますか。

□あなたが高等学校の教師になろうと決めた一番の動機は何ですか。

□あなたはどのような教師になりたいと考えていますか。

□採用された場合，教師として実践したいことや生徒に教えたいことは何ですか。

□一般の公務員と比較し，教育公務員といわれる教員はどのような点が異なると思いますか。

□教師になった場合，日常の行動等で，注意しなければならない(やってはいけない)ことには，どのようなことがありますか。

□良い授業とはどのような授業だと思いますか。その実現のためにはどのような工夫や努力をすべきですか。

□自己啓発のために努力していることは何ですか。

□学習意欲を失い，成績が下がってきた生徒に対して，自分が教師になったら，どのように指導しますか。

□体罰について，どのような考えを持っていますか。(どのような行為が体罰にあたると考えますか。)

□体罰のない指導を行うには，どのようなことが重要だと考えますか。

□いじめが起こった場合，どのように対処すべきだと考えますか。

□「生きる力を育てる」とは，どのようなことだと考えていますか。

□「個性重視の教育」について，あなたの考えていることを説明してください。

□部活動にはどのような意義があると考えていますか。

□あなたの性格のどのような点が教師に向いていると思いますか。

□最近の教育に関する報道で特に関心を持っていることは何ですか。それについてどのような考えを持っていますか。

□これからの時代に求められる教師に必要な資質にはどのようなものがあると思いますか。その理由も説明してください。

□通学途中の生徒が交通事故に遭い，病院に運ばれたという知らせがあった場合，どのように対応すべきだと考えますか。

□学校祭の準備のため，数名の生徒が午後8時過ぎまで学校で作業をしたいと申し出てきた場合，どのように対応すべきだと考えますか。

□人間関係を円滑に保つために大切なことはどのようなことだと思いますか。

□働きやすい職場とはどのような職場だと思いますか。

□一つの集団の中で，皆で何か共通した課題の解決にあたろうとするとき，大切だと思うことを説明してください。

□他の人々と協力して何かを成し遂げた経験を話してください。

□好きな友人はどのようなタイプの人ですか。また，嫌いなタイプはどのような人ですか。

□日頃意見の対立している人と一緒に仕事をするよう命じられた場合，どのように対応しますか。

□自分の個性や長所を活かすことができたと思える体験を話してください。

□自分の考えや行動を他の人から非難された経験があったら話してください。

□人に相談を持ちかけられたとき，どのような気持ちで接しますか。

▼高校国語
【質問内容】
〈1次試験〉
□志望理由
□高校国語の特徴
□保護者が高校教員に期待していること
□人間関係で大切にしていること
□教育実習で不安なこと
□不安なことをどう乗り越えるか
〈2次試験〉
□教員として日頃から気をつけることは
□なぜ体罰が起きるか
□通学途中に事故に遭った生徒がいた。どう対応するか。

▼高校歴史
【質問内容】

□今朝は何時に起きたか。

□面接会場に来るまで，何を考えていたか。

・高校地歴科を志望した理由。

□どんな授業がしたいか。

□学校の先生の良いところ，魅力は何か。

□学校の先生はどんなところが忙しいか。

□忙しさを解消するにはどうしたら良いか。

□忙しいことについてどう思うか。

□学校の先生は何が忙しいか。

□自分の望んでいない部活動の担当になったらどうするか。

□ただの公務員ではなく，教育公務員であることの意味は何か(普通の公務員との違いで知っていることはあるか。)。

・博物館との連携でどういう授業がしたいか(学芸員資格を取得予定であることを受けて)。

・今まで全国を巡って良かった場所(趣味の鉄道旅行を受けて)。

□静岡にある博物館の中でお気に入りはどこか。

・どういう哲学か(専攻に関して)。

・科学の重要性は周知のことだが，哲学は重要なのか。

□教員の仕事の中で苦手だと思うことは何か。

□(上の質問に関して)どう対処するか。

□どんな職場が良い職場か。

□これまでリーダーシップをとった経験。

□あなたが感謝された経験とあなたが感謝した経験。

□あなたが付き合いやすい友人と付き合いにくい友人。

□付き合いにくい友人とはどう付き合うか。

□(上の質問に関して)生徒の中には周りが見えない子も多いが，どう付き合っていくか。

□生徒2人が言い合っていたらどう対処するか。

▼高校公民

【質問内容】

〈1次試験〉

□高校教師を目指した動機。

□最近の高校生のよい所，悪い所。

□どんな教師になりたいか。

□人と関わるときに気をつけていること。

● ● ●

○

〈2次試験〉

□なぜ静岡県を受験したのか。

□学級経営で気をつけたいこと。

□教師を志した理由。

□最近読んだ本。

□人とのコミュニケーションで気をつけていること。

□働き方改革への取り組み。

□価値観の違う先生方とどう関わっていくか。

□広い視野を身につけるために工夫していること。

● ● ● ●

○

▼高校地歴

【質問内容】

〈1次試験〉

□志望動機

□高等学校を志望する理由

□働き方改革について

・面接シートに書いたことから質問されます。

▼養護教諭

【質問内容】

〈1次試験〉

□養護教諭を目指した1番の動機は何か。

□養護教諭の使命は何だと考えるか。

□頻回来室する生徒に対して何が起こっていると考えられるか。また，その生徒に対してどのように対応していくか。

□養護教諭にとって1番大切な資質は何か。

□組織として行動するとき1番大切にしたいことは何か。

□養護教諭として不祥事を未然に防いでいくためにできることは何か。

□自分の養護教諭に向いていると思うところはどこか。

〈2次試験〉

□保健室ボランティアの経験について話してください。

□保護者との連携はどのようにしていきたいか。

□希望の校種とその理由。

□自分と考えの違う人が居た場合どうするか。

□不祥事の原因は何だと思うか。

□親切な人だと相手から感じてもらうために大切だと思うこと。

□教員のストレスに対してどう関わっていくか。

□公務員として大切なことは何か。

□特別支援教育は知っているか。それをどう考えるか。

□教育実習をして教員の職務についてどう感じたか。

□教員の中で孤立している人がいた場合あなたはどうするか。

□SNSの利用で気を付けていること。

▼特支教諭

【質問例】

〈1次試験〉

※面接方法及び時間

　(1)　受験者は，1会場3人の面接委員の面接を受ける。

 (2) 個人面接とし，面接時間は10分程度とする。

 (3) 面接委員Aが「教員に必要な資質についての考え」を，面接委員Bが「自己理解と周囲との協調性」を，面接委員Cが「過去の経験や教育実践と今後の取組への意欲」について質問する。

(1) 面接委員A(想定3分)

□新型コロナウイルスの感染拡大により，社会全体が混乱し，私たちはこれまで経験したことのないような事をたくさん目の当たりにしてきました。こうした経験の中で，あなた自身が学んだことがありましたらお話しください。

□あなた自身が理想とする特別支援学校の教師とは，どのような教師でしょうか。

(2) 面接委員B(想定3分)

□学校の仕事は，教職員がチームとして連携して取り組むことが求められます。あなたは，これまでに複数の人たちと協力し，チームで何かを成し遂げたことがありますか。

(3) 面接委員C(想定3分)

① 卒業見込者への質問

□教育実習や介護等体験の時に，児童生徒から学んだことを教えてください。

□児童生徒から，いじめの訴えがあったとします。あなたは，どのように対応しますか。

② 臨時的任用職員等への質問

□これまでの講師経験の中で，児童生徒から学んだことは何ですか。

□保護者への対応で難しかったことや困ったことがありましたら教えてください。

□子ども同士のトラブルで，片方の子どもが怪我をしました。被害者と考えられる子どもの保護者に説明をする上で，どんな配慮が必要だと思いますか。

③ 県内現職への質問

□特別支援学校の教員を志望する理由は何ですか。

□これまでの教育実践の中で，児童生徒から学んだことは何ですか。

□これまでの教育実践の中で，困ったことや対応が難しかったことについて，簡単に説明をお願いします。

④　他県出身者(教職経験者)への質問

□静岡県の教員を志望する理由を教えてください。

□これまでの教育実践の中で，児童生徒から学んだことはどんなことですか。

⑤　民間企業経験者への質問

□特別支援学校の教員を受験する動機について教えてください。

□民間企業と学校との大きな違いはどんなところですか。

⑥　大学院修士課程に「在籍する者」または「進学を予定する者」の特例を希望している受験者への質問

□①と同じ質問を実施

□大学院での研究を通して，学んだこと(学びたいこと)は何ですか。

⑦　障害者特別選考者への質問

□今回『障害者特別選考』の試験枠で受験をされましたが，これまでの経験の中で，特別支援学校の教員になった時に生かせる経験はありますか。

□これまでの子どもとのかかわりの中で，困ったことはありますか。

⑧　看護師経験を有する者を対象とした選考受験者への質問

□教員として勤務することを考えた理由を教えてください。

□教員となった時に，求められる資質や能力はどのようなものがあるとお考えですか。

□(学校勤務経験者に)より安全な医療的ケアを実施するためにどんな取組が必要だと思いますか。

□学校での勤務で，何か心配なことはありますか。


〈2次試験〉

※面接方法及び時間

(1) 個人面接

個人面接は，3人の面接委員による質問と受験者による場面指導という形で実施する。時間は1人あたり25分程度とする。

(2) 集団面接

1グループ5～6人の集団を作り，一つのテーマに関して自由討論の形で行う。面接委員は3人で，時間は1集団あたり35分程度とする。

〈2次試験　個人面接Ⅰ〉

□あなたの勤務する学校・職場(通学する大学)の素晴らしいところを三つ挙げてください。

□これまで，あなた自身が大きな達成感を味わった経験を一つ教えてください。

□採用された場合，特別支援学校の授業の中でどんな授業や指導が楽しみですか。

□今まで複数の人と一緒に協力して何かに取り組んだり，一緒にものをつくりあげたりした経験はありますか。

□採用された場合，特別支援学校の中で取り組みたいことはありますか。

□自立活動教員として採用された場合，あなたは教員や看護師とどのような連携を図り，学校組織の中でどんな役割を果たしていきたいとお考えでしょうか。

□特別支援教育に関して基本的なことをおたずねしますので，簡単に説明をお願いします。

□生活単元学習とはどんな学習ですか。どのような意義がありますか。

□自立活動とはどんな学習ですか。自立活動はなぜ必要ですか。

□個別の指導計画の作成と活用について，どんな意義がありますか。

□個別の教育支援計画の作成と活用について，どんな意義がありますか。

□静岡県の教員育成指標で示されている6つの資質能力について教えてください。あなたは，キャリアステージにおける採用時の内容について，何％くらい達成できていますか。

□ICF(国際生活機能分類)における障害の捉え方について，具体的な例

をあげて説明してください。

□新学習指導要領について，どのように受け止め，日頃の実践でどの
　ように活かしていますか。

□児童生徒の実態把握をするために，どのような手段を活用していま
　すか。また，その手段を活用するメリットとデメリットを教えてく
　ださい。

□あなたの勤務先の学校教育目標について教えてください。あなたは，
　学校教育目標実現に向けて，日頃の実践の中で，どんなことを意識
　していますか。

□児童生徒の安全安心な学校生活や健康保持について考えたとき，勤
　務校のよい取組と課題について教えてください。

□勤務校の感染症対策について，よい取組と課題を教えてください。


〈2次試験個人面接Ⅱ〉

《設定》

　この面接では，あなたに特別支援学校の教員になったつもりで，実
際にテーマに基づいて指導を行ってもらいます。

　このあと，テーマを示しますが，2分間でどんな指導をするのか考
えてください。対象となる児童生徒の学年や障害種等は，あなたが自
由に設定してかまいません。話を始める前に，設定した内容を面接委
員に言ってください。

　次に，3分間で実際に指導をしてもらいます。試験委員の一人が，
試験委員の席の所で児童生徒役をやりますが，あなたの傍に児童生徒
がいるという想定で指導をお願いします。物を使いたい場合でも，物
はありませんので，物を活用している想定で指導してください。

　3分経ったら，試験委員の方からいくつか質問をさせていただきま
す。面接の進め方について，何か質問はありますか。

【テーマ①】

> 運動会で披露するダンスのために振付を教えていますが，Aさんは他のみんなと同じように動かず，どのようにしていいのか分からなくて立ちすくんでいます。
> あなたは，どのようにして振付を指導しますか。児童生徒役の試験委員の動きを見ながら，実際に指導してみてください。

【テーマ②】

> 授業中に担任の話に注意を向けることが難しい児童生徒がいます。メインで授業をしているあなたは，どのようにして自分に注意を向けさせますか。試験委員の一人が児童生徒役をしますので，授業場面は自由に設定し，注意を向けさせる方法をいくつか考えて行ってみてください。

(2)　集団面接

【テーマ】

> 静岡県では「交流籍を活用した交流及び共同学習」を積極的に推進しています。しかし，今年度は新型コロナウイルスの感染拡大もあって，学校が思うように「交流籍を活用した交流及び共同学習」が実施できていません。こうした状況の中で，「交流及び共同学習」が児童生徒にとってなぜ必要なのかを整理しながら，安全・安心かつ有効に実施できる方法をグループの中でまとめてください。

▼特支教諭(2次試験)　面接官3人　受験者1人　5分
【質問内容】
□一人だけダンスのできない子への対応。
・学年，障害者は自由。
・無理にダンスに持っていかず，休ませることが大切。ゆっくりじっ

くりと。

◆集団討論(2次試験)
　▼小・中学校教諭
　□あなたは，学級担任として，児童生徒が，安全かつ安心して学校生活を送ることができるようにするためには，どのようなことが大切だと考えますか。
　□あなたは，学級担任として，児童生徒が，自分の命や他人の命を大切にしようとする心を育むためには，どのようなことが大切だと考えますか。
　□あなたは，学級担任として，いじめを未然に防ぐためには，どのようなことが大切だと考えますか。
　□あなたは，学級担任として，児童生徒の思いやりの心を育むためには，どのようなことが大切だと考えますか。

　▼養護教諭
　□あなたは，養護教員として，児童生徒が，安全かつ安心して学校生活を送ることができるようにするためには，どのようなことが大切だと考えますか。
　□あなたは，養護教員として，児童生徒が，自分の命や他人の命を大切にしようとする心を育むためには，どのようなことが大切だと考えますか。

　▼高校教諭
　【テーマ】
　□安心感を与える教員
　□生徒に寄り添った指導

　▼高校教諭　面接官2人　受験者4〜5人　30分

【テーマ】

□安心できる教師

・1分で自分の意見を話し，その後4人で話し，1つにまとめる。

・お互いの受験者は番号で呼びあう。

・司会の有無は自由，一定程度の結論を出すよう指示。

・面接官は一切干渉せず。

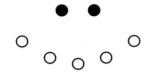

▼養護教諭　面接官3人　受験者5人　20分

【テーマ】

□あなたは養護教諭として，児童生徒が自分の命や他人の命を大切に
　しようとする心を育むためにはどのようなことが大切だと考えます
　か。

・2分間考えた後受験番号の早い方から2分程度で考えを述べる

・全ての意見を聞いた後もう一度一人ずつ考えを述べる

・それ以降は挙手をして質問や違う角度からの意見など自由に発言し
　てよい

## 2021年度　静岡市

◆個人面接(1・2次試験)

　▼小・中学校教諭

【質問例】

〈1次試験〉

□あなたが静岡市の教員になりたいと思ったきっかけや理由を聞かせ
　てください。

□小学校5年生のAさんは，自分の思いを誰にでも躊躇なく伝え，学習

の場でも積極的に取り組む児童です。しかし，人の気持ちを感じ取ることが苦手なため，自分の思い通りに進めてしまうことで友達とのトラブルが絶えません。Aさんは全く気にしていませんが，クラスではAさんの行動に悩んでいる児童が多くいます。学級担任として，あなたならどのように対応しますか。

□B先生は中学校2年生の担任をしています。ある日，養護教諭から「B先生のクラスのAさんが『学級内で話が合う友達がいない。学級は楽しくない。』と，悩んでいる。」と伝えられました。また，「『担任の先生には言わないでほしい』と言われたが，心配だったので伝えた。」とも言われました。あなたがB先生なら，どのように対応しますか。

□静岡市独自の学力向上に向けた取り組みとして，学校図書館の充実があります。あなたは，どうして学力向上に学校図書館の充実が必要なのだと思いますか。また，あなたなら，授業においてどのように学校図書館を活用し，学力向上に取り組みますか。

▼小学校教諭　一次…時間15分 面接官3人　二次…時間25分 面接官3人

【質問内容】

〈1次試験〉

□教員を志望した理由やきっかけを教えてください。

□実習やボランティアで学んだことは何か。

2人目

□(場面設定)Aさんは活発でなんでも意見を言える子どもです。
ただ，人の気持ちを考えるのが苦手で，クラスにはAさんの事で困っている子どもが多くいます。担任としてどう対応しますか。
　→具体的な場面を踏まえて詳しく教えてください。

3人目

□静岡市の取り組みで，学力向上のために学校図書館の利用がありますが，なぜ学校図書館が学力向上に役立つと思いますか。また，あ

なた自身は教員として学校図書館をどのように利用しようと考えていますか。
　　→本を自分の事として読むとは具体的にどういうことか。具体的に
　　　教えてください。

〈2次試験〉

1人目

□(場面設定)あなたは小学校6年生の担任です。キャリア教育の一環として，子どもたちに教員という仕事の魅力について授業をします。紙に，教員の魅力を1文字で書き，その文字を基に教員という仕事の魅力について子ども達に話してください。

面接官を子どもに見立てて実際にやってください。

考える時間は2分です。

(あらかじめ用意されている紙とペンを使う。立って実演する等の指示は無し。面接官は反応しない。)

□面接官2人をあなたの同僚だとします。2人もあなたと同じように漢字を一文字ずつ選びました。面接官には，その漢字を選んだ理由などを質問できます。3人で話し合い，1文字を決めてください。(面接官は質問に答えるだけで，最後はわたしが勝手に漢字一文字決めた)

　　1人目→会。理由は，「創」と迷ったが，子ども達との会話を大切にしたいから。会話が飛び交うクラスにしたい。

　　2人目→笑。笑顔が溢れるクラスにしたいから。教員人生の中で，笑顔を1番大切にしたい。

　　最終的に，楽を選んだ。(面接官2人とわたしの考えが「子どもと一緒に楽しく過ごしたい」という共通の視点があると考えたため，3人の中には無かったが楽という漢字にした。)

□では，その漢字一文字で，もう一度子ども達に授業をしてください。

　　考える時間は2分です。

(また，用意されている紙とペンを使った。)

面接シートから

2人目

□中高と部活をする中で学んだこと，失敗談などがあったら教えてください。また，それをどう教員として活かしていきますか。

□大学での研究事項に「国語科の現状」とありますが，あなたから見て今の小学生の国語科における課題点は何ですか。

3人目

□志望理由の欄にある「自立に向けた教育」という言葉について。なぜ，自立が大切だと考えるのか。そう思うようになったきっかけを教えてください。

□最後に，言い残した事があれば30秒程度でどうぞ。

・一次試験も二次試験も，面接官は男性2人と女性1人だった。回答に対してとても頷きながら聞いてくれる。優しい雰囲気。

・二次試験では，今年はコロナウイルスの影響でグループ活動が中止になったため，例年と違って場面指導が実演になった。

・とにかく焦らないことが大切だと思う。すぐに答えられなくても，「少しお時間頂けますか。」と言えば面接官は待ってくれる。


▼小学校教諭(特別選考)

【質問例】

□あなたが教師塾で学んだことによって，成長したと思う点について，具体的に述べてください。また，それを学校現場のどのような場面で生かしていきたいと考えているかお話しください。

□あなたのクラスにいる小学校5年生の男の子は，学校で一言も口をききません。家庭では，家族に対して，その日の出来事や友達のことなどを，おしゃべりしているのに，学校では全く声を出しません。あなたは，担任として，この男の子にどのように接していったらよいと思いますか。

□静岡市が求める「教育にひたむきな教師」とは，どのような教師と考えますか。

▼養護教諭
【質問例】
〈1次試験〉
□運動場で長縄跳びのクラス練習をしていたAさんが, 教室へ戻る途中, 保健室のB先生のところに来て, 「もう, 休み時間の長縄練習は嫌だ。」と言いながら, しばらく泣いていました。数日後, 保健室にAさんの保護者が来校したとき, B先生に学級担任の指導についての数々の不満を話していきました。あなたがこの養護教諭なら, どのように対応しますか。

□静岡市独自の学力向上に向けた取り組みとして, 学校図書館の充実があります。あなたは, どうして学力向上に学校図書館の充実が必要なのだと思いますか。また, あなたなら, 養護教諭としてどのように学校図書館を活用しますか。

〈2次試験〉
□今日は年度当初の職員会議です。あなたは, 校長から, 学校全体に関わる「保健室経営」「保健指導」等について, 職員の前で話をして欲しいと指示されました。私たちを学校職員に見立てて, あなたの経営構想を語ってください。考えをまとめる時間も含めて, 3分程度です。終了時間が近づいたら, こちらで合図を出します。

□静岡市の教員を志願する際に, 「面接シート」を提出していただきました。そこに書いてある「○○○」について質問します。


▼特支推進
【質問例】
□通常学級あるいは特別支援学校ではなく, あえて特別支援学級の担任や通級指導教室の担当を志願された理由は何なのか, 教えてください。

□いわゆる「障害者差別解消法」(平成25年制定, 28年施行　正式名称「障害を理由とする差別の解消の推進に関する法律」)では, 障害があり, 必要性がある子どもへの「合理的配慮」の提供が求められて

います。「合理的な配慮」について，学校生活における具体例をあげて説明してください。

□あなたは特別支援学級の担任です。Aさんは自分の思うようにならないと，いつもすねて激しく怒ります。課題がうまくできないときやグループの話し合いで自分の意見が通らないとき，大声を上げたり教室を飛び出したりしてしまうことがあります。あなたは，このAさんに対して，今後どのような方針で指導を行いますか。

→学校の様子を心配したAさんの保護者から相談の連絡がありました。あなたはAさんの保護者にどのようなことを意識しながら面談を行いますか。

◆適性検査

□写真を見てどのような感情であるかを選択式で答える。

※コロナにより，インターネットで各自受験

## 2021年度　浜松市

◆実技試験(1次試験)

▼小学校教諭

【課題】

※身体的理由で体育実技を実施できない者は，その旨の医師の証明書(診断書)を筆記試験会場にて提出すること。

※小・中併願受験者のうち，中学校「音楽，美術，技術，家庭，保健体育，英語」を希望した者は，実技試験を行う。中学校実技終了後，小学校体育実技を実施する。ただし，中学校「保健体育」を希望する者は，中学校「保健体育」の実技をこれに代える(小学校の体育実技は行わない)。

▼中学英語

【課題】

※静岡県と同じ概要で試験を行う。

▼中学家庭

【課題】

※静岡県と同じ概要で試験を行う。

※エプロン，三角巾，ふきん，台ふきんは必要なし。

▼中学技術

【課題】

※静岡県と同じ概要で試験を行う。

▼中学音楽

【課題】

※静岡県と同じ概要で試験を行う。

※アルトリコーダーは必要なし。

▼中学保体

【課題】

※静岡県と同じ概要で試験を行う。

※水泳着，水泳帽，ゴーグルは必要なし。

▼中学美術

【課題】

※静岡県と同じ概要で試験を行う。

▼養護教諭

【課題】

※静岡県と同じ概要で試験を行う。

◆個人面接(1・2次試験)

　▼中学英語　1次試験　面接官3人　15分

　【質問内容】

　□本県の志望理由

　□自己アピール

　□本県の魅力は何か　など

　▼場面指導(2次試験)　面接官3人　受験者1人　3分

　【質問内容】

　□体育祭の帰りの会。たくさん練習したが2位となり生徒が落ち込ん
　　でいて，クラスの雰囲気が重たい状況の中，どのような帰りの会を
　　するか。


　▼中学数学　1次試験　面接官3人　15分

　【質問内容】

　□なぜ浜松市を志望したか

　□どのような授業を行いたいか

　　→実習では，達成できたか

　□ボランティアは，なぜやろうと思ったか

　□(県外だったので)浜松市に来ることに抵抗はないか

　□小，中併願しているが，第一志望は迷わなかったか

　□長所と短所は?

　□教育者として，やってはいけないこと

　□ストレス発散方法

　□授業前，クラスに入れずうずくまっていた生徒がいたら，どう対応
　　するか

　・とても優しく話を聞いてくれた。あいづち，笑顔が見られたので，
　　リラックスして受けることができた。

　○場面指導(2次試験)　面接官3人　受験者1人　6分

　【質問内容】

　課題：運動会であなたのクラス(中2)で，クラス全員が一生懸命に練習

する姿を見ていた。1つの競技でミスをしてしまった生徒がいて，クラス全体が落ち込んだ空気である。帰りの会において，どう指導を行うか。

・3分考え，3分以内で発表。

・面接の中で行われた。

○模擬授業(2次試験)　面接官3人　受験者1人　60分

【質問内容】

課題：三角形の内角と外角の性質(1時間)中2

40分考え，5分板書，20分質問

□この授業で，生徒がつまずくポイントは?

□視覚的に分かりやすくするとしたら，どのような工夫を行うか

□数学が苦手な生徒へのアプローチ方法

□授業で大切にしていること

□グループワークがうまく進まないときの対応


▼中学数学　1次試験　面接官3人　15分　2次試験　面接官3人　15分

【質問内容】

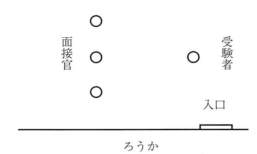

□一次試験は，願書などからの質問が多い。

□二次試験は，どんな教師像をもっているか。実際にどのような指導をするのかという自分の考えが問われた。

□二次試験では，個人面接の最後に場面指導がある。

▼場面指導(2次試験)　面接官3人　受験者1人　5分
【質問内容】
□運動会で負けてしまった。負けてしまった競技がはっきりしている
　ため，生徒内でも誰が原因だったかわかっている。
・やり方は自由にやらせてくれるため，自分のやりやすい方法を見つ
　けておくとよい。
○模擬授業(2次試験)　面接官3人　受験者1人　60分
【質問内容】
□別室で40分考える。(授業の流れと板書計画)
□教室に移動し，3分で板書をつくり，5分程度で流れを説明。その後
　面接へ
・具体的な指導案は考えなくてよい。3分で板書をつくり上げること
　は練習が必要。まずは教科書の内容をしっかり教えられる授業をつ
　くること。自分なりの教材を加えてもいいが，主旨がズレないよう
　に気をつけること。


▼中学理科　1次試験　面接官3人　15分　2次試験　面接官3人　25分
【質問内容】
□なぜこの地域を受けたか
□教員を目指した理由
・特別なことは聞かれなかった。しかし，1次で場面指導，2次で，終
　わりの会を3分やって下さいという面接があった。
▼場面指導(2次試験)　面接官3人
【質問内容】
個人面接の中で行われた。
〈1次〉
　「掃除の時間は静かにするというきまりが学校でできました。あな
たは担任をしていて，あなたのクラスが1番うるさいと学年主任に言
われました。あなたならどうしますか。」
〈2次〉

「運動会で1つの競技でのミスがあったので成績は2位となってしまいました。その時の終わりの会を3分で行って下さい。」

▼模擬授業(2次試験)　面接官3人　55分

【質問内容】

教室で，お題が配られ，A3の紙に授業計画と板書計画を書く。(40分。教科書や指導案の持ち込みOK)

・3分以内に板書，1分以内に授業の説明，そこから授業に関する面接がある。(15分)

※受付時間，面接時間は，1日目に通知する。

※特別選考Ⅱ「バイリンガル選考」受験者は，特別面接を加えて実施する。

## ●書籍内容の訂正等について

　弊社では教員採用試験対策シリーズ（参考書，過去問，全国まるごと過去問題集），公務員試験対策シリーズ，公立幼稚園・保育士試験対策シリーズ，会社別就職試験対策シリーズについて，正誤表をホームページ（https://www.kyodo-s.jp）に掲載いたします。内容に訂正等，疑問点がございましたら，まずホームページをご確認ください。もし，正誤表に掲載されていない訂正等，疑問点がございましたら，下記項目をご記入の上，以下の送付先までお送りいただくようお願いいたします。

> ① **書籍名，都道府県（学校）名，年度**
> 　（例：教員採用試験過去問シリーズ　小学校教諭 過去問　2025年度版）
> ② **ページ数**（書籍に記載されているページ数をご記入ください。）
> ③ **訂正等，疑問点**（内容は具体的にご記入ください。）
> 　（例：問題文では"ア〜オの中から選べ"とあるが，選択肢はエまでしかない）

〔ご注意〕

○ 電話での質問や相談等につきましては，受付けておりません。ご注意ください。

○ 正誤表の更新は適宜行います。

○ いただいた疑問点につきましては，当社編集制作部で検討の上，正誤表への反映を決定させていただきます（個別回答は，原則行いませんのであしからずご了承ください）。

## ●情報提供のお願い

　協同教育研究会では，これから教員採用試験を受験される方々に，より正確な問題を，より多くご提供できるよう情報の収集を行っております。つきましては，教員採用試験に関する次の項目の情報を，以下の送付先までお送りいただけますと幸いでございます。お送りいただきました方には謝礼を差し上げます。

（情報量があまりに少ない場合は，謝礼をご用意できかねる場合があります）。

◆あなたの受験された面接試験，論作文試験の実施方法や質問内容

◆教員採用試験の受験体験記

- - - - - - - - - - - - - - - - - - - - - - - - - - - - - - - - - - - - -

<table>
<tr><td rowspan="5">送付先</td><td>○電子メール：edit@kyodo-s.jp</td></tr>
<tr><td>○FAX：03-3233-1233（協同出版株式会社　編集制作部 行）</td></tr>
<tr><td>○郵送：〒101-0054　東京都千代田区神田錦町2-5</td></tr>
<tr><td>　　　　　　協同出版株式会社　編集制作部 行</td></tr>
<tr><td>○HP：https://kyodo-s.jp/provision（右記のQRコードからもアクセスできます）</td></tr>
</table>

※謝礼をお送りする関係から，いずれの方法でお送りいただく際にも，「お名前」「ご住所」は，必ず明記いただきますよう，よろしくお願い申し上げます。

教員採用試験「過去問」シリーズ

# 静岡県・静岡市・浜松市の
# 論作文・面接 過去問

| 編　集 | ⓒ 協同教育研究会 |
|---|---|
| 発　行 | 令和6年2月25日 |
| 発行者 | 小貫　輝雄 |
| 発行所 | 協同出版株式会社 |
| | 〒101-0054　東京都千代田区神田錦町2‐5 |
| | 電話　03－3295－1341 |
| | 振替　東京00190－4－94061 |
| 印刷所 | 協同出版・POD工場 |

落丁・乱丁はお取り替えいたします。